Hinter dem Sachregister befindet sich ein ausführliches Verzeichnis der

Guttentagschen Sammlung

Deutscher Reichs- und Preußischer Gesetze

— Textausgaben mit Anmerkungen; Taschenformat —

die alle wichtigeren Gesetze in unbedingt zuverlässigem Abdruck und mit mustergültiger Erläuterung wiedergibt.

Guttentagsche Sammlung
von
Textausgaben ohne Anmerkungen mit Sachregister

Reichssteuergesetze 1925

Textausgabe mit ausführlichem Sachregister

Berlin und Leipzig 1925
Walter de Gruyter & Co.
vormals G. J. Göschensche Verlagshandlung — J. Guttentag, Verlagsbuchhandlung — Georg Reimer — Karl J. Trübner — Veit & Comp.

Inhaltsübersicht

Gesetz zur Überleitung der Einkommensteuer und Körperschaftsteuer in das regelmäßige Veranlagungsverfahren (Steuerüberleitungsgesetz).

Vom 29. Mai 1925 (RGBl. I, 75).

Der Reichstag hat das folgende Gesetz beschlossen, das mit Zustimmung des Reichsrats hiermit verkündet wird:

Erster Abschnitt

Erstmalige regelmäßige Veranlagung nach dem künftigen Einkommensteuer- und Körperschaftsteuergesetze.

§ 1. (1) Die nächste Veranlagung zur Einkommensteuer und zur Körperschaftsteuer findet auf Grund des neuen Einkommensteuergesetzes und des neuen Körperschaftsteuergesetzes statt, und zwar nach dem Einkommen, das im Kalenderjahre 1925 oder in einem im Kalenderjahre 1925 endenden Wirtschaftsjahre bezogen wird. Die Veranlagung erfolgt:

a) für Wirtschaftsjahre, die in der Zeit vom 1. Januar bis 30. Juni 1925 einschließlich enden, nach Ablauf der ersten Hälfte des Kalenderjahrs 1925,

b) für das Kalenderjahr 1925 oder für Wirtschaftsjahre, die in der Zeit vom 1. Juli bis

31. Dezember 1925 einschließlich enden, nach Ablauf des Kalenderjahrs 1925.

(2) Bei Landwirtschaft, Forstwirtschaft, Gartenbau und sonstiger nicht gewerblicher Bodenbewirtschaftung gilt erstmalig für die nächste regelmäßige Veranlagung als Wirtschaftsjahr der Zeitraum vom 1. Juli bis 30. Juni oder ein anderer Zeitraum, den der Reichsminister der Finanzen bestimmt.

(3) Im übrigen bleiben die näheren Vorschriften über die endgültige Regelung der Einkommensteuer und der Körperschaftsteuer der weiteren Gesetzgebung vorbehalten.

Zweiter Abschnitt

Ablösung der Einkommensteuer und Körperschaftsteuer für das Kalenderjahr 1924 und für die Wirtschaftsjahre 1923/24.

§ 2. Bei Einkommen aus Landwirtschaft, Forstwirtschaft, Gartenbau und sonstiger nicht gewerblicher Bodenbewirtschaftung gelten die Vorauszahlungen, die nach den maßgebenden Vorschriften und Durchführungsbestimmungen bis zum 29. Februar und 15. Mai 1924 zu entrichten waren, für die Zeit vom 1. Januar bis zum 30. Juni 1924 als Ablösung der Einkommensteuer oder Körperschaftsteuer. Wird vom Reichsminister der Finanzen nach § 1 Abs. 2 ein anderer Zeitraum als Wirtschaftsjahr bestimmt, so gilt Satz 1 sinngemäß.

§ 3. Bei Einkommen aus Gewerbebetrieb einschließlich des Bergbaues und bei Einkommen der körperschaftsteuerpflichtigen Erwerbsgesellschaften gelten für Steuerpflichtige, die Handelsbücher nach den Vorschriften des Handelsgesetzbuchs zu führen verpflichtet sind und für ein vom Kalenderjahr abweichendes Wirtschaftsjahr regelmäßige Abschlüsse machen, die Vorauszahlungen, die nach den maßgebenden Vorschriften und Durchführungsbestimmungen für die Zeit vom 1. Januar 1924 bis zum Schlusse des Wirtschaftsjahrs zu entrichten waren, für den in das Kalenderjahr 1924 fallenden Teil des Wirtschaftsjahrs 1923/24 als Ablösung der Einkommensteuer oder Körperschaftsteuer.

§ 4. (1) Bei Einkommen aus Gewerbebetrieb, für dessen Veranlagung zur Einkommensteuer oder Körperschaftsteuer das Kalenderjahr maßgebend ist, sowie bei anderem als landwirtschaftlichem (§ 2) oder gewerblichem Einkommen gelten die Vorauszahlungen einschließlich des Steuerabzugs vom Arbeitslohn und vom Kapitalertrage, die nach den maßgebenden Vorschriften und Durchführungsbestimmungen für das Kalenderjahr 1924 zu entrichten waren, als Ablösung der Einkommensteuer oder Körperschaftsteuer für dieses Jahr.

(2) Hat ein Steuerpflichtiger neben Einkommen, für dessen Veranlagung ein vom Kalenderjahr abweichendes Wirtschaftsjahr maßgebend ist (§§ 2, 3), anderes nichtgewerbliches Einkommen bezogen, so tritt für die Ablösung der Einkommensteuer oder Körperschaftsteuer nach Abs. 1 an Stelle des Kalenderjahrs 1924 die Zeit vom 1. Januar 1924 bis zum Beginne des Wirtschaftsjahrs, für das nach § 1 die nächste Veranlagung auf Grund des neuen Ein-

kommensteuergesetzes oder Körperschaftsteuergesetzes stattfindet.

§ 5. Hat in den Fällen des Artikel I §§ 4, 5 der Zweiten Steuernotverordnung ein Steuerpflichtiger vor Inkrafttreten dieses Gesetzes Vorauszahlungen für das Kalenderjahr 1924, für in das Kalenderjahr 1924 fallende, mit dem Kalenderjahre nicht übereinstimmende Wirtschaftsjahre oder für in das Kalenderjahr 1924 fallende Teile eines Wirtschaftjahrs 1923/24 geleistet, ohne daß eine Entscheidung über die Vorauszahlungen ergangen ist, so kann er bis innerhalb zweier Monate nach Inkrafttreten dieses Gesetzes eine anderweitige Festsetzung der Vorauszahlungen mit der Begründung beantragen, daß er nicht vorauszahlungspflichtig sei oder daß er zu hohe Vorauszahlungen bewirkt habe. Auf den Antrag ist ein Bescheid zu erteilen. Gegen den Bescheid ist das Berufungsverfahren nach der Reichsabgabenordnung gegeben. Für die Höhe der Vorauszahlungen sind die allgemein bestimmten Sätze maßgebend.

§ 6. (1) Sind Entscheidungen über Vorauszahlungen der im § 5 Satz 1 bezeichneten Art vor Inkrafttreten dieses Gesetzes unanfechtbar geworden, so kann gegen die Entscheidung Einspruch (§ 218 der Reichsabgabenordnung) innerhalb zweier Monate nach Inkrafttreten dieses Gesetzes eingelegt werden. Auf das weitere Verfahren finden die für das Berufungsverfahren nach der Reichsabgabenordnung geltenden Vorschriften Anwendung.

(2) Die Rechtsmittelbehörden sind für die Höhe

der Vorauszahlungen an die allgemein bestimmten Sätze gebunden.

§ 7. Für Rechtsmittel über Vorauszahlungen, die vor Inkrafttreten dieses Gesetzes noch nicht unanfechtbar entschieden worden sind, gelten die bisherigen Vorschriften.

§ 8. Die Mitwirkung der Ausschüsse (§ 25 der Reichsabgabenordnung) ist in den Fällen der §§ 5 bis 7 ausgeschlossen.

§ 9. (1) In den Fällen der §§ 2 bis 7 kann der Ablösungsbetrag auf Antrag herabgesetzt werden, wenn bei einem Steuerpflichtigen besondere persönliche oder wirtschaftliche Verhältnisse vorgelegen haben, die seine Steuerfähigkeit wesentlich beeinträchtigt haben. Als persönliche Verhältnisse dieser Art gelten insbesondere auch außergewöhnliche Belastungen durch Unterhalt oder Erziehung der Kinder, durch Verpflichtung zum Unterhalte mittelloser Angehöriger, durch Krankheit, Körperverletzung, Verschuldung oder Unglücksfälle. Als wirtschaftliche Verhältnisse dieser Art können auch wesentliche Verluste in Betracht kommen, die sich beim Vermögensvergleich ergeben.

(2) Der Antrag kann innerhalb zweier Monate nach Inkrafttreten dieses Gesetzes gestellt werden, in den Fällen der §§ 5 bis 7 nur bis zum Ablauf eines Monats, nachdem die Entscheidung unanfechtbar geworden ist.

§ 10. (1) Die im Kalenderjahre 1924 vom Arbeitslohn einbehaltenen Steuerbeträge werden auf Antrag erstattet, wenn der steuerfreie Lohnbetrag nicht in Höhe von 610 Reichsmark im Kalenderjahr oder von 155 Reichsmark im Kalenderviertel-jahre berücksichtigt worden ist.

(2) Eine teilweise oder volle Erstattung der im Kalenderjahre 1924 einbehaltenen Lohnsteuerbeträge findet auf Antrag ferner statt, wenn bei dem Lohnsteuerpflichtigen besondere persönliche oder wirtschaftliche Verhältnisse vorgelegen haben, die seine Steuerfähigkeit wesentlich beeinträchtigt haben. Als Verhältnisse dieser Art gelten insbesondere auch außergewöhnliche Belastungen durch Unterhalt oder Erziehung der Kinder, durch Verpflichtung zum Unterhalte mittelloser Angehöriger, durch Krankheit, Körperverletzung, Verschuldung oder Unglücksfälle.

(3) Der Antrag muß bis zum 31. Juli 1925 gestellt werden. Die Vorschrift des § 68 der Reichsabgabenordnung findet entsprechende Anwendung.

(4) Vierteljahrsbeträge unter 1 Reichsmark, Jahresbeträge unter 4 Reichsmark werden nicht erstattet.

Dritter Abschnitt

Vorauszahlungen und Steuerabzug vom 1. Januar 1925 ab

§ 11. Die Vorauszahlungen, die nach Artikel I der Zweiten Steuernotverordnung, den dazu erlassenen Durchführungsbestimmungen und nach Artikel I § 3 der Zweiten Verordnung des Reichspräsidenten über wirtschaftlich notwendige Steuermilderungen vom 10. November 1924 (Reichsgesetzbl. I S. 737) auf die Einkommensteuer und Körperschaftsteuer für die Zeit nach dem 31. Dezember 1924 zu entrichten sind, werden nach Maßgabe der §§ 12 bis 29 weiter gemildert und dem Einkommen angeglichen; sie sind bis zur Zustellung eines Steuerbescheids zu leisten, der auf Grund des neuen Einkommensteuergesetzes oder des neuen Körperschaftsteuergesetzes ergeht.

I. Vorschriften für Land- und Forstwirtschaft

§ 12. (1) Für Einkommen aus dem Betriebe von Landwirtschaft, Forstwirtschaft, Gartenbau und sonstiger nicht gewerblicher Bodenbewirtschaftung ist je eine Vierteljahrsvorauszahlung bis zum 15. Februar und 15. Mai 1925 zu leisten. Ist der Steuerbescheid für das Wirtschaftsjahr 1924/25 bis zum 15. November 1925 noch nicht zugestellt, so ist eine weitere Halbjahrsvorauszahlung bis zum 15. November 1925 zu leisten.

(2) Die Vorauszahlungen gemäß Artikel I § 4 Abs. 1 der Zweiten Steuernotverordnung betragen am 15. Februar und am 15. Mai 1925 je 0,75 Reichsmark und in den Fällen des Abs. 1 Satz 2 am 15. November 1925 1,50 Reichsmark für jede vollen 1000 Reichsmark des der letzten Vermögensteuerveranlagung zugrunde gelegten Grundstückswerts mit der Maßgabe, daß bei Vermögenswerten bis zu 8 000 Reichsmark die letztere Vorauszahlung ganz, bis zu 25 000 Reichsmark zur Hälfte unterbleibt.

(3) Bei pachtweisem Betriebe der Land- und Forstwirtschaft (Artikel I § 4 Abs. 2 der Zweiten Steuernotverordnung) beträgt die Vorauszahlung des Pächters am 15. Februar und am 15. Mai 1925 je 1 Reichsmark, in den Fällen des Abs. 1 Satz 2 am

15. November 1925 2 Reichsmark für jede vollen 1000 Reichsmark des der letzten Vermögensteuerveranlagung zugrunde gelegten Grundstückwerts. Die Vorauszahlung mindert sich um 10 vom Hundert der auf den entsprechenden Abschnitt entfallenden Pacht; der so ermittelte Betrag ermäßigt sich gemäß Artikel I § 3 der Zweiten Steuermilderungsverordnung um ein Viertel.

(4) Die bis zum 15. August, 15. November 1924, 15. Februar und 15. Mai 1925 zu entrichtenden Vorauszahlungen gelten als Vorauszahlungen für das Wirtschaftsjahr 1924/25.

II. Vorschriften für Gewerbetreibende

§ 13. Schon vor Durchführung der Vermögensteuerveranlagung für 1925 ist den Vorauszahlungen, die nach der Veröffentlichung der Steuerkurse im Reichsanzeiger fällig werden,

1. von Erwerbsgesellschaften, die ihre Vorauszahlungen nach dem nach Steuerkursen berechneten Vermögen leisten, wenn für sie auch für den 31. Dezember 1924 Steuerkurse festgesetzt werden,
2. von Bankiers, wenn ihr Vermögen hauptsächlich aus Wertpapieren besteht, für die Steuerkurse auf den 31. Dezember 1924 festgesetzt werden,

insoweit das auf den 31. Dezember 1924 nach den Steuerkursen berechnete Vermögen zugrunde zu legen.

§ 14. Erwerbsgesellschaften, die nachweislich seit Beginn des letzten Geschäftsjahrs auf Grund ihres **Besitzes an Aktien, Kuxen, Anteilen oder Genuß-**

scheinen einer anderen Erwerbsgesellschaft mindestens zu einem Viertel an dem Grund- oder Stammkapital oder an dem Vermögen dieser Erwerbsgesellschaft beteiligt sind, dürfen von den Vorauszahlungen die zum gleichen Zeitpunkt fälligen Vorauszahlungen ihrer Tochtergesellschaften bis zu dem Betrag abziehen, der dem Verhältnis entspricht, in dem die Muttergesellschaft zu Beginn des laufenden Geschäftsjahrs an dem Vermögen der Tochtergesellschaft beteiligt war, und zwar gleichviel, ob die Vorauszahlungen der Tochtergesellschaft nach dem Umsatz oder nach dem Vermögen berechnet werden. Werden die Vorauszahlungen der Muttergesellschaft nach einem Tausendsatze des Vermögens entrichtet, so gilt Satz 1 nur, soweit in dem maßgebenden Vermögen der Muttergesellschaft die Beteiligung an der Tochtergesellschaft enthalten ist.

§ 15. (1) Weist ein Gewerbetreibender auf Grund seiner Buchführung für die abgelaufenen vollen Vierteljahre des Kalenderjahrs 1925 oder eines nach dem 30. Juni 1925 endenden Wirtschaftsjahrs 1924/25 nach, daß er in diesem Zeitraum Verlust oder einen so geringen Gewinn gehabt hat, daß die von ihm entrichteten Vorauszahlungen den Betrag übersteigen, der voraussichtlich auf diesen Zeitraum für Einkommensteuer oder Körperschaftsteuer entfällt oder nach Artikel I § 11 der Zweiten Steuernotverordnung mindestens nach dem Verbrauche zu zahlen wäre, so sind ihm auf seinen Antrag die Vorauszahlungen für den Rest des Kalenderjahrs 1925 oder des Wirtschaftsjahrs 1924 bis 1925 entsprechend zinslos zu stunden; Artikel I

§ 12 der Zweiten Steuernotverordnung findet keine Anwendung.

(2) Ergibt die nächste regelmäßige Veranlagung, daß die geleisteten Vorauszahlungen weniger als 75 vom Hundert der endgültigen Einkommensteuer oder Körperschaftsteuer betragen, so haben Steuerpflichtige, die gemäß Abs. 1 verfahren haben, zu dem Unterschied zwischen der endgültig geschuldeten Steuer und den geleisteten Vorauszahlungen vom Beginne des Monats ab, in dem sie Anträge gemäß Abs. 1 gestellt haben, Verzugszuschläge zu entrichten. Das Finanzamt hat von der Erhebung der Zuschläge abzusehen, wenn der Steuerpflichtige nachweist, daß ihn kein Verschulden trifft.

§ 16. Hat ein Steuerpflichtiger im ersten Halbjahr 1925 oder in der ersten Hälfte eines nach dem 30. Juni 1925 endenden Wirtschaftsjahrs 1924/25 Gewinn erzielt, bleiben die von ihm für diesen Zeitraum entrichteten Vorauszahlungen aber hinter dem Betrage zurück, der voraussichtlich als Einkommensteuer oder Körperschaftsteuer auf diesen Zeitraum entfällt, so kann das Finanzamt die Vorauszahlungen entsprechend erhöhen.

§ 17. (1) Das Finanzamt kann für Steuerpflichtige mit Einkommen aus Gewerbebetrieb einschließlich des Handwerks, deren Gesamteinkommen im Kalenderjahre 1925 voraussichtlich den Betrag von 12 000 Reichsmark nicht übersteigen wird, die Vorauszahlungen nach dem mutmaßlichen Einkommen des Kalenderjahrs 1925 festsetzen; auf Antrag muß die Festsetzung nach Satz 1 erfolgen, wenn der Steuerpflichtige die erforderlichen Unterlagen liefert.

(2) Bei der Festsetzung nach Abs. 1 bleibt Einkommen, das dem Steuerabzuge vom Arbeitslohn oder vom Kapitalertrag unterliegt, unberücksichtigt. Die Vorauszahlung ist nach den für die freien Berufe geltenden Vorschriften zu berechnen (Artikel I § 7 Abs. 2 der Zweiten Steuernotverordnung, § 21 dieses Gesetzes).

§ 18. Die Vorauszahlungen sind bis zum zehnten Tage nach Ablauf eines jeden Kalendervierteljahrs zu entrichten; dies gilt auch dann, wenn der für die Umsatzsteuer maßgebende Vorauszahlungsabschnitt einen Monat beträgt.

§ 19. Der Reichsminister der Finanzen ist ermächtigt, im Benehmen mit dem Reichswirtschaftsminister Abänderungsbestimmungen für einzelne Fälle sowie für einzelne Gruppen von Steuerpflichtigen zur besseren Anpassung an die besonderen Verhältnisse ihres Erwerbszweigs, zum Zwecke eines angemessenen Ausgleichs unter den verschiedenen Wirtschaftsgruppen oder zur weiteren und besseren Anpassung an das mutmaßliche tatsächliche Einkommen zu erlassen.

III. Vorschriften für freie Berufe, Lohn- und Gehaltsbezieher, Kapitalrentner und dergleichen

§ 20. (1) Die Vorschriften über den zehnprozentigen Steuerabzug vom Kapitalertrage finden auch Anwendung auf die Zinsen von Anleihen aller Art, bei denen die Eintragung in öffentlichen Schuldbüchern oder die Ausgabe von Teilschuldverschreibungen nach Einführung der Rentenmark erfolgt ist.

(2) Hat ein Steuerpflichtiger im abgelaufenen Kalendervierteljahr Einkommen, das dem Steuerabzuge vom Kapitalertrag unterliegt, bezogen, so sind davon, wenn es allein oder zusammen mit Einkommen im Sinne des Artikel I §§ 7, 9 der Zweiten Steuernotverordnung 2000 Reichsmark übersteigt, Vorauszahlungen gemäß Artikel I § 7 der Zweiten Steuernotverordnung zu entrichten; der Steuerabzug vom Kapitalertrag ist anzurechnen.

(3) Vorauszahlungen gemäß Artikel I § 7 der Zweiten Steuernotverordnung sind auch zu entrichten vom Einkommen aus Kapitalvermögen, das nicht schon den Vorauszahlungen für gewerbliches Einkommen oder dem Steuerabzuge vom Kapitalertrag unterliegt.

§ 21. Bei Vorauszahlungen für Einkommen der im Artikel I §§ 7 bis 9 der Zweiten Steuernotverordnung und des § 20 Abs. 2 und 3 dieses Gesetzes bezeichneten Art gelten die folgenden, von Artikel I § 7 der Zweiten Steuernotverordnung abweichenden Vorschriften:

1. Unbeschränkt Einkommensteuerpflichtige, die lediglich Einkommen im Sinne des Artikel I § 7 der Zweiten Steuernotverordnung und des § 20 Abs. 3 dieses Gesetzes bezogen haben, haben Vorauszahlungen nicht zu entrichten, wenn die Einkünfte (Roheinnahmen) weniger als 275 Reichsmark im Kalendervierteljahre betragen.

2. Bei unbeschränkt Einkommensteuerpflichtigen, die lediglich Einkommen im Sinne des Artikel I § 7 der Zweiten Steuernotverordnung und des § 20 Abs. 3 dieses Gesetzes bezogen haben und für die die Nr. 1 nicht gilt, ist vom Überschusse der Einkünfte über die Werbungskosten, wenn dieser 2500 Reichsmark im Kalendervierteljahre nicht übersteigt, der Betrag von 200 Reichsmark im Kalendervierteljahr abzuziehen.

3. Als Vorauszahlungen werden vierteljährlich erhoben:

a) bei Einkommensteuerpflichtigen sowie bei Gesellschaften mit beschränkter Haftung, deren Vermögen für die letzte Vermögensteuerveranlagung auf nicht mehr als 50000 Reichsmark festgesetzt worden ist,

von den ersten 3000 Reichsmark des vierteljährlichen Überschusses der Einkünfte über die Werbungskosten	10 vom Hundert,
von den weiteren 2000 Reichsmark	15 vom Hundert,
von den weiteren 5000 Reichsmark	25 vom Hundert,
von den darüber hinausgehenden Beträgen . .	30 vom Hundert.

Der Satz von 10 vom Hundert ermäßigt sich für die ersten 2000 Reichsmark vierteljährlich bei Einkommensteuerpflichtigen für die zur Haushaltung des Steuerpflichtigen zählende Ehefrau sowie für jedes zu seiner Haushaltung zählende minderjährige Kind im Sinne des

§ 17 des bisherigen Einkommensteuergesetzes um je 1 vom Hundert; Kinder im Alter von mehr als 17 Jahren, die Arbeitseinkommen beziehen, werden nicht gerechnet. Übersteigt der Überschuß der Einkünfte über die Werbungskosten nicht den Betrag von 500 Reichsmark vierteljährlich, so ermäßigt sich der Satz von 10 vom Hundert vom dritten zur Haushaltung zählenden minderjährigen Kinde ab um je 2 vom Hundert;

b) bei körperschaftsteuerpflichtigen Erwerbsgesellschaften mit Ausnahme der unter a bezeichneten Gesellschaften mit beschränkter Haftung 20 vom Hundert;

c) bei den übrigen Körperschaftsteuerpflichtigen 10 vom Hundert.

§ 22. (1) Vom Arbeitslohne bleibt für den Arbeitnehmer ein Betrag von 80 Reichsmark monatlich (18,60 Reichsmark wöchentlich) zur Abgeltung der nach § 13 Abs. 1 Nr. 1 bis 7, § 59 des Einkommensteuergesetzes zulässigen Abzüge vom Steuerabzuge frei.

(2) Von dem den Betrag von 80 Reichsmark monatlich (18,60 Reichsmark wöchentlich) übersteigenden Arbeitslohne hat der Arbeitgeber bei jeder Lohnzahlung einen Betrag von 10 vom Hundert für Rechnung des Arbeitnehmers als Steuer einzubehalten.

(3) Der Betrag von 10 vom Hundert des Arbeitslohns (Abs. 2) ermäßigt sich für die zur Haushaltung des Arbeitnehmers zählende Ehefrau sowie

für das erste und zweite zu seiner Haushaltung zählende minderjährige Kind (§ 17 Abs. 2 des Einkommensteuergesetzes) um je 1 vom Hundert, für das dritte und jedes weitere minderjährige Kind um je 2 vom Hundert. Übersteigt der Arbeitslohn nicht den Betrag von 250 Reichsmark monatlich (60 Reichsmark wöchentlich), so beträgt die Ermäßigung schon für das zweite minderjährige Kind 2 vom Hundert. Kinder im Alter von mehr als 17 Jahren, die Arbeitseinkommen beziehen, werden nicht gerechnet.

§ 23. Wird der Arbeitslohn nicht für einen bestimmten Zeitraum gezahlt, so sind bei allen im Monat Juni 1925 und in den folgenden Monaten erfolgenden Lohnzahlungen, vom vollen Arbeitslohn 2 vom Hundert, bei Heimarbeitern 1 vom Hundert einzubehalten.

§ 24. (1) Auch wenn eine Veranlagung des Arbeitslohns nicht erfolgt, sind Steuerbeträge die vom Arbeitslohn einbehalten worden sind, auf Antrag zu erstatten, wenn der steuerfreie Lohnbetrag

a) für das erste Kalendervierteljahr 1925 nicht in Höhe von 180 Reichsmark,

b) für das zweite Kalendervierteljahr 1925 nicht in Höhe von 200 Reichsmark,

c) für das dritte und vierte Kalenderviertel 1925 nicht in Höhe von je 240 Reichsmark,

d) für das ganze Kalenderjahr 1925 nicht in Höhe von 860 Reichsmark

berücksichtigt worden ist.

(2) Übersteigt der Arbeitslohn eines Arbeitnehmers mit mindestens zwei minderjährigen Kindern (§ 22 Abs. 3) den Betrag von 750 Reichsmark im Kalendervierteljahr oder von 3000 Reichsmark im Kalenderjahre, so ist ihm auf Antrag der Unterschiedsbetrag zwischen dem einbehaltenen Steuerbetrag und dem Steuerbetrage, der sich ergibt, wenn schon für das zweite minderjährige Kind eine Ermäßigung von 2 vom Hundert berücksichtigt wird, insoweit zu erstatten, als der Unterschiedsbetrag 20 vom Hundert des über den Betrag von 750 Reichsmark im Kalendervierteljahr oder von 3 000 Reichsmark im Kalenderjahre hinausgehenden Arbeitslohns übersteigt. Übersteigt der Arbeitslohn die genannten Beträge nicht, so ist der Unterschiedsbetrag auf Antrag in voller Höhe zu erstatten.

(3) Der Antrag (Abs. 1, 2) muß, wenn er für ein Kalendervierteljahr gestellt wird, spätestens bis zum Schlusse des auf das Kalendervierteljahr folgenden Monats, wenn er für ein Kalenderjahr gestellt wird, spätestens bis zum Schlusse des dritten auf das Kalenderjahr folgenden Monats beim Finanzamt eingereicht werden. Die Vorschrift des § 68 der Reichsabgabenordnung findet entsprechende Anwendung.

(4) Vierteljahrsbeträge unter 1 Reichsmark, Jahresbeträge unter 4 Reichsmark werden nicht erstattet.

§ 25. Die Vorschriften des Artikel I § 25 der Zweiten Steuernotverordnung finden für das Kalenderjahr 1924 entsprechende Anwendung.

IV. Gemeinsame Vorschriften

§ 26. Ist der Ablösungsbetrag für 1924 nach § 9 herabgesetzt worden, so sind auf Antrag des Steuerpflichtigen, sofern sich seine wirtschaftlichen Verhältnisse nicht wesentlich geändert haben, die vierteljährlichen Vorauszahlungen in Höhe je eines Viertels des festgestellten Jahresbetrags der Ablösung festzusetzen.

§ 27. Die Festsetzung (§§ 16, 17, 26) erfolgt durch Vorauszahlungsbescheid. Die Festsetzung gilt für die noch nicht fälligen Vorauszahlungen, es sei denn, daß das Finanzamt zur Anpassung an die wirtschaftlichen Verhältnisse des Steuerpflichtigen die Rückwirkung auf den Beginn des Kalender- oder Wirtschaftsjahres ausdrücklich anordnet.

§ 28. Die Vorauszahlung ist nicht zu entrichten, wenn sie in einem Vierteljahre den Betrag von 3 Reichsmark nicht übersteigt. Dies gilt nicht für den Steuerabzug.

§ 29. Gegen Entscheidungen über Vorauszahlungen ist nur die Beschwerde (§§ 224, 281 der Reichsabgabenordnung) zulässig. Die Vorschriften des Artikel I § 37 der Zweiten Steuernotverordnung über die weitere Beschwerde bleiben unberührt. In den Fällen der §§ 16, 17, 26 ist die weitere Beschwerde jedoch nicht gegeben.

Vierter Abschnitt

Schlußvorschriften

§ 30. Die Vorschriften des bisherigen Einkommensteuergesetzes und des bisherigen Körperschaftsteuergesetzes über die Befreiung von der Einkommensteuer und Körperschaftsteuer erstrecken sich nicht auf den Steuerabzug vom Kapitalertrage.

§ 31. (1) Ehegatten, die unbeschränkt steuerpflichtig sind und nicht dauernd voneinander getrennt leben, haften für die Vorauszahlungen vom 1. Januar 1924 ab und für die Ablösungsbeträge als Gesamtschuldner, sofern die Voraussetzungen während des ganzen maßgebenden Vorauszahlungsabschnitts bestanden haben.

(2) Einkommen der im Artikel I § 7 der Zweiten Steuernotverordnung und im § 20 Abs. 2 und 3 dieses Gesetzes bezeichneten Art werden bei Ehegatten, bei denen die Voraussetzungen des Abs. 1 vorliegen, für die Vorauszahlungen vom 1. Januar 1924 ab und für die Ablösungsbeträge zusammengerechnet.

(3) Abs. 1, 2 finden keine Anwendung, soweit die Ehefrau Arbeitseinkommen aus eines dem Ehemann fremden Betriebe bezieht.

§ 32. Das Umsatzsteuergesetz wird wie folgt geändert:

1. Im § 33 Abs. 1 wird hinter Satz 1 folgende Vorschrift als Satz 2 eingefügt:

   „An Stelle des Kalenderjahrs tritt das Wirtschaftsjahr, das für die Einkommensermittlung bei der Einkommensteuer oder Körperschaftsteuer maßgebend ist."

2. Im § 33 Abs. 1 werden im nunmehrigen Satze 4 die Worte „Steuerabschnitte (Satz 1 und 2)" durch die Worte „Steuerabschnitte (Satz 1 bis 3)" ersetzt.

3. Im § 35 erhalten die Abs. 1 und 2 folgende Fassung:

„(1) Fällt in den Fällen des § 33 Abs. 1 Satz 1 und 2 der Steuerabschnitt mit dem Kalenderjahre zusammen oder endet er in der zweiten Hälfte eines Kalenderjahrs, so wird die Umsatzsteuer nach Ablauf dieses Kalenderjahrs veranlagt.

(2) Endet in den Fällen des § 33 Abs. 1 Satz 2 der Steuerabschnitt in der ersten Hälfte eines Kalenderjahrs, so wird die Umsatzsteuer nach Ablauf des ersten Kalenderhalbjahrs veranlagt."

4. Im § 35 werden die bisherigen Abs. 1 bis 3 Abs. 3 bis 5.

5. Im nunmehrigen § 35 Abs. 3 erhält Satz 1 folgende Fassung:

„Der Steuerpflichtige hat der Steuerstelle im Falle des Abs. 1 im Januar, im Falle des Abs. 2 im Juli, in den Fällen des § 17 Nr. 2 und 3 und § 23 Abs. 1 Nr. 2 und 4 nach Eintritt des steuerpflichtigen Vorganges, in allen übrigen Fällen innerhalb eines Monats nach Ablauf des Steuerabschnitts (§ 33 Abs. 1 Satz 3 und 4) eine Steuererklärung abzugeben."

6. Im § 36 Abs. 5 werden die Worte „§ 33 Abs. 1 Satz 2" durch die Worte „§ 33 Abs. 1 Satz 3" ersetzt.

§ 33. Die Vorauszahlungen, die Angehörige der Landwirtschaft, der Forstwirtschaft, des Gartenbaues und der sonstigen nicht gewerblichen Bodenbewirtschaftung auf die in der Zeit vom 1. Januar bis zum 30. Juni 1924 getätigten Umsätze geleistet haben, gelten als Ablösung für die Umsatzsteuer, die für die Umsätze dieser Zeit geschuldet wird.

§ 34. Die zur Durchführung dieses Gesetzes erforderlichen Bestimmungen erläßt der Reichsminister der Finanzen mit Zustimmung des Reichsrats. Soweit es sich um die Durchführungsbestimmungen über den Steuerabzug vom Arbeitslohne handelt, ist die Zustimmung des Reichsrats nicht erforderlich.

§ 35. Die Vorschrift des § 20 Abs. 1 tritt mit dem Beginne des auf das Inkrafttreten dieses Gesetzes folgenden Monats, die Vorschriften der §§ 10, 30 treten mit Wirkung vom 1. Januar 1924 in Kraft. Die Vorschrift des § 22 findet erstmalig Anwendung auf den Arbeitslohn, der für eine nach dem 31. Mai 1925 erfolgende Dienstleistung gewährt wird. Die Vorschrift des § 24 Abs. 1 tritt mit Wirkung vom 1. Januar 1925 mit der Maßgabe in Kraft, daß der Erstattungsantrag für das erste Kalendervierteljahr 1925 spätestens bis zum 31. Juli 1925 eingereicht werden muß; die Vorschrift des § 24 Abs. 2 findet erstmalig für das dritte Kalendervierteljahr 1925 Anwendung. Die Vorschrift des § 25 gilt für das Kirchensteuerjahr 1925. Die Vorschrift des § 32 gilt bei Landwirtschaft, Forstwirtschaft, Gartenbau und sonstiger nicht gewerblicher Bodenbewirtschaftung erstmalig für das im Kalenderjahre 1925 endende Wirtschaftsjahr, bei den übrigen Gewerbetreibenden erstmalig für die im Kalenderjahre 1926 endenden Wirtschaftsjahre mit der Maßgabe, daß die in der Zeit vom 1. Januar 1925 bis zum Beginne des Wirtschaftsjahrs 1925/1926 erzielten Umsätze gleichzeitig mit den im Wirtschaftsjahre 1925/1926 erzielten Umsätzen veranlagt werden. Im übrigen tritt das Gesetz mit dem auf seine Verkündung folgenden Tage mit der Maßgabe in Kraft, daß die Vorschriften des dritten Abschnitts auf die nach dem Inkrafttreten dieses Gesetzes fällig werdenden Vorauszahlungen Anwendung finden; die am 10. Juni 1925 fälligen Vorauszahlungen auf die Einkommensteuer und Körperschaftsteuer für den Monat Mai sind jedoch erst am 10. Juli 1925 zusammen mit den Vorauszahlungen für den Monat Juni zu entrichten.

Durchführungsbestimmungen zum Steuerüberleitungsgesetz

Vom 30. Juli 1925 (RMinBl. S. 495).

Auf Grund des § 34 des Gesetzes zur Überleitung der Einkommensteuer und Körperschaftsteuer in das regelmäßige Veranlagungsverfahren vom 29. Mai 1925 (Reichsgesetzbl. I S. 75) wird, soweit erforderlich, mit Zustimmung des Reichsrats folgendes bestimmt:

Erster Abschnitt

Für die Besteuerung künftig maßgebende Wirtschaftsjahre

Einkommensteuer bei Land- und Forstwirtschaft

§ 1. Für Einkünfte aus Landwirtschaft, Forstwirtschaft, Gartenbau und sonstiger nicht gewerblicher Bodenbewirtschaftung gilt unbeschadet der §§ 2 bis 6 als Wirtschaftsjahr der Zeitraum vom 1. Juli bis 30. Juni; als Einkünfte dieses Wirtschaftsjahrs gelten auch Einkünfte eines Wirtschaftsjahrs, für das regelmäßige Abschlüsse in der Zeit vom 24. Juni bis 6. Juli einschließlich auf einen anderen Tag als den 30. Juni gemacht werden.

§ 2. Für Einkünfte aus reiner Weidewirtschaft und reiner Viehzucht wird als Wirtschaftsjahr der Zeitraum vom 1. Mai bis 30. April bestimmt.

§ 3. Das Landesfinanzamt ist ermächtigt, bei Landwirtschaft, Forstwirtschaft und Gartenbau für bestimmte Betriebsarten und für bestimmte Bezirke als Wirtschaftsjahr den Zeitraum vom 1. März bis 28. Februar, 1. April bis 31. März, 1. Mai bis 30. April oder 1. Juni bis 31. Mai anzuordnen, sofern dies aus wirtschaftlichen Gründen nach der besonderen Gestaltung der Betriebe erforderlich erscheint. Diese Anordnung ist dem Reichsminister der Finanzen, der zuständigen Landesregierung und den übrigen Landesfinanzämtern mitzuteilen.

§ 4. Hat der Steuerpflichtige neben Einkünften aus Landwirtschaft, Forstwirtschaft, Gartenbau und sonstiger nicht gewerblicher Bodenbewirtschaftung andere Einkünfte, ist aber der landwirtschaftliche Betrieb so klein, daß der Ertrag regelmäßig hinter den Beträgen erheblich zurückbleibt, die zur Bestreitung des Haushalts des Steuerpflichtigen und zum Unterhalt seiner Familienangehörigen erforderlich sind, so gilt abweichend von §§ 1 bis 3 als Wirtschaftsjahr für die Einkünfte aus Landwirtschaft, Forstwirtschaft, Gartenbau und sonstiger nicht geweblicher Bodenbewirtschaftung der Zeitraum, der für die Besteuerung der übrigen Einkünfte maßgebend ist.

§ 5. Der Reichsminister der Finanzen bleibt ermächtigt, zu bestimmen, daß auch andere als die in den §§ 1 bis 4 bezeichneten Zeiträume als Wirtschaftsjahr gelten.

§ 6. (1) Steuerpflichtige, die für Einkünfte aus Landwirtschaft, Forstwirtschaft, Gartenbau und sonstiger nicht gewerblicher Bodenbewirtschaftung ordnungsmäßige Bücher führen und regelmäßige Abschlüsse machen, haben grundsätzlich das nach den §§ 1 bis 5 maßgebende Wirtschaftsjahr zugrunde zu legen; die Buchführung ist entsprechend auf den Schluß des Wirtschaftsjahres 1924/25 umzustellen, sofern die steuerliche Gewinnermittlung auf Grund der Abschlüsse dieser Bücher erfolgen soll.

(2) Mit Zustimmung der zuständigen Finanzbehörde dürfen die im Abs. 1 bezeichneten Steuerpflichtigen auch einen anderen Zeitraum als Wirtschaftsjahr zugrunde legen. Die Genehmigung erteilt:

a) wenn der Abschluß für ein Wirtschaftsjahr gemacht wird, das in der ersten Hälfte des Kalenderjahrs endet, das Finanzamt;

b) wenn der Abschluß auf einen anderen Tag gemacht wird, das Landesfinanzamt.

Die Genehmigung darf nicht versagt werden, wenn das der Buchführung zugrunde liegende Wirtschaftsjahr aus wirtschaftlichen Gründen nach der besonderen Gestaltung des Betriebes erforderlich erscheint.

Einkommensteuer und Körperschaftsteuer bei Gewerbebetrieben

§ 7. Für Einkünfte aus dem Betriebe eines Gewerbes einschließlich des Bergbaues und für Einkünfte der körperschaftsteuerpflichtigen Erwerbsgesellschaften gilt bei Steuerpflichtigen, die Handelsbücher nach den Vorschriften des Handelsgesetzbuchs zu führen verpflichtet sind oder ohne dazu verpflichtet zu sein, Handelsbücher nach den Vorschriften des Handelsgesetzbuchs tatsächlich führen, als Wirtschaftsjahr der Zeitraum, für den sie regelmäßige Abschlüsse machen, bei den übrigen Steuerpflichtigen das Kalenderjahr.

Umsatzsteuer bei Land- und Forstwirtschaft sowie Gewerbebetrieb

§ 8. Die Bestimmungen der §§ 1 bis 7 finden auf die Besteuerung der Umsätze entsprechende Anwendung, und zwar:

a) bei Landwirtschaft, Forstwirtschaft, Gartenbau und sonstiger nicht gewerblicher Bodenbewirtschaftung erstmalig für das im Kalenderjahre 1925 endende Wirtschaftsjahr,

b) bei den übrigen Steuerpflichtigen erstmalig für die im Kalenderjahr 1926 endenden Wirtschaftsjahre mit der Maßgabe, daß die in der Zeit vom 1. Januar 1925 bis zum Beginne des Wirtschaftsjahres 1925/26 erzielten Umsätze gleichzeitig mit den im Wirtschaftsjahre 1925/26 erzielten Umsätzen veranlagt werden.

Anmeldung des Wirtschaftsjahrs

§ 9. (1) Zur Anmeldung des künftig maßgebenden Wirtschaftsjahrs sind verpflichtet:

I. für die Einkommensteuer, Körperschaftsteuer und Umsatzsteuer

a) Steuerpflichtige, die Landwirtschaft, Forstwirtschaft, Gartenbau oder sonstige nicht gewerbliche Bodenbewirtschaftung betreiben, wenn sie für ein anderes Wirtschaftsjahr als den

Zeitraum vom 1. Juli bis 30. Juni regelmäßige Abschlüsse machen;

b) Steuerpflichtige, die ein Gewerbe einschließlich des Bergbaues betreiben, sowie körperschaftsteuerpflichtige Erwerbsgesellschaften, auch soweit sie kein Gewerbe betreiben, wenn sie für ein vom Kalenderjahr abweichendes Wirtschaftsjahr regelmäßige Abschlüsse machen;

II. für die Umsatzsteuer
offene Handelsgesellschaften, Kommanditgesellschaften und andere Unternehmungen ohne Rechtspersönlichkeit, wenn sie für ein vom Kalenderjahr abweichendes Wirtschaftsjahr regelmäßige Abschlüsse machen.

(2) Die Anmeldung ist bis zum 31. August 1925 bei dem zuständigen Finanzamt einzureichen; das Finanzamt kann die Frist angemessen verlängern.

Zweiter Abschnitt.

Ablösung der Einkommensteuer, Körperschaftsteuer und Umsatzsteuer.

Ablösungszeitraum und Ablösungsbetrag

§ 10. (1) Der Ablösungszeitraum beginnt am 1. Januar 1924. Hat die persönliche oder sachliche Vorauszahlungspflicht am 1. Januar 1924 noch nicht bestanden, so beginnt der Ablösungszeitraum mit dem Beginn der Vorauszahlungspflicht.

(2) Der Ablösungszeitraum endet mit dem Tage vor Beginn des für die erstmalige Veranlagung nach dem künftigen Einkommensteuer- und Körper-

schaftsteuergesetze maßgebenden Kalender- oder Wirtschaftsjahrs. Hat die persönliche oder sachliche Vorauszahlungspflicht im Kalenderjahr 1924 aufgehört, so endet der Ablösungszeitraum mit dem Ende der Vorauszahlungspflicht.

Einkommensteuer bei Land- und Forstwirtschaft

§ 11. (1) Bei Einkünften aus Landwirtschaft, Forstwirtschaft, Gartenbau und sonstiger nicht gewerblicher Bodenbewirtschaftung gelten als Ablösung der Einkommensteuer oder Körperschaftsteuer:

a) wenn als Wirtschaftsjahr der Zeitraum vom 1. Juli bis 30. Juni maßgebend ist,
die Vorauszahlungen, die bis zum 29. Febr. und 15. Mai 1924 zu entrichten waren;

b) wenn als Wirtschaftsjahr der Zeitraum vom 1. Juni bis 31. Mai maßgebend ist,
die Vorauszahlung, die bis zum 29. Februar, und $^2/_3$ der Vorauszahlung, die bis zum 15. Mai 1924 zu entrichten war;

c) wenn als Wirtschaftsjahr der Zeitraum vom 1. Mai bis 30. April maßgebend ist,
die Vorauszahlung, die bis zum 29. Februar, und $^1/_3$ der Vorauszahlung, die bis zum 15. Mai 1924 zu entrichten war;

d) wenn als Wirtschaftsjahr der Zeitraum vom 1. April bis 31. März maßgebend ist,
die Vorauszahlung, die bis zum 29. Februar 1924 zu entrichten war;

e) wenn als Wirtschaftsjahr der Zeitraum vom 1. März bis 28. Februar maßgebend ist,

$^{2}/_{3}$ der Vorauszahlung, die bis zum 29. Febr. 1924 zu entrichten war.

(2) Entsprechendes gilt, wenn als Wirtschaftsjahr ein anderer Zeitraum maßgebend ist.

(3) Als Vorauszahlung im Sinne des Abs. 1 gilt auch der Steuerabzug vom Kapitalertrag.

§ 12. Umfaßt im Falle des § 6 dieser Bestimmungen infolge der Umstellung auf ein anderes Wirtschaftsjahr, für das nunmehr regelmäßige Buchabschlüsse gemacht werden, das Wirtschaftsjahr 1924 bis 1925 einen Zeitraum von mehr oder weniger als 12 Monaten, so gilt als Ablösungszeitraum die Zeit vom 1. Januar 1924 bis zu dem Tage, der 12 Monate vor Beginn des neuen Wirtschaftsjahres (1925/1926) liegt.

1. Beispiel:

Ein Landwirt hat bisher ein Wirtschaftsjahr vom 1. April bis 31. März gehabt. Im Jahre 1925 geht er zu dem normalen Wirtschaftsjahr vom 1. Juli bis 30. Juni über. Infolgedessen läuft ausnahmsweise das Wirtschaftsjahr 1924/25 vom 1. April 1924 bis 30. Juni 1925. In diesem Fall soll als Ablösungszeitraum die Zeit vom 1. Januar 1924 bis 30. Juni 1924 gelten.

2. Beispiel:

Ein Landwirt hat bisher ein Wirtschaftsjahr vom 1. Oktober bis 30. September gehabt. Im Jahre 1925 geht er zu dem normalen

Wirtschaftsjahr vom 1. Juli bis 30. Juni über. Das Wirtschaftsjahr 1924/25 läuft infolgedessen ausnahmsweise vom 1. Oktober 1924 bis 30. Juni 1925. In diesem Fall soll gleichfalls als Ablösungszeitraum der Zeitraum vom 1. Januar 1924 bis 30. Juni 1924 gelten.

Umsatzsteuer bei Land- und Forstwirtschaft

§ 13. (1) Bei Steuerpflichtigen, die Landwirtschaft, Forstwirtschaft, Gartenbau oder sonstige nicht gewerbliche Bodenbewirtschaftung betreiben, gelten die Vorauszahlungen, die auf die in der Zeit vom 1. Januar bis zum 30. Juni 1924 getätigten landwirtschaftlichen Umsätze geleistet worden sind, als Ablösung für die Umsatzsteuer, die für die Umsätze dieser Zeit geschuldet wird. Als geleistete Vorauszahlungen gelten

a) bei buchführenden Landwirten die auf Grund ordnungsmäßiger Buchführung entrichteten Umsatzsteuerbeträge,

b) bei nichtbuchführenden Landwirten die nach den Richtzahlenerlassen ordnungsmäßig geleisteten Umsatzsteuerbeträge.

Die Verpflichtung zur Entrichtung rückständiger Vorauszahlungsbeträge bleibt unberührt.

(2) Beginnt das Wirtschaftsjahr dieser Steuerpflichtigen in der Zeit zwischen dem 1. Januar 1924 und dem 30. Juni 1924, so hat die Veranlagung der Umsätze des Wirtschaftsjahres 1924/25 sich nur auf die Zeit zwischen dem 1. Juli 1924 und dem Ende des Wirtschaftsjahres 1924/25 zu erstrecken.

1. Beispiel:

Für einen nicht buchführenden Landwirt war bisher das Kalenderjahr Steuerabschnitt. Nunmehr ist das Wirtschaftsjahr vom 1. Juli 1924 bis zum 30. Juni 1925 nach Ablauf des ersten Kalenderhalbjahrs 1925 zu veranlagen; die Vorauszahlungen, die er auf die Umsätze vom 1. Januar bis 30. Juni 1924 nach den Richtzahlenerlassen ordnungsmäßig geleistet hat, gelten als Ablösung.

2. Beispiel:

Ein buchführender Landwirt hat bisher ein Wirtschaftsjahr vom 1. Juli bis 30. Juni gehabt. Im Jahre 1924 wählt er wegen Übergangs zur reinen Weidewirtschaft (§ 2 dieser Bestimmungen) als Wirtschaftsjahr die Zeit vom 1. Mai bis 30. April. In diesem Falle wird er für die Umsätze aus der Zeit vom 1. Juli 1924 bis zum 30. April 1925 nach Ablauf des ersten Kalenderhalbjahrs 1925 veranlagt. Die für die Umsätze vom 1. Januar 1924 bis zum 30. Juni 1924 auf Grund ordnungsmäßiger Buchführung entrichteten Umsatzsteuerbeträge sollen als Ablösung gelten.

Einkommensteuer und Körperschaftsteuer bei Gewerbebetrieben

§ 14. (1) Bei Einkünften aus Gewerbebetrieb einschließlich des Bergbaues sowie bei Einkünften der körperschaftsteuerpflichtigen Erwerbsgesellschaften gelten als Ablösung der Einkommensteuer oder Körperschaftsteuer:

a) wenn für die Besteuerung das Kalenderjahr maßgebend ist,
die Vorauszahlungen, die für das Kalenderjahr 1924 bis zum 10. Januar 1925 einschließlich zu entrichten waren;
b) wenn als Wirtschaftsjahr der Zeitraum vom 1. April bis 31. März maßgebend ist,
die Vorauszahlungen, die für die Zeit vom 1. Januar bis 31. März 1924 zu entrichten, also bis 10. April 1924 fällig waren;
c) wenn als Wirtschaftsjahr der Zeitraum vom 1. Juli 1924 bis 30. Juni maßgebend ist,
die Vorauszahlungen, die für die Zeit vom 1. Januar bis 30. Juni 1924 zu entrichten, also bis 10. Juli 1924 fällig waren;
d) wenn als Wirtschaftsjahr der Zeitraum vom 1. Oktober bis 30. September maßgebend ist,
die Vorauszahlungen, die für die Zeit vom 1. Januar bis 30. September 1924 zu entrichten, also bis 10. Oktober 1924 fällig waren;
e) wenn als Wirtschaftsjahr der Zeitraum vom 1. November bis 31. Oktober maßgebend ist,
die Vorauszahlungen, die für die Zeit vom 1. Januar bis 31. Oktober 1924 zu entrichten, also bis 10. November 1924 fällig waren. War der Steuerpflichtige nicht zu monatlichen, sondern zu vierteljährlichen Vorauszahlungen verpflichtet, so daß die für den Monat Oktober 1924 zu entrichtenden Vorauszahlungen erst mit der Zahlung für die Monate November und Dezember 1924

bis zum 10. Januar 1925 zu leisten waren, so gilt der am 10. Januar 1925 fällige Betrag zu einem Drittel als für den Monat Oktober 1924 geschuldete Vorauszahlung.

(2) Entsprechendes gilt, wenn als Wirtschaftsjahr ein anderer Zeitraum maßgebend ist.

(3) Als Vorauszahlung im Sinne des Abs. 1 gilt auch der Steuerabzug vom Kapitalertrag.

§ 15. Umfaßt im Falle des § 7 dieser Bestimmungen infolge der Umstellung auf ein anderes Wirtschaftsjahr, für das nunmehr regelmäßige Buchabschlüsse gemacht werden, das Wirtschaftsjahr 1924 bis 1925 einen Zeitraum von mehr als 12 Monaten, so gilt als Ablösungszeitraum die Zeit vom 1. Jan. 1924 bis zu dem Tage, der 12 Monate vor Beginn des neuen Wirtschaftsjahres (1925/26) liegt.

Beispiel:

Ein Gewerbetreibender hat bisher regelmäßige Abschlüsse auf den 30. Juni gemacht. Im Jahre 1925 geht er zu regelmäßigen Abschlüssen auf den 30. September über. Infolgedessen macht er den nächsten Abschluß erst auf den 30. September 1925. Das Wirtschaftsjahr 1924 bis 1925 umfaßt daher den Zeitraum vom 1. Juli 1924 bis 30. September 1925, also 15 Monate. Als Ablösungszeitraum soll in diesem Falle die Zeit vom 1. Januar 1924 bis zu dem Tage gelten, der 12 Monate vor Beginn des neuen Wirtschaftsjahres liegt, d. h. bis zum 30. September 1924.

Würde dieser Gewerbetreibende dagegen zu

regelmäßigen Abschlüssen auf den 31. März übergehen, den nächsten Abschluß also auf den 31. März 1925 machen, so findet § 15 keine Anwendung. Ablösungszeitraum ist also in diesem Falle die Zeit vom 1. Januar bis 30. Juni 1924.

§ 16. Hat der Steuerpflichtige mehrere Betriebe, für die verschiedene Wirtschaftsjahre maßgebend sind, so regelt sich die Ablösung nach §§ 11 bis 15 dieser Bestimmungen für jeden Betrieb besonders.

Beispiel:

Ein größerer Gewerbetreibender, der regelmäßige Abschlüsse zum 31. Dezember macht, hat außerdem einen zweiten Gewerbebetrieb oder ein landwirtschaftliches Gut mit Wirtschaftsjahr vom 1. Juli bis zum 30. Juni. Die Ablösung gilt für die Einkünfte aus dem ersten Gewerbebetrieb bis zum 31. Dezember 1924, für die Einkünfte aus dem zweiten Gewerbebetrieb oder der Landwirtschaft bis zum 30. Juni 1924. Die für Einkünfte aus Landwirtschaft am 15. August und 15. November 1924 geleisteten Zahlungen werden auf die bei der ersten Veranlagung festgestellte Steuerschuld angerechnet.

§ 17. Bei anderen als landwirtschaftlichen (§§ 1 bis 6) oder gewerblichen (§ 7 dieser Bestimmungen) Einkünften gelten als Ablösung der Einkommensteuer oder Körperschaftsteuer die Vorauszahlungen, einschließlich des Steuerabzugs vom Arbeitslohn und

Kapitalertrag, die bis zum 10. Januar 1925 für das Jahr 1924 zu entrichten waren.

1. Beispiel:

Ein unverheirateter Angestellter hatte im Jahre 1924 ein Gehalt von 5 000 RM. Hiervon sind als Steuerabzug vom Arbeitslohn abgezogen 10 v. H. von (5 000 — 610 =) 4 390 RM = 439 RM. Dieser Betrag gilt als Ablösung.

2. Beispiel:

Ein verheirateter Rechtsanwalt mit 2 Kindern hat im Jahre 1924 nach Abzug der Werbungskosten ein Einkommen von 6 000 RM gehabt. Er hat an Vorauszahlungen am 10. April, 10. Juli, 10. Oktober 1924 und 10. Januar 1925 7 v. H. davon, insgesamt 420 RM, geleistet. Außerdem hat er im Jahre 1924 Dividenden von insgesamt 700 RM bezogen, von denen 70 RM als Steuerabzug vom Kapitalertrag gekürzt worden sind. Die gesamten Steuerbeträge gelten als Ablösung der Einkommensteuer 1924.

§ 18. (1) Hat der Steuerpflichtige neben Einkünften aus einem oder mehreren Betrieben, für die ein vom Kalenderjahr abweichendes Wirtschaftsjahr maßgebend ist, Einkünfte anderer Art, so gilt unbeschadet des Abs. 2 als Ablösungszeitraum für die anderen Einkünfte die Zeit vom 1. Januar 1924 bis zum Beginn des neuen Wirtschaftsjahres des Betriebes, bei mehreren Betrieben bis zum Beginn des neuen Wirtschaftsjahres, das als letztes im Kalenderjahr endet.

1. Beispiel:

Ein Landwirt betreibt zugleich eine Schmiede. Künftig maßgebendes Wirtschaftsjahr für Landwirtschaft und Gewerbebetrieb ist die Zeit vom 1. Juli bis 30. Juni. Ablösungszeitraum für alle Einkünfte ist die Zeit vom 1. Januar bis 30. Juni 1924.

2. Beispiel:

Ein Steuerpflichtiger hat Einkünfte aus einem Weingut (Wirtschaftsjahr 1. Juli bis 30. Juni). Er ist ferner an einer Kommanditgesellschaft beteiligt, die regelmäßige Abschlüsse auf den 30. September macht. Er hat außerdem Einkünfte aus Vermietung, aus Kapitalvermögen sowie eine Rente auf Grund Testaments. Ablösungszeitraum für die Einkünfte aus dem Weingut ist die Zeit vom 1. Jan. bis 30 Juni 1924. Ablösungszeitraum für die Einkünfte aus der Kommanditgesellschaft sowie alle übrigen Einkünfte ist die Zeit vom 1. Januar bis 30. September 1924.

(2) Sind für die Besteuerung der Einkünfte aus Land- und Forstwirtschaft oder Gewerbebetrieb nach §§ 1 bis 7 dieser Bestimmungen ein oder mehrere vom Kalenderjahr abweichende Wirtschaftsjahre maßgebend und bezieht der Steuerpflichtige daneben Arbeitseinkommen im Sinne des § 9 Nr. 1, 2 des bisherigen Einkommensteuergesetzes, so kann er bis zum 30. September 1925 erklären, daß an Stelle des

Wirtschaftsjahres des Betriebes das Kalenderjahr der Besteuerung seiner nicht aus dem Betriebe stammenden Einkünfte zugrunde gelegt werden soll. In diesem Falle gilt als Ablösungszeitraum für die landwirtschaftlichen oder gewerblichen Einkünfte der Zeitraum vom 1. Januar 1924 bis zum Beginn des Wirtschaftsjahres 1924/25, für die anderen Einkünfte das Kalenderjahr. Wird eine solche Erklärung nicht abgegeben, so findet Abs. 1 Anwendung.

1. Beispiel:

Ein Arzt, ein Rechtsanwalt oder ein Gehaltsempfänger hat ein Landgut und ist an einer Kommanditgesellschaft beteiligt. Künftig maßgebendes Wirtschaftsjahr für Landwirtschaft ist die Zeit vom 1. Juli bis 30. Juni. Die Kommanditgesellschaft macht regelmäßige Abschlüsse auf den 30. September. Der Steuerpflichtige erklärt, daß für die Besteuerung des Arbeitseinkommens nicht das Wirtschaftsjahr des Betriebes der Kommanditgesellschaft, sondern das Kalenderjahr maßgebend sein soll. Dann gilt als Ablösungszeitraum für die Einkünfte aus dem Landgut die Zeit vom 1. Januar 1924 bis zum 30. Juni 1924, als Ablösungszeitraum für die Einkünfte aus der Kommanditgesellschaft die Zeit vom 1. Januar bis 30. September 1924, für alle anderen Einkünfte dagegen das Kalenderjahr 1924.

2. Beispiel:

Ein Landschaftsmaler hat ein Landgut (Wirtschaftsjahr 1. Juli bis 30. Juni). Er erklärt, daß für die Besteuerung seiner Einkünfte aus freier Berufstätigkeit das landwirtschaftliche Wirtschaftsjahr maßgebend sein soll, oder er gibt eine Erklärung überhaupt nicht ab. In diesem Falle gilt als Ablösungszeitraum für die Einkünfte aus der Landwirtschaft sowie für die Einkünfte aus freier Berufstätigkeit die Zeit vom 1. Januar bis 30. Juni 1924.

3. Beispiel:

Ein Gehaltsempfänger bewirtschaftet ein Stück Land. Er gewinnt hieraus Kartoffeln und Gemüse für seinen eigenen Bedarf, verkauft gelegentlich jedoch einige Erzeugnisse. Da der Umfang dieses landwirtschaftlichen Betriebes so klein ist, daß der Ertrag regelmäßig hinter den Beträgen zurückbleibt, die zur Bestreitung des Haushalts erforderlich sind, findet Abs. 2 keine Anwendung. Maßgebend ist vielmehr die Bestimmung des § 4. Ablösungszeitraum für die gesamten Einkünfte ist also das Kalenderjahr 1924.

Nachprüfung

§ 19. (1) Das Finanzamt prüft, soweit dies noch nicht geschehen ist, ob die nach den maßgebenden Vorschriften und Durchführungsbestimmungen geschuldeten Vorauszahlungen ordnungsmäßig entrichtet sind.

(2) Nachzuprüfen ist insbesondere auch, ob die Einnahmen richtig angegeben, Abzüge nicht über den vorgeschriebenen Umfang hinaus vorgenommen sind, die Zahlungen nach dem Vermögen zulässig und

richtig berechnet und ob die vorgeschriebenen Steuersätze angewendet worden sind.

§ 20. (1) Als geschuldete Vorauszahlungen gelten nicht nur die nach den jeweils maßgebenden allgemeinen Sätzen von den Betriebseinnahmen, dem Vermögen und dem Überschuß der Einkünfte über die Werbungskosten zu entrichtenden Vorauszahlungen, sondern auch die auf Grund des Artikels I § 11 (Verbrauch), § 15 der Zweiten Steuernotverordnung oder auf Grund der Bestimmungen über Anpassung für einzelne Fälle (Korrektiv) vor Inkrafttreten des Steuerüberleitungsgesetzes bereits festgesetzten Zahlungen.

(2) Ist bei körperschaftsteuerpflichtigen Erwerbsgesellschaften, die Vorauszahlungen nach einem Tausendsatze des Vermögens zu leisten hatten und deren Vermögen bei der Vermögensteuerveranlagung 1924 nach der Summe der Steuerkurswerte angesetzt worden ist, die Vermögensteuer auf Grund des § 108 Abs. 1 der Reichsabgabenordnung ermäßigt werden, weil das tatsächliche Vermögen hinter dem der Veranlagung zugrunde gelegten Vermögen zurückblieb, so gelten die nach dem Zeitpunkt der Vermögensteuerermäßigung fällig gewordenen Vorauszahlungen nur in der Höhe als geschuldet, in welcher sie sich nach dem vorgeschriebenen Tausendsatz aus dem der ermäßigten Vermögensteuer entsprechenden Vermögen berechnen.

Ablösungsbetrag

§ 21. (1) Ablösungsbetrag ist die Summe der für den Ablösungszeitraum geschuldeten Vorauszahlungen; hat ein Steuerpflichtiger Einkünfte mehrerer Art, so ist Ablösungsbetrag die Summe der Vorauszahlungen, die für die einzelnen Einkünfte als Ablösung gelten.

(2) Sind die Vorauszahlungen nicht zu beanstanden, so ist eine besondere Mitteilung des Finanzamts, daß die Vorauszahlungen als Ablösung der Steuerschuld gelten, nicht erforderlich.

Zuständigkeit

§ 22. Zuständig für die Feststellung und Nachprüfung des Ablösungsbetrages ist das Finanzamt, in dessen Bezirk der Steuerpflichtige am 10. Oktober 1924 seinen Wohnsitz, dauernden Aufenthalt, Sitz oder Ort der Leitung gehabt hat. Ist bei Wohnsitzwechsel nach dem 10. Oktober 1924 ein anderes Finanzamt mit der Erhebung von Vorauszahlungen für den Ablösungszeitraum befaßt worden, so ist dieses Finanzamt auch für die Feststellung des Ablösungsbetrages zuständig. Im übrigen finden für die Zuständigkeit die Bestimmungen der Buchführungsordnung vom 16. Dezember 1924, der Ausführungsbestimmungen zum Einkommensteuergesetz in der Fassung der Bekanntmachung vom 29. Januar 1923 und der Ausführungsbestimmungen zum Körperschaftsteuergesetz in der Fassung der Bekanntmachung vom 8. April 1922 entspechende Anwendung.

Keine Erhöhung des Ablösungsbetrages

§ 23. (1) Eine Erhöhung des Ablösungsbetrages findet nicht statt. Auch auf Gund der Bestimmungen über Anpassung der Vorauszahlungen für einzelne Fälle (Korrektivbestimmungen) dürfen die Vorauszahlungen für das Jahr 1924 nicht nachträglich erhöht werden.

(2) Eine besondere Abschlußzahlung mit Rücksicht auf das tatsächlich erzielte Einkommen oder die Leistungsfähigkeit des Steuerpflichtigen darf nicht festgesetzt werden.

(3) Für Einkommen, für das nach der Zweiten Steuernotverordnung Vorauszahlungen nicht zu entrichten waren, können Vorauszahlungen nicht nachträglich erhoben werden. Die Festsetzung eines besonderen Ablösungsbetrages ist unzulässig.

(4) Bei Körperschaftsteuerpflichtigen, die nicht zu den Erwerbsgesellschaften gehören, hat die Nacherhebung von Vorauszahlungen für das Kalenderjahr 1924 und die Festsetzung eines besonderen Ablösungsbetrages zu unterbleiben.

Behandlung gestundeter Beträge

§ 24. (1) Gestundete Beträge gelten nicht als erlassen, sondern sind unbeschadet des Abs. 2 nach Ablauf der Stundungsfrist einzuziehen. Ist die Stundung nicht bis zu einem bestimmten Tage, sondern z. B. bis zur Veranlagung für 1924, bis auf weiteres oder bis zum Inkrafttreten des Steuerüberleitungsgesetzes gewährt worden, so gilt die Frist mit dem 31. August 1925 als abgelaufen; Stundungen; die bereits über diesen Zeitpunkt hinaus gewährt worden sind, bleiben unberührt.

(2) Ist eine Stundung mit Rücksicht auf die Beeinträchtigung der Leistungsfähigkeit des Steuer-

pflichtigen gewährt und kommt demgemäß eine Herabsetzung des Ablösungsbetrages in Frage, so hat das Finanzamt dem Steuerpflichtigen anheimzustellen, einen Antrag auf Herabsetzung des Ablösungsbetrages zu stellen. Das Finanzamt prüft, ob in diesen Fällen der Stundungsantrag als Antrag auf Herabsetzung des Ablösungsbetrages angesehen werden kann. War gleichzeitig mit dem Stundungsantrag ein Antrag auf Ermäßigung der Vorauszahlungen gestellt, oder war lediglich die Ermäßigung der Vorauszahlungen beantragt, so kann das Finanzamt den seinerzeit gestellten Antrag auch als Antrag auf Herabsetzung des Ablösungsbetrages behandeln.

Herabsetzung des Ablösungsbetrags

§ 25. (1) Der Ablösungsbetrag kann auf Antrag herabgesetzt werden, wenn bei einem Steuerpflichtigen besondere wirtschaftliche oder persönliche Verhältnisse vorgelegen haben, die seine Steuerfähigkeit wesentlich beeinträchtigt haben.

(2) Als persönliche Verhältnisse der im Abs. 1 bezeichneten Art gelten insbesondere auch außergewöhnliche Belastungen durch Unterhalt oder Erziehung der Kinder, durch Verpflichtung zum Unterhalte mittelloser Angehöriger, durch Krankheit, Körperverletzung, Verschuldung oder Unglücksfälle. Diese Aufzählung enthält nur Beispiele. Es wird insbesondere noch die Verpflichtung zum Unterhalt einer geschiedenen Ehefrau in Frage kommen.

(3) Als wirtschaftliche Verhältnisse der im Abs. 1 bezeichneten Art kommen vor allem wesentliche Ver-

luste in Betracht, die sich beim Vermögensvergleich ergeben[1]).

(4) Das Verfahren erstreckt sich nur auf Verhältnisse, die im Ablösungszeitraum vorgelegen haben (§ 9 Abs. 1 des Steuerüberleitungsgesetzes); Umstände, die erst später eingetreten sind, können in diesem Verfahren nicht berücksichtigt werden.

Feststellung des Vermögensverlustes

§ 26. (1) Um festzustellen, ob ein wesentlicher Verlust vorliegt, ist das Vermögen am Anfang und Ende des Ablösungszeitraums nach den gleichen Grundsätzen zu bewerten. Die Berechnung des Vermögens einer Erwerbsgesellschaft nach Steuerkurswerten scheidet hierbei aus.

---

[1]) Anmerkung des Reichsministers der Finanzen. Namens der Reichsregierung hat Staatssekretär Dr. Popitz im Steuerausschusse des Reichstags folgendes ausgeführt:

„Es genüge nicht jeder Verlust. Das Jahr 1924 sei ein Notjahr gewesen, und in ihm hätten, ebenso wie andere Steuern, auch die Einkommensteuervorauszahlungen zum Teil aus der Substanz geleistet werden müssen. Für die Herabsetzung des Ablösungsbetrags kämen daher nur wesentliche Verluste in Frage, und zwar nur unter der Voraussetzung, daß dadurch die Steuerfähigkeit des Pflichtigen wesentlich beeinträchtigt worden sei. Bei der Beurteilung der Frage, ob und wann durch einen wesentlichen Verlust die Steuerfähigkeit wesentlich beeinträchtigt sei, könne man im Hinblick auf die besonderen Verhältnisse des Jahres 1924 nicht von einkommensteuerlichen, sondern nur von vermögensteuerlichen Gesichtspunkten ausgehen. Es komme darauf an, ob unter Beachtung von Vorschriften, wie etwa des § 12 des dem Reichstag vorgelegten Überleitungsgesetzentwurfs (vgl. jetzt § 26 dieser Bestimmungen),

(2) Gegenstände des Anlage- und Betriebskapitals, die am Anfang und Ende des Ablösungszeitraums vorhanden waren, sind mit den gleichen Werten einzusetzen. Dies gilt auch von Papiermarkforderungen und Papiermarkschulden, die der Aufwertung unterliegen. Angemessene Absetzungen für Abnutzung dürfen bei Gegenständen des Anlagekapitals berücksichtigt werden.

(3) Im Ablösungszeitraum neu angeschaffte oder hergestellte Gegenstände sind mit dem Anschaffungs- oder Herstellungspreise anzusetzen; Abs. 2 Satz 3 findet Anwendung.

(4) Bei dem Vermögensvergleich sind insbesondere außer Betracht zu lassen:

a) Gewinne und Verluste, die im Ablösungszeitaum noch nicht realisiert sind;

---

bei einem Vermögensvergleich eine wesentliche Substanzverringerung sich ergebe . . . Von einer ziffernmäßigen Begrenzung des Verlustes sei abzuraten. Alles könne immer nur auf den einzelnen Fall, der sorgfältig geprüft werden müsse, ankommen . . . Es sei durchaus nicht gesagt, daß selbst bei einem 10 prozentigen Verluste die Steuerfähigkeit wesentlich beeinträchtigt sei. Keinen Zweifel wolle er übrigens darüber lassen, daß, wenn die handelsrechtliche Bilanz einen Gewinn aufweise, Herabsetzung des Ablösungsbetrags überhaupt nicht in Frage käme. Denn es sei selbstverständlich beispielsweise nicht angängig, einer Gesellschaft, die Gewinne ausweise und Dividenden ausschütte, den Ablösungsbetrag herabzusetzen . . . Eine Herabsetzung des Ablösungsbetrags würde nur in Frage kommen können, wenn wesentliche Substanzverringerung vorläge, daraus eine wesentliche Beeinflussung der Steuerfähigkeit zu folgern sei und die Handelsbilanz keinen Gewinn ergebe."

b) Vermögensänderungen, die durch Erbschaften, Schenkungen und ähnliche Zuwendungen verursacht sind;

c) Vermögensänderungen, die sich durch Kapitalerhöhungen oder andere gesellschaftsteuerpflichtige Zahlungen und Leistungen sowie Kapitalherabsetzungen ergeben.

(5) Bei dem Vermögensvergleich sind dem Vermögen am Ende des Ablösungszeitaums hinzuzusetzen:

a) die im Ablösungszeitraum ausgeschütteten Gewinne,

b) die im Ablösungszeitraum erfolgten Entnahmen, soweit sie nicht dem Vermögen wieder zugeführt sind; entrichtete Steuern brauchen jedoch nicht hinzugesetzt zu werden.

§ 27. Für die Feststellung des Vermögens am Ende des Ablösungszeitraumes ist das Ergebnis der Veranlagung zur Vermögensteuer 1925 regelmäßig nicht abzuwarten. Es genügt im allgemeinen, wenn der Steuerpflichtige die Höhe seines Vermögens und den eingetretenen Vermögensverlust glaubhaft macht.

§ 28. Bei Steuerpflichtigen, die ein vor dem 31. Dezember 1924 endendes Wirtschaftsjahr haben und daher bereits für den in das Jahr 1924 fallenden Teil des Wirtschaftsjahres 1924/1925 veranlagt werden, ist die auszugleichende Härte um so geringer, je kürzer der Ablösungszeitraum ist. Bei Steuerpflichtigen, deren Wirtschaftsjahr am 30. Juni 1924 oder früher endet, wird die Herabsetzung des Ablösungsbetrages hauptsächlich nur wegen des Vorliegens persönlicher Verhältnisse, dagegen mit Rücksicht auf wirtschaftliche Verhältnisse nur ausnahmsweise in Frage kommen.

Wesentlicher Vermögensverlust und Maß der Herabsetzung

§ 29. (1) Ob der Vermögensverlust als wesentlich angesehen werden kann, ist nach den Umständen des einzelnen Falles zu entscheiden; ein Vermögensverlust wird in der Regel nur dann als wesentlich gelten können, wenn er mehr als 10 v. H. des Vermögens ausmacht und mindestens 1 000 RM beträgt. Weiterhin ist zu prüfen, ob durch den Vermögensverlust die Steuerfähigkeit im Ablösungszeitraum wesentlich beeinträchtigt worden ist (§ 9 des Steuerüberleitungsgesetzes). Demgemäß kann vorbehaltlich der §§ 30 bis 33 der Ablösungsbetrag im allgemeinen herabgesetzt werden:

bei einem Vermögensverlust

von mehr als 10 aber nicht mehr als 15 v. H. bis auf $^4/_5$,

von mehr als 15 aber nicht mehr als 20 v. H. bis auf $^3/_5$,

von mehr als 20 aber nicht mehr als 25 v. H. bis auf $^2/_5$,

von mehr als 25 v. H. auf $^1/_5$

der Vorauszahlungen, die nach den maßgebenden Vorschriften und Durchführungsbestimmungen zu entrichten waren. Beträgt der Vermögensverlust mehr als ein Drittel ($33^1/_3$ v. H.), so können die Vorauszahlungen, die nach den maßgebenden Vorschriften und Durchführungsbestimmungen zu entrichten waren, auch auf einen geringeren Betrag als auf $^1/_5$ herabgesetzt oder ganz erlassen werden; die Entscheidung trifft in diesem Falle das Landesfinanzamt, das in wichtigen Zweifelsfällen, in denen das Fünftel des Ablösungsbetrags 5000 RM übersteigt, den Antrag mit seiner Stellungnahme dem Reichsminister der Finanzen vorzulegen hat.

(2) Die Herabsetzung gemäß Abs. 1 kann auch unter den Betrag erfolgen, der für körperschaftsteuerpflichtige Erwerbsgesellschaften nach Artikel I § 12 der Zweiten Steuernotverordnung als Mindestbetrag vorgeschrieben ist.

§ 30. Bei körperschaftsteuerpflichtigen Erwerbsgesellschaften, die an sich Vorauszahlungen nach Artikel I § 7 der Zweiten Steuernotverordnung zu entrichten hatten (z. B. bei Grundstücksgesellschaften), bei denen diese Vorauszahlungen aber stets oder zum Teil hinter dem in Artikel I § 12 der Zweiten Steuernotverordnung vorgeschriebenen Mindestbetrage zurückgeblieben sind und die deshalb den Mindestbetrag zu entrichten hatten, kann der Ablösungsbetrag abweichend von den Bestimmungen der §§ 26 bis 29 bis auf 20 v. H. des Überschusses der Jahreseinkünfte über die Werbungskosten herabgesetzt werden.

§ 31. Bei unbeschränkt Einkommensteuerpflichtigen darf die Ablösung nicht unter den Betrag herabgesetzt werden, der sich ergibt, wenn vom Verbrauch der im Artikel I § 11 in Verbindung mit § 7 Abs. 2 der Zweiten Steuernotverordnung vorgesehene Steuersatz erhoben wird. Wenn bei einem Steuerpflichtigen besondere persönliche Verhältnisse (§ 9 Abs. 1 des Steuerüberleitungsgesetzes) vorgelegen haben, darf die Ablösung auch unter diesen Betrag herabgesetzt werden.

§ 32. Bei unbeschränkt Körperschaftssteuerpflichtigen darf die Ablösung weder unter den Betrag von 20 v. H. des in der Bilanz ausgewiesenen Gewinns noch unter den Betrag von 20 v. H. der Gewinnausschüttungen herabgesetzt werden.

§ 33. Bei buchführenden Einkommensteuerpflichtigen darf die Ablösung nicht unter den Betrag herabgesetzt werden, der sich ergibt, wenn von dem in der Bilanz ausgewiesenen Gewinn die Sätze des Artikel I § 7 Abs. 2 der Zweiten Steuernotverordnung erhoben werden; übersteigt dieser Gewinn den Betrag von 30 000 RM, so treten an Stelle der bezeichneten Steuersätze die Steuersätze des künftigen Einkommensteuergesetzes (§ 64 dieser Bestimmungen).

Frist für den Antrag

§ 34. (1) Der Antrag auf Herabsetzung des Ablösungsbetrages ist nach § 9 Abs. 2 des Steuerüberleitungsgesetzes innerhalb zweier Monate nach Inkrafttreten des Gesetzes, d. h. bis zum 31. Juli 1925, beim Finanzamt zu stellen. Diese Frist wird bis zum 31. August 1925 verlängert. Ergeht in den Fällen der §§ 5 bis 7 des Steuerüberleitungsgesetzes eine Entscheidung über die Vorauszahlungen, so ist der Antrag bis zum Ablauf eines Monats zu stellen, nachdem die Entscheidung unanfechtbar geworden ist. Die Fristen sind Ausschlußfristen.

(2) Über den Antrag entscheidet das Finanzamt; die Bestimmung des § 29 Abs. 1 letzter Satz bleibt unberührt.

Ablösungsbescheid

(3) Dem Steuerpflichtigen ist ein Bescheid zu erteilen (Ablösungsbescheid).

§ 35. Die Ermäßigung der Vorauszahlungen auf Grund der Bestimmungen über Anpassung der Vorauszahlungen für einzelne Fälle (Korrektivbestimmungen) ist ebenso wie eine Erhöhung (§ 23 dieser Bestimmungen) nach Inkrafttreten des Steuerüberleitungsgesetzes nicht mehr zulässig.

Rechtsmittel

a) Eine Entscheidung über die Vorauszahlung ist bisher nicht ergangen

§ 36. (1) Hat ein Steuerpflichtiger für das Einkommen aus Landwirtschaft (Artikel I § 4 der Zweiten Steuernotverordnung) oder aus Gewerbebetrieb (Artikel I § 5 der Zweiten Steuernotverordnung) Vorauszahlungen für 1924 geleistet und ist eine Entscheidung über die Vorauszahlungen noch nicht ergangen, so kann er nach § 5 des Steuerüberleitungsgesetzes innerhalb zweier Monate nach Inkrafttreten des Steuerüberleitungsgesetzes, d. h. bis zum 31. Juli 1925, die Festsetzung der Vorauszahlungen beantragen. Diese Frist wird bis zum 31. August 1925 verlängert.

(2) Der Steuerpflichtige kann den Antrag nur darauf stützen:

1. daß er überhaupt nicht vorauszahlungspflichtig gewesen sei, oder
2. daß er höhere Vorauszahlungen bewirkt habe, als er nach den maßgebenden Bestimmungen zu entrichten hatte.

Die Voraussetzung unter Ziffer 2 wird insbesondere vorliegen:

a) wenn der Steuerpflichtige die Vorauszahlungen nach zu hohen Betriebseinnahmen entrichtet hat, oder

b) wenn ein höherer Vorauszahlungssatz als der nach den allgemeinen Bestimmungen maßgebende angewendet worden ist.

Zur Begründung des Antrags genügt also z. B. nicht, daß der Steuerpflichtige im Jahre 1924 mit Verlust gearbeitet habe oder daß die geleisteten Vorauszahlungen seiner Leistungsfähigkeit nicht entsprächen. Insbesondere kann mit einem solchen Antrage nicht mehr nachträglich die Anpassung an das mutmaßliche Einkommen (Korrektiv) oder die Aufhebung einer Korrektivfestsetzung oder etwa die rückwirkende Einräumung eines Wahlrechtes verlangt werden (vgl. § 5 Satz 3 des Steuerüberleitungsgesetzes).

(3) Auf den Antrag ist ein schriftlicher Bescheid zu erteilen. Gegen den Bescheid ist das Berufungsverfahren nach der Reichsabgabenordnung gegeben. Die Steuerausschüsse wirken weder bei der Festsetzung der Vorauszahlungen noch bei der Entscheidung über Einsprüche mit.

b) Eine unanfechtbare Entscheidung über die Vorauszahlung ist bereits ergangen

§ 37. (1) Gegen eine unanfechtbare Entscheidung des Finanzamts über Vorauszahlungen, die für das Einkommen aus Landwirtschaft oder Gewerbebetrieb (Artikel I §§ 4, 5 der Zweiten Steuernotverordnung) zu entrichten waren, kann der Steuerpflichtige innerhalb zweier Monate nach Inkrafttreten des Steuerüberleitungsgesetzes, d. h. bis zum 31. Juli 1925, Einspruch einlegen. Diese Frist wird bis zum 31. August 1925 verlängert. Der Einspruch darf gleichfalls nur darauf gestützt werden, daß eine Vorauszahlungspflicht überhaupt nicht bestanden habe oder daß der Steuerpflichtige zu hohe Vorauszahlungen bewirkt habe. Neben den im § 36 Abs. 2 dieser Bestimmungen unter a und b genannten Fällen wird insbesondere der Fall in Frage kommen, daß das Finanzamt die Betriebseinnahmen (den Umsatz) oder den Überschuß der Einkünfte über die Werbungskosten geschätzt hat und der Steuerpflichtige die Unrichtigkeit der Schätzung nachweist.

(2) Die Bestimmung des Abs. 1 (§ 6 des Steuerüberleitungsgesetzes) gilt nur für die Fälle, in denen ein Steuerpflichtiger gegen die Festsetzung seiner Vorauszahlungen Beschwerde entweder überhaupt nicht eingelegt oder eine etwa eingelegte Beschwerde vor der Beschwerdeentscheidung des Landesfinanzamtes und vor dem Inkrafttreten des Steuerüberleitungsgesetzes zurückgezogen hat. Endgültige oder unanfechtbar gewordene Entscheidungen des Landesfinanzamtes und Entscheidungen des Reichsfinanzhofs können nicht mehr angefochten werden.

(3) Auf den Einspruch wird gleichfalls im Berufungsverfahren nach der Reichsabgabenordnung ohne Mitwirkung der Ausschüsse entschieden.

c) Entscheidungen, die noch nicht unanfechtbar entschieden sind

§ 38. (1) Ist bei Inkrafttreten des Steuerüberleitungsgesetzes ein Rechtsmittel gegen eine Entscheidung über eine Vorauszahlung anhängig, so ist das Verfahren auf Grund der bisherigen Vorschriften fortzuführen. Die Entscheidung anhängiger Rechtsmittelverfahren erfolgt also im Beschwerdeverfahren. Sind die Vorauszahlungen auf Grund der allgemein bestimmten Sätze festgesetzt worden, so ist auch für die Beschwerdeentscheidung die allgemein bestimmten Sätze und nicht die Bestimmungen über Anpassung der Vorauszahlungen für einzelne Fälle (Korrektivbestimmungen) maßgebend. Bei Vorauszahlungen für Einkommen aus Landwirtschaft oder Gewerbebetrieb (Artikel I §§ 4, 5 der Zweiten Steuernotverordnung) ist gegen die Beschwerdeentscheidung die weitere Beschwerde an den Reichsfinanzhof gegeben (Artikel I § 37 der Zweiten Steuernotverordnung); bei der weiteren Beschwerde bleibt der Reichsfinanzhof zur Entscheidung im Sinne des Artikels I § 37 Abs. 2 der Zweiten Steuernotverordnung befugt.

(2) Wird eine Vorauszahlung auf Grund der Nachprüfung des Finanzamts (§ 19 dieser Bestimmungen) festgesetzt, so gelten auch für die Rechtsmittel gegen diese Entscheidung die Vorschriften der Zweiten Steuernotverordnung. Abs. 1 Satz 2 bis 4 finden entsprechende Anwendung.

d) Rechtsmittel gegen den Ablösungsbescheid

§ 39. Gegen den Ablösungsbescheid (§ 34 Abs. 3 dieser Bestimmungen) ist das Beschwerdeverfahren gegeben (§§ 224, 281 der Reichsabgabenordnung).

e) Rechtsmittel im Falle des § 10 des Steuerüberleitungsgesetzes

§ 40. (1) Gegen eine Entscheidung gemäß § 10 Abs. 1 des Steuerüberleitungsgesetzes ist das Berufungsverfahren nach der Reichsabgabenordnung zulässig. Eine Mitwirkung der Ausschüsse findet nicht statt.

(2) Gegen einen nach Maßgabe des § 10 Abs. 2 des Steuerüberleitungsgesetzes ergehenden Bescheid ist das Beschwerdeverfahren gegeben (§§ 224, 281 der Reichsabgabenordnung).

Listenführung für 1924

Aufstellung der Ablösungsliste

§ 41. Für Steuerpflichtige, die für 1924 vorauszahlungspflichtig waren und die der Ablösung der Einkommensteuer oder Körperschaftsteuer unterliegen, ist eine Steuerliste aufzustellen (Ablösungsliste). Die Ablösungsliste ist für Einkommensteuerpflichtige und Körperschaftsteuerpflichtige getrennt zu führen. Die Eintragung von Steuerpflichtigen, die lediglich dem Steuerabzug vom Arbeitslohn oder vom Kapitalertrag unterliegen, unterbleibt; einzutragen sind jedoch Lohnsteuerpflichtige, die mehr als 8000 RM Arbeitslohn im Jahre 1924 bezogen haben. Im Interesse der Arbeitsersparnis ist die Anlegung einer neuen Liste möglichst zu vermeiden, vielmehr ist eine der vorhandenen Listen zu verwenden. In Frage kommen z. B. die Überwachungsliste für die Vorauszahlungen 1924 und die Hauptsteuerliste über Einkommensteuer für 1923.

Eintragung des Ablösungszeitraums in die Ablösungsliste

§ 42. (1) In einer besonderen Spalte der Ablösungsliste ist das Ende des Ablösungszeitraums zu vermerken.

(2) Der Beginn des Ablösungszeitraums ist regelmäßig der 1. Januar 1924. Eines Vermerks über den Beginn des Ablösungszeitraums bedarf es daher nur in den Fällen, in denen der Ablösungszeitraum nach dem 1. Januar 1924 begonnen hat (z. B. späterer Beginn der Vorauszahlungspflicht).

Eintragung des Ablösungsbetrags in die Ablösungsliste

§ 43. (1) Der Ablösungsbetrag (§ 21 dieser Bestimmungen) ist in einer besonderen Spalte der Ablösungsliste mit der Überschrift „Ablösungsbetrag für 1924" einzutragen.

(2) Bei Anträgen nach § 9 des Steuerüberleitungsgesetzes auf Herabsetzung des Ablösungsbetrages ist der Ablösungsbetrag in die Ablösungsliste erst dann einzutragen, wenn das Finanzamt über den Antrag entschieden hat.

Eintragung des Ablösungszeitraums in das Sollbuch

§ 44. (1) Die Veranlagungsabteilung teilt der Kasse das Ende des Ablösungszeitraums (§ 42 Abs. 1 dieser Bestimmungen) mit; endet der Ablösungszeitraum nicht für alle Einkünfte am gleichen Tage, ist vielmehr für mehrere Betriebe oder mehrere Einkommensarten (§§ 16, 18 Abs. 2 dieser Bestimmungen) ein verschiedener Ablösungszeitraum gegeben, so ist das Ende des Ablösungszeitraumes für die verschiedenen Betriebe oder Einkommensarten der Kasse getrennt mitzuteilen. Die Kasse trägt das Ende des Ablösungszeitraumes oder der verschiedenen Ablösungszeiträume in Spalte 3 oder in Spalte 23 des Sollbuchs für 1924 ein.

(2) Hat der Ablösungszeitraum nach dem 1. Jan. 1924 begonnen, so teilt die Veranlagungsabteilung der Kasse auch den Beginn des Ablösungszeitraumes (§ 42 Abs. 2 dieser Bestimmungen) mit; in diesem Falle trägt die Kasse auch den Beginn des Ablösungszeitraumes in Spalte 3 oder in Spalte 23 des Sollbuchs für 1924 ein.

Eintragung des Ablösungsbetrags in das Sollbuch

§ 45. (1) Die Veranlagungsabteilung teilt der Kasse den Ablösungsbetrag mit; gilt bei einem Steuerpflichtigen die Ablösung für eine Einkommensart (z. B. landwirtschaftliche Einkünfte) für einen kürzeren Zeitraum als für die übrigen Einkommensarten (z. B. gewerbliche und andere Einkünfte), so hat die Veranlagungsabteilung der Kasse mitzuteilen, wie der Ablösungsbetrag sich auf die verschiedenen Ablösungszeiträume bei dem Steuerpflichtigen verteilt.

(2) Die Kasse trägt die mitgeteilten Ablösungsbeträge, soweit sie sich auf den Ablösungszeitraum oder auf die Ablösungszeiträume beziehen, in einer Summe als „Ablösungssoll" in Spalte 7 des Sollbuchs für 1924 ein. Die Spalte 7 des Sollbuchs für 1924 wird mit der Überschrift „Ablösungssoll für 1924" versehen.

Übertragung des nicht abgelösten Vorsolls

(3) Sind in Spalte 6 Beträge als Vorsoll für Teile des Kalenderjahrs 1924 eingetragen, die nicht in den Ablösungszeitraum fallen, so ist dieses Vorsoll in einer Summe auf die Sollkarte 1925 Spalten 3 bis 5 zu übertragen. Anschreibungen über Verzugszuschläge, Stundungen usw. sind gegebenenfalls mit zu übertragen. Wegen Übertragung von Istbeträgen wird auf § 49 dieser Bestimmungen verwiesen.

Vergleichung des Solls mit dem Ist

§ 46. (1) Die Kasse hat nunmehr für alle Steuerpflichtigen, für welche ein Ablösungssoll in Spalte 7 des Sollbuchs eingetragen ist, durch Aufrechnung der Spalte 14 den auf das Gesamtsoll (Spalte 6) eingezahlten Betrag (das Ist) festzustellen und mit dem Ablösungssoll (Spalte 7) zu vergleichen.

Das Ist stimmt mit dem Soll überein

(2) Stimmt das Ist (Spalte 14) mit dem Ablösungssoll (Spalte 7) überein, so ist nichts zu veranlassen. Einer Mitteilung an den Steuerpflichtigen bedarf es nicht.

Das Ist übersteigt den Ablösungsbetrag infolge Herabsetzung nach § 9 des StÜG.

§ 47. (1) Übersteigt das Ist (Spalte 14) das Ablösungssoll, weil der Ablösungsbetrag gemäß § 9 des Steuerüberleitungsgesetzes herabgesetzt worden ist, so ist der Unterschied zu erstatten. Die Erstattung erfolgt durch Überweisung oder Übersendung des zu erstattenden Betrags an den Steuerpflichtigen; hatte der Steuerpflichtige jedoch fällige

Zahlungen bei der Kasse noch nicht entrichtet, so erfolgt die Erstattung durch Verrechnung auf diese Rückstände unter gleichzeitiger Mitteilung an den Steuerpflichtigen.

(2) Die Erstattung ist, soweit sie bar erfolgt, in Spalte 7 und Spalte 10 oder 12 des laufenden Einnahmebuchs V und in Spalte 14 des Sollbuchs für 1924 rot anzuschreiben, soweit sie durch Verrechnung auf die Einkommen- oder Körperschaftssteuervorauszahlungen für 1925 erfolgt, nur in Spalte 14 des Sollbuchs für 1924 rot abzusetzen mit dem Vermerk in Spalten 12 und 13 „übertragen auf die Sollkarte 1925" und nach Spalte 10 der Sollkarte für 1925 mit dem Vermerk in den Spalten 8 und 9 „übertragen aus dem Sollbuch für 1924" zu übertragen. Erfolgt die Verrechnung auf andere Steuern als Einkommensteuer oder Körperschaftsteuer, so ist wie bei Barerstattungen zu verfahren und der erstattete Betrag gleichzeitig unter gegenseitigem Hinweis als Einnahme zu buchen.

§ 48. (1) In allen Fällen des § 47 dieser Bestimmungen (Erstattungen auf Grund des § 9 des Steuerüberleitungsgesetzes) ist der erstattete Betrag außerdem in einer Leerspalte oder in einer von der Bemerkungsspalte (Spalte 25) des laufenden Einnahmebuchs V abzutrennenden besonderen Spalte oder in einer besonderen Liste fortlaufend anzuschreiben; die Spalte erhält die Überschrift „Erstattungen auf Grund des § 9 StÜG.".

(2) Die Anschreibungen (Abs. 1) sind fortlaufend aufzurechnen, die Monats- und Vierteljahrssummen

ſind in den Einnahmenachweiſungen und Einnahme=überſichten nachrichtlich in der Bemerkungsſpalte auf=zuführen.

Das Iſt überſteigt den Ablöſungsbetrag aus anderen Gründen

§ 49. Überſteigt das Iſt das Ablöſungsſoll aus einem anderen als dem im § 47 Abſ. 1 dieſer Beſtimmungen bezeichneten Grunde, insbeſondere weil der Ablöſungszeitraum kürzer als das Kalenderjahr 1924 iſt (§ 45 Abſ. 3 dieſer Beſtimmungen), ſo iſt der überſchießende Teil des Iſtbetrags in Spalte 14 des Sollbuchs für 1924 abzuſetzen und in die Sollkarte für 1925 zu übertragen; die Beſtimmungen des § 47 Abſ. 2 dieſer Beſtimmungen über Verrechnung finden Anwendung. Eine Eintragung in den Geldſpalten oder in der beſonderen Spalte (§ 48 Abſ. 1 dieſer Beſtimmungen) des Einnahmebuchs kommt in dieſen Fällen nicht in Frage.

Das Iſt bleibt hinter dem Soll zurück

§ 50. Bleibt das Iſt hinter dem Ablöſungsſoll zurück, ſo hat das Finanzamt den Unterſchied anzufordern. Hierbei ſind drei Fälle zu unterſcheiden:

a) der Steuerpflichtige hat Vorauszahlungen, die ſich nach den maßgebenden Vorſchriften und Durchführungsbeſtimmungen ergeben, deshalb nicht richtig geleiſtet, weil begründete Zweifel insbeſondere über die Höhe des anzuwendenden Satzes beſtehen konnten; in dieſem Falle iſt dem Steuerpflichtigen zur Entrichtung des Unterſchiedsbetrages eine Friſt von einem

Monat zu gewähren. Verzugszuschläge und Zinsen sind bis zum Ablauf dieser Frist nicht zu erheben;

b) die Voraussetzungen zu a liegen nicht vor. Es handelt sich vielmehr um Vorauszahlungen, über deren Höhe der Steuerpflichtige nicht im Zweifel sein konnte, insbesondere weil ihm bereits ein Bescheid vom Finanzamt darüber zugegangen ist. In diesem Falle sind die Rückstände mit Verzugszuschlägen vom Tage der Fälligkeit oder Zustellung des letzten Bescheides an zur Zahlung binnen einer Woche anzufordern;

c) die Vorauszahlungen waren dem Steuerpflichtigen gestundet. Nach Ablauf der Stundungsfrist, insbesondere im Falle des § 24 Abs. 1 dieser Bestimmungen, ist der Unterschiedsbetrag anzufordern. Verzugszuschläge oder Verzugszinsen sind bis zum Ablauf der Stundungsfrist grundsätzlich nicht zu erheben; waren jedoch die Vorauszahlungen nur verzinslich gestundet, so sind die Zinsen mit anzufordern.

§ 51. Bei Beträgen unter 4 Reichsmark kann in den Fällen der §§ 47 bis 50 dieser Bestimmungen von der Erstattung, Verrechnung oder Nachforderung Abstand genommen werden. Die Erstattung oder Verrechnung ist jedoch vorzunehmen, wenn sie besonders beantragt ist.

Änderung des Ablösungssolls

§ 52. Ändert sich der eingetragene Ablösungsbetrag insbesondere durch Rechtsmittelentscheidung

(§§ 5 bis 7 des Steuerüberleitungsgesetzes) sowie durch Beschwerdeentscheidungen im Falle des § 9 des Steuerüberleitungsgesetzes, so ist das neue Ablösungssoll unter der letzten Eintragung beim Steuerpflichtigen in der Ablösungsliste und im Sollbuch (Spalte 7) nachzuweisen.

Verrechnung von erstatteten Lohnsteuerbeträgen für 1924.

§ 53. Erstattungen von Lohnsteuerbeträgen für das Kalenderjahr 1924 (§ 10 des Steuerüberleitungsgesetzes) sind im Einnahmebuch in der Spalte über vereinnahmte Lohnsteuerbeträge in rot abzusetzen.

Bücherabschluß

§ 54. Wegen eines Abschlusses der Ablösungsliste und des Sollbuchs für 1924 bleibt Anweisung vorbehalten.

Dritter Abschnitt

Vorauszahlungen auf Einkommensteuer und Körperschaftsteuer

§ 55. Die Vorauszahlungen auf Einkommensteuer und Körperschaftsteuer sind gemäß den Vorschriften der Zweiten Steuernotverordnung, den dazu erlassenen Durchführungsbestimmungen, Artikel I § 3 der Zweiten Verordnung des Reichspräsidenten über wirtschaftlich notwendige Steuermilderungen vom 10. November 1924 (Reichsgesetzbl. I S. 737) und gemäß §§ 12 bis 29 des Steuerüberleitungsgesetzes bis zur Zustellung des Steuerbescheids zu leisten, der auf Grund des neuen Einkommensteuergesetzes oder des neuen Körperschaftsteuergesetzes ergeht.

I. Vorschriften für Land- und Forstwirtschaft

§ 56. (1) Die Vorauszahlungen für Einkünfte aus Landwirtschaft, Forstwirtschaft, Gartenbau und sonstiger nicht gewerblicher Bodenbewirtschaftung, die bis zum 15. Februar und 15. Mai 1925 zu leisten sind, betragen je 0,75 RM für jede vollen 1000 RM des der letzten Vermögensteuerveranlagung zugrunde gelegten Grundstückswerts.

(2) Zum 15. August 1925 ist eine Vorauszahlung nicht zu entrichten.

(3) Ist der Steuerbescheid für das Wirtschaftsjahr 1924/25 bis zum 15. November 1925 noch nicht zugestellt, so ist bis zum 15. November 1925 eine weitere Halbjahrsvorauszahlung in Höhe von 1,50 RM für jede vollen 1000 RM des der letzten Vermögensteuerveranlagung zugrunde gelegten Grundstückswerts zu leisten; bei Vermögenswerten bis zu 8000 RM unterbleibt diese Vorauszahlung ganz, bei Vermögenswerten bis zu 25 000 RM zur Hälfte.

(4) Bei diesen Sätzen ist die Ermäßigung nach der Zweiten Steuermilderungsverordnung bereits berücksichtigt, so daß eine weitere Ermäßigung auf Grund der genannten Verordnung nicht stattfindet.

§ 57. (1) Bei pachtweisem Betriebe der Land- und Forstwirtschaft (§ 56 Abs. 1 dieser Bestimmungen) beträgt die Vorauszahlung des Pächters am 15. Februar und 15. Mai 1925 je 1 RM und am 15. November 1925, wenn bis zu diesem Tage der Steuerbescheid noch nicht zugestellt ist, 2 RM für jede vollen 1000 RM des der letzten Vermögensteuerveranlagung zugrunde gelegten Grundstückswerts. Die Vorauszahlung mindert sich um 10 v. H. der auf den entsprechenden Abschnitt entfallenden Pacht; der so ermittelte Betrag ermäßigt sich nach der Zweiten Steuermilderungsverordnung um ein Viertel.

(2) Als Pacht (§ 12 Abs. 3 des Steuerüberleitungsgesetzes) gelten alle baren und unbaren Aufwendungen, die der Pächter zugunsten des Verpächters zu leisten hat.

II. Vorschriften für Gewerbetreibende

§ 58. (1) Gewerbetreibende und körperschaftsteuerpflichtige Erwerbsgesellschaften, die bis zum Inkrafttreten des Steuerüberleitungsgesetzes monatliche Vorauszahlungen zu leisten hatten, haben am 10. Juli 1925 (Schonfrist 17. Juli) Vorauszahlungen für die beiden Monate Mai und Juni 1925 zu entrichten. Künftig, erstmals am 10. Oktober 1925 (Schonfrist 17. Oktober 1925), sind ihre Vorauszahlungen am zehnten Tage nach Ablauf des Kalendervierteljahrs fällig. Versicherungsgesellschaften, die bisher einen Teil ihrer Vorauszahlungen monatlich, den andern Teil vierteljährlich zu leisten hatten, entrichten künftig ihre gesamten Vorauszahlungen am fünfundzwanzigsten Tage nach Ablauf eines jeden Kalendervierteljahrs.

(2) Für die übrigen Gewerbetreibenden verbleibt es bei den vierteljährlichen Vorauszahlungen; sie haben also am 10. Juli 1925 (Schonfrist 17. Juli) ihre Vorauszahlungen für die Monate April, Mai und Juni zu entrichten.

(3) Für die Abgabe der Voranmeldungen gelten die gleichen Fristen wie für die Leistung der Vorauszahlungen.

Zahlung nach Steuerkursen

§ 59. (1) Bei Erwerbsgesellschaften, die ihre Vorauszahlungen nach dem Vermögen leisten, und deren Vermögen für die Vermögensteuer nach der Summe der Steuerkurswerte berechnet wird, sind die Vorauszahlungen nach den Steuerkursen vom 31. Dezember 1924 zu berechnen, wenn solche festgesetzt sind. Bei Bankiers, deren Vermögen hauptsächlich aus Wertpapieren besteht, für die Steuerkurse festgesetzt werden, sind Wertpapiere der bezeichneten Art, die sowohl am 31. Dezember 1923 als auch am 31. Dezember 1924 zum Vermögen des Steuerpflichtigen gehört haben, für die Vorauszahlungen nach den Steuerkursen vom 31. Dez. 1924 zu berechnen; das gleiche gilt für körperschaftsteuerpflichtige Banken, wenn auf sie Satz 1 keine Anwendung findet.

(2) Abs. 1 gilt erstmalig für die nächsten nach Veröffentlichung der Steuerkurse im Reichsanzeiger fälligen Vorauszahlungen. Da die Steuerkurse vom 31. Dezember 1924 bis zum 10. Juli 1925 noch nicht festgesetzt sind, findet Abs. 1 für die am 10. Juli 1925 fälligen Vorauszahlungen noch keine Anwendung; für die Vorauszahlungen am 10. Juli sind daher noch die Steuerkurse vom 31. Dezember 1923 maßgebend.

1. Beispiel (gilt noch nicht für die Vorauszahlung vom 10. Juli):

Eine Erwerbsgesellschaft hat nach ihren Steuerkursen vom 31. Dezember 1923 ein Vermögen von 6 000 000 RM und hat monatliche Vorauszahlungen in einem Tausendsatz vom Vermögen geleistet. Die für den 31. Dezember 1924 festgesetzten Steuerkurse ergeben ein Vermögen von 5 000 000 RM. Dann würden z. B. am 10. Okt. 1925 zu zahlen sein:

für 3 Monate je 1 v. T. von 5 000 000	15 000 RM
abzüglich $^1/_4$ (Ermäßigung nach der Zweiten Steuermilderungsverordnung)	3 750 „
	11 250 RM.

2. Beispiel (gilt noch nicht für die Vorauszahlung vom 10. Juli):

Ein Privatbankier besaß am 31. Dez. 1923 hauptsächlich Wertpapiere mit Steuerkursen. Die Papiere, die am 31. Dezember 1923 einen Wert von 840 000 RM hatten und am 31. Dez. 1924 noch zu seinem Vermögen gehören, haben nach den neuen Steuerkursen einen Wert von 700 000 RM. Sein sonstiges Vermögen, das wie bisher mit dem für die letzte Vermögensteuerveranlagung (31. Dezember 1923) maßgebenden Wert einzusetzen ist, beträgt 100 000 RM. Dann hat er z. B. am 10. Oktober 1925 zu zahlen:

für 3 Monate je $^1/_{25}$ v. T. von 800 000 RM.	3 000 RM
abzüglich $^1/_4$ (Ermäßigung nach der Zweiten Steuermilderungsverordnung)	750 „
	2 250 RM.

Schachtelprivileg der Erwerbsgesellschaften

§ 60. (1) Den Erwerbsgesellschaften, die an anderen Erwerbsgesellschaften mindestens zu einem Viertel beteiligt sind, wird unter den Voraussetzungen des § 14 des Steuerüberleitungsgesetzes bereits für die Vorauszahlungen das sogenannte Schachtelprivileg gewährt. Der hiernach gemachte Abzug ist in der Voranmeldung näher zu erläutern.

Beispiel:

Eine Aktiengesellschaft besitzt die Hälfte aller Anteile einer G. m. b. H. Die Aktiengesellschaft hat ein Vermögen von 10 000 000 RM und hatte als Vorauszahlung 7 500 RM monatlich, künftig 22 500 RM vierteljährlich zu entrichten. Die G. m. b. H. entrichtet zum 10. Juli 1925 nach dem Vermögen eine Vorauszahlung von 8 000 RM. Dann kann die Aktiengesellschaft zum 10. Juli 1925 ihre Vorauszahlung um 4 000 RM kürzen, hat also an Stelle von 15 000 RM (für die Monate Mai, Juni) nur den Betrag von 11 000 RM zu zahlen.

Würde die G. m. b. H. nach dem Umsatz zum 10. Juli 1925 6 000 RM und zum 10. Okt. 1925 10 000 RM entrichten, so wären bei der Aktiengesellschaft am 10. Juli 1925 3 000 RM und am 10. Oktober 1925 5 000 RM abzugsfähig.

(2) Die Vorschrift des § 14 des Steuerüberleitungsgesetzes findet auch Anwendung, wenn das Vermögen der Muttergesellschaft nach der Summe der Steuerkurswerte festgestellt ist. Als Mindestbetrag sind in allen Fällen $^{3}/_{8}$ vom Tausend des Vermögens monatlich ($1^{1}/_{8}$ vom Tausend vierteljährlich) zu entrichten (Art. I § 12 der Zweiten Steuernotverordnung, Art. I § 3 der Zweiten Steuermilderungsverordnung); die Vorschrift des § 15 Abs. 1 des Steuerüberleitungsgesetzes wird hierdurch nicht berührt.

Stundung der Vorauszahlungen wegen Verlustes oder geringen Gewinns

§ 61. (1) Weist ein Gewerbetreibender auf Grund seiner Buchführung für die abgelaufenen vollen Vierteljahre des Kalenderjahrs 1925 oder eines nach dem 30. Juni 1925 endenden Wirtschaftsjahrs 1924/25 nach, daß er in diesem Zeitraum Verlust oder einen so geringen Gewinn gehabt hat, daß die von ihm entrichteten Vorauszahlungen den Betrag übersteigen, der voraussichtlich auf diesen Zeitraum für Einkommensteuer oder Körperschaftsteuer entfällt oder nach Artikel I § 11 der Zweiten Steuernotverordnung mindestens nach dem Verbrauche zu zahlen wäre, so sind ihm auf seinen Antrag die Vorauszahlungen für den Rest des Kalenderjahrs 1925 oder des Wirtschaftsjahrs 1924/25 entsprechend zinslos zu stunden; Artikel I § 12 der Zweiten Steuernotverordnung, der für körperschaftsteuerpflichtige Erwerbsgesellschaften Mindestzahlungen nach dem Vermögen vorschreibt, findet in diesem Falle keine Anwendung.

(2) Der Antrag kann erstmals für die am 10. Juli 1925 fälligen Vorauszahlungen gestellt werden.

§ 62. Die Vorschrift des § 15 des Steuerüberleitungsgesetzes (§ 61 dieser Bestimmungen) berücksichtigt nur das Ergebnis der Vierteljahre, die im Kalenderjahre 1925 oder in einem nach dem 30. Juni 1925 endenden Wirtschaftsjahr abgelaufen sind. Endet ein Wirtschaftsjahr am 30. Juni 1925 oder früher, so kommt die Vorschrift nicht in Frage. In diesem Falle finden jedoch die allgemeinen Vorschriften über Stundung der Vorauszahlungen Anwendung (§ 105 AO., § 42 Abs. 4 des bisherigen Einkommensteuergesetzes, § 98 des Entwurfs eines neuen Einkommensteuergesetzes). Wird durch Vorlegung der Steuererklärung oder des Abschlusses für das Wirtschaftsjahr 1924/25 glaubhaft gemacht, daß die für das Wirtschaftsjahr 1924/25 geleisteten Vorauszahlungen die voraussichtliche Einkommensteuer oder Körperschaftsteuer erheblich übersteigen, so können die Vorauszahlungen auch in Höhe des übersteigenden Betrags gestundet werden.

§ 63. (1) Der Nachweis von Verlust oder unverhältnismäßig geringem Gewinn kann nur auf Grund ordnungsmäßiger Buchführung erfolgen. Im allgemeinen ist die Vorlage einer Zwischenbilanz erforderlich. Eine besondere Inventur soll in der Regel nicht verlangt werden.

(2) Bei der Bewertung ist grundsätzlich von dem Anschaffungs- oder Herstellungspreis auszugehen. Angemessene Absetzungen für Abnutzung von Gegenständen des Anlagekapitals sind zulässig. Werden sonstige Beträge abgesetzt, Abschreibungen für Wertminderung

gemacht oder Reserven neugebildet (z. B. für Konjunkturverluste oder für zweifelhafte Außenstände), so ist dies dem Finanzamt kenntlich zu machen. Das Finanzamt hat, wenn Zweifel über die Berechtigung des Abzugs bestehen, zur Prüfung der Berechtigung des Abzugs nähere Unterlagen einzufordern. Es hat hierbei insbesondere darauf zu achten, daß nicht im Wege der Bewertung Verluste errechnet werden, die nach dem bisherigen Geschäftsergebnisse noch nicht als endgültig angesehen werden können.

(3) Ergibt die Prüfung, daß zu niedrige Vorauszahlungen entrichtet worden sind, so ist der Unterschiedsbetrag nachzufordern; gegebenenfalls ist nach § 66 zu verfahren.

§ 64. (1) Bei der Errechnung des Betrages, der voraussichtlich als Einkommensteuer oder Körperschaftsteuer zu zahlen sein wird, sind die Tarifvorschriften des neuen Einkommensteuergesetzes oder Körperschaftsteuergesetzes anzuwenden, sobald diese Gesetze verkündet sind. Bis dahin ist für die Einkommensteuer folgender vom Reichstag in zweiter Lesung angenommener Tarif zugrunde zu legen:

Für die ersten	8 000 RM	= 10	v. H.
„ „ weiteren	4 000 „	= $12^1/_2$	„
„ „ „	4 000 „	= 15	„
„ „ „	4 000 „	= 20	„
„ „ „	8 000 „	= 25	„
„ „ „	18 000 „	= 30	„
„ „ „	34 000 „	= 35	„
„ „ „ Beträge .		= 40	„

(2) Für die Körperschaftsteuer ist bis auf weiteres ein Tarif von 20. v. H. anzuwenden.

1. Beispiel:

Ein lediger Steuerpflichtiger, dessen Wirtschaftsjahr vom 1. Januar bis 31. Dezember 1925 läuft, hat für die Zeit vom 1. Januar bis 30. Juni 1925 an Einkommensteuervorauszahlungen 3 000 RM entrichtet. Er weist nach, daß er in diesem Zeitraum Verlust gehabt hat. Sein Verbrauch in dieser Zeit betrug 9 000 RM, von dem nach Artikel I § 11 der Zweiten Steuernotverordnung und obigem Tarif (bei einem mutmaßlichen Jahresverbrauch von 2 mal 9 000 RM = 18 000 RM) nur 2 300 RM zu entrichten wären. Da die Vorauszahlungen für die abgelaufenen beiden Kalendervierteljahre höher waren als die Einkommensteuer voraussichtlich für das ganze Jahr betragen wird, sind die Vorauszahlungen für den Rest des Jahres zinslos zu stunden.

2. Beispiel:

Derselbe Steuerpflichtige weist nach, daß sein Gewinn in den beiden abgelaufenen Kalendervierteljahren 10 000 RM betragen habe; dann würde die Einkommensteuer (bei einem mutmaßlichen Jahreseinkommen von 2 mal 10 000 = 20 000 RM) nach dem beabsichtigten Tarif nur 2 700 RM betragen. Dementsprechend sind die Vorauszahlungen für den Rest des Jahres zinslos zu stunden. Hätten die Vorauszahlungen dagegen für die abgelaufenen beiden Kalendervierteljahre nur 2000 RM betragen, so würden für den Rest des Wirtschaftsjahrs die Vorauszahlungen bis auf den Betrag von 700 RM (vierteljährlich 350 RM) zinslos zu stunden sein.

§ 65. (1) Wird einem Antrage auf Grund des § 15 Abs. 1 des Steuerüberleitungsgesetzes (§ 61 dieser Bestimmungen) stattgegeben, so ist der Steuerpflichtige auf die Vorschrift des § 15 Abs. 2 des Steuerüberleitungsgesetzes hinzuweisen, nach der er gegebenenfalls zu dem Unterschied zwischen den geleisteten Vorauszahlungen und der endgültig veranlagten Einkommensteuer oder Körperschaftsteuer Verzugszuschläge vom Beginne des Monats ab, in dem der Antrag gestellt worden ist, zu entrichten hat.

(2) Der Verzugszuschlag beträgt nach der Verordnung vom 9. Januar 1925 (Reichsgesetzbl. I S. 2) für jeden angefangenen halben Monat 1 v. H.

Erhöhung der Vorauszahlungen

§ 66. Hat das Finanzamt begründeten Anlaß, anzunehmen, daß ein Steuerpflichtiger im ersten Halbjahr 1925 oder in der ersten Hälfte eines nach dem 30. Juni 1925 endenden Wirtschaftsjahrs 1924 bis 1925 Gewinne erzielt hat, daß die von ihm für diesen Zeitraum entrichteten Vorauszahlungen aber wesentlich hinter dem Betrage zurückbleiben, der voraussichtlich als Einkommensteuer oder Körperschaftsteuer auf diesen Zeitraum entfällt, so kann es die Vorauszahlungen entsprechend erhöhen (§ 16 des Steuerüberleitungsgesetzes). § 64 dieser Bestimmungen findet in diesem Falle Anwendung. Vor der Erhöhung ist dem Steuerpflichtigen Gelegenheit zur Äußerung zu geben. Legt der Steuerpflichtige eine Zwischenbilanz vor, so ist § 63 dieser Bestimmungen sinngemäß anzuwenden.

Festsetzung der Vorauszahlungen bei Gewerbetreibenden mit Einkommen bis 12 000 RM

§ 67. (1) Für Steuerpflichtige mit Einkommen aus Gewerbebetrieb einschließlich des Handwerks, deren Gesamteinkommen im Kalenderjahre 1925 voraussichtlich den Betrag von 12 000 RM nicht übersteigen wird, kann das Finanzamt die Vorauszahlungen nach dem mutmaßlichen Einkommen des Kalenderjahrs 1925 festsetzen. Diese Vorschrift soll dazu dienen, bei kleineren und mittleren Gewerbetreibenden die Vorauszahlungen möglichst der künftigen Einkommensteuer und der Körperschaftsteuer anzupassen und bei dieser Anpassung den Einkommensteuerpflichtigen insbesondere auch die Vorteile des steuerfreien Einkommenteils (§ 21 Abs. 1, 2 des Steuerüberleitungsgesetzes) und der Ermäßigung nach dem Familienstande (§ 21 Abs. 3 a des Steuerüberleitungsgesetzes) zu gewähren. Die Festsetzung ist in allen geeigneten Fällen mit möglichster Beschleunigung vorzunehmen. Auf Antrag muß die Festsetzung nach Satz 1 erfolgen, wenn der Steuerpflichtige die erforderlichen Unterlagen liefert und das Gesamteinkommen voraussichtlich den Betrag von 12 000 RM nicht übersteigen wird.

(2) Für die Schätzung des mutmaßlichen Einkommens sind alle vorhandenen Unterlagen und Hilfsmittel zu verwenden. Als solche kommen insbesondere in Betracht:

a) Auf Grund der im Kalenderjahre 1924 einerseits und in den abgelaufenen Vierteljahren des Kalenderjahrs 1925 andererseits erzielten Betriebseinnahmen sind die mutmaßlichen Betriebseinnahmen für das ganze Jahr 1925 zu schätzen. Nach den so geschätzten Betriebseinnahmen für 1925 ist unter Anwendung des Bruttonutzensatzes und Abzug der mutmaßlichen Geschäftsunkosten oder unter Anwendung des Nettonutzensatzes das mutmaßliche Einkommen des Jahres 1925 zu berechnen.

b) Für bestimmte Musterbeispiele ist für einzelne Erwerbszweige das Einkommen bestimmter Gewerbetreibender zu ermitteln und nach Größe des Kundenkreises, Größe der Ortschaft, Zahl der beschäftigten Personen und ähnlichen Merkmalen abzustufen. Diese Richtsätze sind gegebenenfalls mit vorhandenen Unterlagen zu vergleichen.

c) Über die Höhe des mutmaßlichen Einkommens sind Vertreter der Gemeinde und geeignete Sachverständige (Mitglieder der Steuerausschüsse einschließlich der Gewerbesteuerausschüsse, Vertrauensleute, Mitglieder der Innungen, Fachverbände usw.) zu hören.

(3) Die oben bezeichneten Unterlagen sind nach Möglichkeit nebeneinander zu verwenden. Es ist zweckmäßig, die Festsetzung nach Gewerbegruppen vorzunehmen. Für die Gleichmäßigkeit ist unter allen Umständen Sorge zu tragen.

(4) Die Festsetzung hat auf einen bestimmten vierteljährlichen Vorauszahlungsbetrag zu lauten (nicht z. B. auf einen Hundertsatz des Umsatzes). Bei der Festsetzung bleibt das Einkommen unberücksichtigt, das dem Steuerabzuge vom Arbeitslohn oder vom Kapitalertrag unterliegt.

(5) Für die Berechnung der Steuer finden die §§ 74, 75 dieser Bestimmungen Anwendung.

(6) Durch die Festsetzung der Vorauszahlungen wird der Steuerpflichtige von der Abgabe der Voranmeldungen für die Einkommensteuer befreit.

(7) Die Festsetzung gilt für die noch nicht fälligen Vorauszahlungen, es sei denn, daß das Finanzamt zur Anpassung an die wirtschaftlichen Verhältnisse des Steuerpflichtigen die Rückwirkung auf den Beginn des Kalender- oder Wirtschaftsjahrs ausdrücklich anordnet (§ 27 des Steuerüberleitungsgesetzes).

(8) Über die Festsetzung ist dem Steuerpflichtigen ein Bescheid zu erteilen. Gegen den Bescheid ist die Beschwerde an das Landesfinanzamt gegeben (§ 29 des Steuerüberleitungsgesetzes).

III. Vorschriften für freie Berufe, Lohn- und Gehaltsbezieher, Kapitalrentner und dergleichen

§ 68. (1) Vom Einkommen

1. aus Vermietung und Verpachtung von Grundstücken, Gebäuden und Gebäudeteilen einschließlich des Mietwertes der Wohnung im eigenen Hause,
2. aus freiem Beruf, einer den freien Berufen gleichgestellten Erwerbstätigkeit und anderer selbständiger Arbeit,
3. aus Kapitalvermögen,
4. aus Arbeitslohn,
5. aus sonstigen Einnahmen im Sinne der §§ 5, 11 des bisherigen Einkommensteuergesetzes

sind Vorauszahlungen auf die Einkommensteuer und

Körperschaftsteuer nach Maßgabe der §§ 69 bis 76 zu leisten. Die Verpflichtung zur Abgabe von Voranmeldungen regelt sich nach § 77.

(2) Die endgültige Abrechnung der Vorauszahlungen bleibt auch hier der Veranlagung vorbehalten.

§ 69. (1) Vorauszahlungspflichtig sind Einkommensteuerpflichtige,

1. deren Arbeitslohn in einem Kalendervierteljahr nach Absetzung des steuerfreien Lohnbetrags von 200 RM für das zweite Kalendervierteljahr 1925, von 240 RM für das dritte Kalendervierteljahr 1925 und die folgenden Kalendervierteljahre oder des im einzelnen Fall erhöhten steuerfreien Lohnbetrags den Betrag von 3000 RM überstiegen hat, oder
2. deren dem Steuerabzug unterworfene Kapitalerträge in einem Kalendervierteljahre den Betrag von 3000 RM überstiegen haben, oder
3. deren Einkommen der in Nr. 1, 2 bezeichneten Art zusammen den Betrag von 3000 RM in einem Kalendervierteljahr überstiegen hat.

(2) Die durch Steuerabzug vom Arbeitslohn und durch Steuerabzug vom Kapitalertrag einbehaltenen Beträge werden angerechnet.

§ 70. (1) Vorauszahlungspflichtig sind ferner Einkommensteuerpflichtige, die in einem Kalendervierteljahr Einnahmen

1. aus Vermietung und Verpachtung von Grundstücken, Gebäuden und Gebäudeteilen einschließlich des Mietwerts der Wohnung im eigenen Hause,

2. aus freiem Beruf und sonstiger selbständiger Arbeit,
3. aus einer den freien Berufen für die Vorauszahlungen gleichgestellten Erwerbstätigkeit,
4. aus sonstigen Einnahmen im Sinne der §§ 5, 11 des bisherigen Einkommensteuergesetzes,
5. aus nicht dem Steuerabzug unterworfenen Kapitalerträgen (Darlehns-, Hypothekenzinsen usw.)

je für sich allein oder zusammen in Höhe von mehr als 275 RM bezogen haben.

(2) Übersteigt der Überschuß der Einkünfte über die Werbungskosten nicht den Betrag von 2 500 RM im Kalendervierteljahr, so ist von dem Überschuß der Betrag von 200 RM abzuziehen.

§ 71. Trifft Einkommen im Sinne des § 69 mit Einkommen im Sinne des § 70 zusammen und übersteigt das Gesamteinkommen im Kalendervierteljahr nicht den Betrag von 3 000 RM, so unterliegt der Vorauszahlung nur das Einkommen im Sinne des § 70, und zwar mit 10 v. H., verringert um je 1 v. H. nach dem Familienstand (§ 74). Hierbei darf, sofern der Überschuß der Einkünfte über die Werbungskosten 2 500 RM im Kalendervierteljahr nicht übersteigt, von dem Einkommen im Sinne des § 70 vierteljährlich der Betrag von 200 RM nur insoweit abgezogen werden, als er nicht bereits beim Steuerabzug vom Arbeitslohn berücksichtigt worden ist.

§ 72. (1) Trifft Einkommen im Sinne des § 69 mit Einkommen im Sinne des § 70 zusammen und übersteigt das Gesamteinkommen im Kalendervierteljahrjahr den Betrag von 3000 RM, so sind für die Berechnung der Vorauszahlung die Einkommen aus den bezeichneten Einkommensarten zusammenzurechnen. Der Vorauszahlung unterliegt das Gesamteinkommen nach Maßgabe des § 74.

(2) Die durch Steuerabzug vom Arbeitslohn und durch Steuerabzug vom Kapitalertrag einbehaltenen Beträge werden angerechnet.

§ **73.** (1) Die Bestimmungen der §§ 70, 72 gelten sinngemäß auch für Körperschaftsteuerpflichtige, für Erwerbsgesellschaften jedoch nur, wenn ihr Betrieb

a) lediglich die Vermietung oder Verpachtung von Grundstücken zum Gegenstande hat oder

b) nur in der Ausübung einer Erwerbstätigkeit besteht, die für die Vorauszahlungen den freien Berufen gleichgestellt ist.

(2) Der Abzug von 200 RM (§ 70 Abs. 2) ist bei Körperschaftsteuerpflichtigen nicht zulässig.

§ 74. (1) Die Vorauszahlung beträgt bei Einkommensteuerpflichtigen (§§ 69 bis 72)

für die ersten 3000 RM des vierteljährlichen Überschusses der Einkünfte über die Werbungskosten . . . . 10 v. H.
vermindert um je 1 v. H. für die zur Haushaltung des Steuerpflichtigen zählende Ehefrau, für jedes zu seiner Haushaltung zählende minderjährige Kind im Sinne des § 17 des bisherigen Einkommensteuergesetzes sowie für jeden mittellosen Angehörigen, für den das Finanzamt beim Steuerabzug vom Arbeitslohn eine Ermäßigung zugelassen hat; Kinder im Alter von mehr als 17 Jahren, die Arbeitseinkommen

beziehen, werden nicht gerechnet. Übersteigt der Überschuß der Einkünfte über die Werbungskosten nicht den Betrag von 500 RM vierteljährlich, so ermäßigt sich der Satz von 10 v. H. vom dritten zur Haushaltung zählenden minderjährigen Kinde ab um je 2 v. H.;

für die weiteren 2 000 RM	. . . .	15 v. H.
für die weiteren 5 000 RM	. . . .	25 „ „
für die darüber hinausgehenden Beträge		30 „ „

(2) Der Unterschied zwischen dem nach Abs. 1 und dem nach § 21 Nr. 3a des Steuerüberleitungsgesetzes für die ersten 3 000 RM des Überschusses sich ergebenden Vorauszahlungsbetrag gilt ohne besonderen Antrag als bis zur Zustellung des Steuerbescheids (§ 55) gestundet.

Beispiele zu §§ 69 bis 74

Zu § 69. Ein verheirateter Lohnempfänger mit zwei minderjährigen Kindern hat im zweiten Kalendervierteljahr 1925 einen Arbeitslohn von monatlich 1 300 RM bezogen. An Vorauszahlungen sind zu entrichten aus

(3 900 — 200 =)	3 700 RM
7 v. H. von 3 000 RM . . . =	210 „
+ 15 „ „ „ 700 „ . . =	105 „
zusammen	315 RM

Hierauf wird angerechnet der Steuerabzug mit 86,80 + 86,80 + 85,40 . . = 259 RM,

so daß noch . . . . 56 RM

zu entrichten sind.

Zu § 70. Ein lediger Rechtsanwalt hat im dritten Kalendervierteljahr 1925 aus seiner Berufstätigkeit 1800 RM und aus Vermietung 600 RM bezogen. Bei der anwaltschaftlichen Berufstätigkeit sind 200 RM und bei der Vermietung 30 RM Werbungskosten entstanden. Die Vorauszahlung ist zu berechnen wie folgt:

Überschuß der Einkünfte über die Werbungskosten
1600 + 570 . . . . = 2170 RM
Hiervon Abzug 200 „
verbleiben 1970 RM

Von dieser Summe sind 10 v. H. = 197 RM als Vorauszahlung zu entrichten.

Zu § 71. Ein kinderlos verheirateter Steuerpflichtiger hat im zweiten Kalendervierteljahr 1925 Arbeitslohn in Höhe von 2400 RM und daneben Hypothekenzinsen in Höhe von 400 RM bezogen. Den Vorauszahlungen sind zugrunde zu legen lediglich 400 RM, für die 9 v. H. = 36 RM als Vorauszahlungen zu entrichten sind. Der Abzug von 200 RM kommt bei den Hypothekenzinsen nicht mehr in Frage, da der Betrag von 200 RM schon beim Steuerabzug berücksichtigt worden ist.

Zu § 72. Ein verheirateter Steuerpflichtiger mit einem minderjährigen Kind hat im zweiten Kalendervierteljahr 1925 einen Arbeitslohn von 2700 RM und daneben ein Nettoeinkommen aus Schriftstellerei von 1000 RM bezogen. Den Vorauszahlungen sind zugrunde zu legen (2700 — 200 [= steuerfreier Lohnbetrag] + 1000 =) 3500 RM.

6*

Hiervon sind zu entrichten:

8 v. H. von 3000 RM	. . . =	240 RM
+ 15 „ „ „ 500 „	. . . =	75 „
zusammen	. . . .	315 RM

Hierauf wird angerechnet der Steuerabzug mit 67,20 + 67,20 + 65,60 . . . = 200 RM

so daß noch nachzuzahlen sind . . . . 115 RM

§ 75. Die Vorauszahlung beträgt bei Körperschaftsteuerpflichtigen (§ 73):

a) Bei Gesellschaften mit beschränkter Haftung, deren Vermögen für die letzte Vermögensteuerveranlagung auf nicht mehr als 50000 RM festgesetzt worden ist:

für die ersten 3000 RM des vierteljährlichen Überschusses der Einkünfte über die Werbungskosten	10 v. H.,
für die weiteren 2000 RM . . .	15 „ ,
für die weiteren 5000 RM . . .	25 „ ,
für die darüber hinausgehenden Beträge	30 „ ,

mit der Maßgabe, daß die Vorauszahlung 20. v. H. des gesamten Überschusses nicht übersteigen darf;

b) bei Erwerbsgesellschaften, mit Ausnahme der unter a bezeichneten Gesellschaften mit beschränkter Haftung, 20 v. H. des vierteljährlichen Überschusses der Einkünfte über die Werbungskosten;

c) bei den übrigen Körperschaftsteuerpflichtigen 10 v. H. des vierteljährlichen Überschusses der Einkünfte über die Werbungskosten.

§ 76. Hat ein Steuerpflichtiger in einem Kalendervierteljahr einmalige Einnahmen, die sich im Laufe des Kalenderjahrs voraussichtlich nicht wiederholen werden, wie Abschlußgratifikationen, Abschlußtantiemen einschließlich Aufsichtsratstantiemen, bezogen, so ist er befugt, die Vorauszahlung dieses Kalendervierteljahrs nach dem Steuersatze zu leisten, der sich ergeben würde, wenn nur ein Viertel der einmaligen Einnahmen zuzüglich des übrigen Einkommens zugrunde gelegt wird. Macht der Steuerpflichtige von dieser Befugnis Gebrauch, so hat er in der Voranmeldung die besonderen Gründe für die Berechnung der Vorauszahlung anzugeben.

Beispiel:

Ein verheirateter kaufmännischer Angestellter mit zwei minderjährigen Kindern bezieht im Kalenderjahr 1925 ein monatliches Gehalt von 600 RM. Er hat im zweiten Kalendervierteljahr 1925 eine einmalige Abschlußgratifikation von 6000 RM erhalten. Dann unterliegen der Vorauszahlung für das zweite Kalendervierteljahr 1925

3 mal 600 =	1 800 RM
	+ 6 000 RM
zusammen. . .	7 800 RM
Hiervon ist der steuerfreie Lohnbetrag mit	200 RM
abzuziehen. Die Vorauszahlung ist also zu berechnen von	7 600 RM

Bei gleichmäßiger Verteilung der Abschlußgratifikation auf das ganze Kalenderjahr 1925 würde sich ein Vierteljahrseinkommen von 1 800 + ($^1/_4$ von 6 000) = 3 300 RM ergeben. Für die Bemessung des Satzes sind daher nur 3 300 RM zugrunde zu legen; d. h. für die ersten 3 000 RM 10 v. H., für die weiteren Beträge 15 v. H. Die Vorauszahlung beträgt sonach

für die ersten 3 000 RM 7 v. H. =	210 RM,
für die weiteren 2 000 RM 15. v. H. = ...	300 „
für die weiteren 2 600 RM ebenfalls 15 v. H. = ... (anstatt 25 v. H.)	390 „
zusammen	900 RM.

Hierauf sind die im Wege des Steuerabzugs vom Arbeitslohn einbehaltenen Beträge anzurechnen.

Abgabe der Voranmeldung

§ 77. (1) Zur Abgabe einer Voranmeldung nach besonderem Muster ist ohne besondere Aufforderung verpflichtet, wer nach Maßgabe der §§ 68 bis 76 Vorauszahlungen zu leisten hat. Ausgenommen von der Verpflichtung zur Abgabe einer Voranmeldung sind Steuerpflichtige, bei denen der Überschuß der Einkünfte über die Werbungskosten im Kalendervierteljahr den Betrag von 500 RM nicht überstiegen hat.

(2) Die Landesfinanzämter können anordnen, daß mit dieser Voranmeldung die Voranmeldung für die Umsatzsteuer zu verbinden ist.

(3) Die Voranmeldung ist binnen 10 Tagen nach Ablauf des Kalendervierteljahrs bei dem für den Steuerpflichtigen zuständigen Finanzamt einzureichen. Für die Einreichung der Voranmeldung gilt die im Artikel XVIII § 1 der Zweiten Steuernotverordnung vorgesehene Schonfrist.

Einreichung von Lohnzetteln

§ 78. (1) Die Arbeitgeber haben ohne besondere Aufforderung für Arbeitnehmer, deren Arbeitslohn nach Absetzung des steuerfreien Lohnbetrags 3 000 RM im zweiten Kalendervierteljahr 1925 und in den folgenden Kalendervierteljahren überstiegen hat, binnen 10 Tagen nach Ablauf des Kalendervierteljahrs einen Lohnzettel nach Muster 2 der Dritten Durchführungsbestimmungen über die Vorauszahlungen auf die Einkommensteuer und Körperschaftsteuer vom 15. März 1924 an das für den Arbeitnehmer zuständige Finanzamt zu übersenden.

(2) In dem Lohnzettel ist der Gesamtbetrag des für das Kalendervierteljahr nach Abs. 1 vorauszahlungspflichtigen Bruttoarbeitslohns, getrennt nach laufenden Bezügen und einmaligen Einnahmen sowie nach Barlohn und Sachbezügen, unter besonderer Ausscheidung der Höhe der Dienstaufwandsentschädigungen sowie der vom Arbeitslohn einbehaltenen Steuerbeträge und unter genauer Bezeichnung des Arbeitnehmers (Name, Beruf, Familienstand,

Wohnort, Wohnung) anzugeben. Ferner ist anzugeben, in welcher Höhe der steuerfreie Lohnbetrag insgesamt berücksichtigt worden ist.

IV. Gemeinsames

§ 79. Einkünfte, die nach dem bisherigen Einkommensteuergesetz oder Körperschaftsteuergesetz nicht steuerpflichtig sind, können zu Vorauszahlungen nicht herangezogen werden. Es brauchen daher z. B. Genossenschaften, die einem Revisionsverbande angehören und deren Geschäftsbetrieb sich auf den Kreis der Mitglieder beschränkt, Vorauszahlungen nur für Einkünfte aus Grundvermögen und ihre nicht dem Steuerabzug vom Kapitalertrag unterliegenden Einkünfte aus Kapitalvermögen zu leisten (vgl. § 4 des bisherigen Körperschaftsteuergesetzes).

§ 80. Ist der Ablösungsbetrag auf Grund des § 9 des Steuerüberleitungsgesetzes (§ 25 bis § 33 dieser Bestimmungen) herabgesetzt worden, so kann der Steuerpflichtige beantragen, daß die vierteljährlichen Vorauszahlungen in Höhe je eines Viertels des festgestellten — oder wenn der Ablösungszeitraum nicht mit dem Kalenderjahr 1924 übereinstimmt, des zu errechnenden — Jahresbetrages der Ablösung festgesetzt werden. Wird ein solcher Antrag gestellt, so ist zu prüfen, wie sich die wirtschaftlichen Verhältnisse des Steuerpflichtigen gegenüber denen des Jahres 1924 gestaltet haben; haben sich die Verhältnisse nicht wesentlich geändert, so ist dem Antrag stattzugeben.

§ 81. Die Vorauszahlung ist nicht zu entrichten, wenn sie in einem Vierteljahr den Betrag von 3 RM nicht übersteigt. Dies gilt nicht für den Steuerabzug.

§ 82. (1) Über die Festsetzung von Vorauszahlungen nach §§ 16, 17, 26 des Steuerüberleitungsgesetzes (§§ 66, 67 dieser Bestimmungen) ist dem Steuerpflichtigen ein Vorauszahlungsbescheid zu erteilen; im Bescheid ist zum Ausdruck zu bringen, von wann ab die Vorauszahlungen entsprechend der Festsetzung zu leisten sind. Die Festsetzung gilt regelmäßig für die noch nicht fälligen Vorauszahlungen; das Finanzamt ist jedoch berechtigt, zur Anpassung an die wirtschaftlichen Verhältnisse des Steuerpflichtigen die Rückwirkung auf den Beginn des Kalender- oder Wirtschaftsjahrs anzuordnen.

(2) Gegen Entscheidungen über Vorauszahlungen ist nur die Beschwerde (§§ 224, 281 der Reichsabgabenordnung) zulässig. In den Fällen des Artikel I §§ 4, 5 der Zweiten Steuernotverordnung ist gegen die Beschwerdeentscheidung des Landesfinanzamts die weitere Beschwerde an den Reichsfinanzhof gegeben. In den Fällen der §§ 16, 17, 26 des Steuerüberleitungsgesetzes ist jedoch lediglich die Beschwerde an das Landesfinanzamt zulässig.

Vierter Abschnitt

Schlußbestimmung

§ 83. Der dritte Abschnitt (§§ 55 bis 82 dieser Bestimmungen) tritt an die Stelle der Verordnung über Vorauszahlungen auf Einkommensteuer und Körperschaftsteuer nach dem Steuerüberleitungsgesetz vom 16. Juli 1925 (Reichsministerialbl. S. 375).

Berlin, den 30. Juli 1925.

Der Reichsminister der Finanzen
In Vertretung
Popitz

Einkommensteuergesetz

Vom 10. August 1925 (RGBl. I S. 189).

Der Reichstag hat das folgende Gesetz beschlossen, das mit Zustimmung des Reichsrats hiermit verkündet wird:

§ 1. Von dem Einkommen der natürlichen Personen wird nach den Vorschriften dieses Gesetzes eine Einkommensteuer erhoben.

I. Persönliche Steuerpflicht

§ 2. Mit dem gesamten Einkommen sind steuerpflichtig (unbeschränkt einkommensteuerpflichtig):

1. alle natürlichen Personen, solange sie im Deutschen Reiche einen Wohnsitz oder ihren gewöhnlichen Aufenthalt haben. Als gewöhnlich gilt ein Aufenthalt von mehr als sechs Monaten; beträgt der Aufenthalt mehr als sechs Monate, so erstreckt sich die Steuerpflicht auch auf die ersten sechs Monate;
2. Beamte des Reichs, Beamte der Länder und Angehörige der Wehrmacht (Reichsheer und Reichsmarine), die ihren dienstlichen Wohnsitz im Ausland haben. Wahlkonsuln gelten nicht als Beamte im Sinne dieser Vorschrift. Den Beamten des Reichs stehen die Beamten der Deutschen Reichsbahn-Gesellschaft und der Reichsbank gleich.

§ 3. (1) Mit Einkommen, das aus dem Inland bezogen wird (inländischem Einkommen), sind steuerpflichtig (beschränkt einkommensteuerpflichtig) alle natürlichen Personen, wenn sie nicht schon nach § 2 unbeschränkt steuerpflichtig sind.

(2) Als inländisches Einkommen im Sinne des Abs. 1 unterliegen der Besteuerung nur:

1. Einkünfte aus einer im Inland betriebenen Land- und Forstwirtschaft (§ 6 Abs. 1 Nr. 1);
2. Einkünfte aus Gewerbebetrieb, für den im Inland eine Betriebsstätte unterhalten wird oder ein ständiger Vertreter bestellt ist (§ 6 Abs. 1 Nr. 2);
3. Einkünfte aus Vermietung oder Verpachtung von unbeweglichem Vermögen, Sachinbegriffen und Rechten, die im Inland belegen oder in ein inländisches öffentliches Buch oder Register eingetragen sind (§ 6 Abs. 1 Nr. 6);
4. Einkünfte aus einer im Inland ausgeübten sonstigen selbständigen Berufstätigkeit (§ 6 Abs. 1 Nr. 3);
5. Einkünfte aus nichtselbständiger Arbeit (§ 6 Abs. 1 Nr. 4), die im Inland ausgeführt wird oder ausgeführt worden ist;
6. Einkünfte aus Hypotheken, Grundschulden und anderen Forderungen oder Rechten, die durch inländischen Grundbesitz oder inländische grundstücksgleiche Rechte gesichert sind;
7. Dividenden, Zinsen, Ausbeuten und sonstige Gewinne, die entfallen auf inländische Aktien, Kuxe, Genußscheine, sowie auf Anteile an der Reichsbank, an inländischen Kolonialgesell-

schaften, an inländischen bergbautreibenden Vereinigungen, welche die Rechte einer juristischen Person haben, an inländischen Genossenschaften und Gesellschaften mit beschränkter Haftung;

8. Einkünfte aus der Beteiligung an einem inländischen Handelsgewerbe als stiller Gesellschafter;

9. Zinsen aus Anleihen, die in inländischen öffentlichen Schuldbüchern eingetragen oder über die Teilschuldverschreibungen ausgegeben sind, wenn der Sitz oder Ort der Leitung des Schuldners im Inland liegt;

10. Einkünfte aus Veräußerungsgeschäften im Sinne des § 42, die bei der Veräußerung von inländischen Grundstücken sowie von Rechten, auf die die Vorschriften des bürgerlichen Rechtes über Grundstücke Anwendung finden, erzielt werden;

11. regelmäßig wiederkehrende Bezüge aus inländischen öffentlichen Kassen, die mit Rücksicht auf ein gegenwärtiges oder früheres Dienstverhältnis gewährt werden (§ 36 Abs. 1), soweit sie nicht nach Nr. 5 besteuert werden. Den öffentlichen Kassen stehen die Kassen der Deutschen Reichsbahn-Gesellschaft und der Reichsbank gleich.

§ 4. Der Reichsminister der Finanzen wird ermächtigt, mit Zustimmung des Reichsrats in Fällen, in denen ein auswärtiger Staat das Einkommen eines Deutschen insbesondere aus Gewerbebetrieb schwerer belastet als das Einkommen seiner eigenen Staatsangehörigen oder das der Angehörigen der meistbegünstigten Nationen, eine höhere Besteuerung des inländischen Einkommens für Angehörige dieses Staates anzuordnen.

§ 5. Von der Einkommensteuer sind Personen befreit, soweit ihnen unter Wahrung der Gegenseitigkeit nach allgemeinen völkerrechtlichen Grundsätzen oder soweit ihnen nach besonderen mit anderen Staaten getroffenen Vereinbarungen ein Anspruch auf Befreiung von den persönlichen Steuern zusteht.

II. Einkommen

§ 6. (1) Der Besteuerung des Einkommens nach diesem Gesetz unterliegen nur:

1. Einkünfte aus dem Betriebe von Landwirtschaft, Forstwirtschaft, Gartenbau und sonstiger nicht gewerblicher Bodenbewirtschaftung (Einkünfte aus Land- und Forstwirtschaft);
2. Einkünfte aus Gewerbebetrieb;
3. Einkünfte aus sonstiger selbständiger Berufstätigkeit;
4. Einkünfte aus nichtselbständiger Arbeit (Arbeitslohn);
5. Einkünfte aus Kapitalvermögen;
6. Einkünfte aus Vermietung und Verpachtung von unbeweglichem Vermögen, Sachinbegriffen und Rechten einschließlich des Mietwerts der Wohnung im eigenen Hause;
7. andere wiederkehrende Bezüge;
8. sonstige Leistungsgewinne nach Maßgabe der §§ 41, 42.

(2) Welche Einkünfte den einzelnen Einkommensarten (Abs. 1 Nr. 1 bis 8) zuzurechnen sind,

bestimmt sich nach der Verkehrsauffassung, soweit nicht in den §§ 26 bis 45 eine besondere Regelung getroffen ist.

(3) Der Besteuerung des Einkommens unterliegen insbesondere nicht einmalige Vermögensanfälle, wie Schenkungen, Erbschaften, Aussteuern, Ausstattungen, Lotteriegewinne, Kapitalempfänge auf Grund von Lebensversicherungen, Kapitalabfindungen, die als Entschädigungen für Unfälle und Körperverletzungen gezahlt werden, ferner Kapitalabfindungen auf Grund der Reichsversicherung, der Beamtenpensionsgesetze und der Militärversorgung mit Ausnahme der Kapitalabfindungen nach dem Wehrmachtversorgungsgesetze.

§ 7. (1) Zur Steuer wird das Einkommen herangezogen, das der Steuerpflichtige innerhalb des Steuerabschnitts (§ 10) bezogen hat (§ 11).

(2) Als Einkommen gilt:

1. bei Einkünften der im § 6 Abs. 1 Nr. 1 bis 3 bezeichneten Art der Gewinn (§§ 12, 13);
2. bei Einkünften der im § 6 Abs. 1 Nr. 4 bis 8 bezeichneten Art der Überschuß der Einnahmen (§ 14) über die Ausgaben (§§ 15 bis 17).

(3) Treffen bei einem Steuerpflichtigen mehrere Einkommensarten zusammen oder hat er Einkünfte derselben Art aus mehreren Betrieben oder hat er Ausgaben (§ 15), die bei keiner einzelnen Einkommensart abgesetzt werden können, so ist das Einkommen durch Zusammenrechnung und Ausgleich der bei der gesonderten Ermittlung gewonnenen Ergebnisse zu berechnen.

§ 8. Bei Ermittlung des Einkommens bleiben außer Ansatz:

1. die Versorgungsgebührnisse nach dem Reichsversorgungsgesetze vom 12. Mai 1920 in der Fassung der Bekanntmachung vom 31. Juli 1925 (Reichsgesetzbl. I S. 166) und nach dem Reichsgesetz über die durch innere Unruhen verursachten Schäden vom 12. Mai 1920 (Reichsgesetzbl. S. 941);
2. die Verstümmelungs-, Kriegs-, Luftdienst-, Alters- und Tropenzulagen, Pensions- und Rentenerhöhungen der Militärpensions- und -versorgungsgesetze, ferner die auf Grund des Kolonialbeamtengesetzes vom 8. Juni 1910 (Reichsgesetzbl. S. 881) bezogenen Tropenzulagen;
3. Versorgungsgebührnisse, die auf Grund einer infolge eines Krieges erlittenen Dienstbeschädigung nach der Minderung der Erwerbsfähigkeit gewährt werden, und die Kriegsversorgung der Militärhinterbliebenen;
4. die auf Grund des Besatzungspersonenschädengesetzes vom 17. Juli 1922 (Reichsgesetzbl. I S. 624) bezogenen Renten nebst den etwaigen Zulagen;
5. Vorzugsrenten auf Grund des Gesetzes über die Ablösung öffentlicher Anleihen vom 16. Juli 1925 (Reichsgesetzbl. I S. 137);
6. die im § 19 Abs. 7 des Besoldungsgesetzes vom 30. April 1920 (Reichsgesetzbl. S. 805) und im § 11 des Reichsgesetzes über die Schutzpolizei der Länder vom 17. Juli 1922 (Reichsgesetzbl. I

S. 597) bezeichneten Naturalbezüge und Entschädigungen der Angehörigen der Wehrmacht und der staatlichen Schutzpolizei, das Diensteinkommen von mobil verwendeten Angehörigen der Wehrmacht nach § 39 Abs. 2 des Wehrgesetzes vom 23. März 1921 (Reichsgesetzbl. S. 329), sofern die Dauer der Verwendung mindestens einen Monat beträgt, die einmalige Übergangsbeihilfe und die einmalige Umzugsentschädigung nach §§ 15, 16, 54, 55, 80 des Wehrmachtversorgungsgesetzes vom 4. Aug. 1921 (Reichsgesetzbl. S. 993) in der Fassung des Gesetzes vom 22. Juni 1923 (Reichsgesetzbl. I S. 409), sowie die Entschädigung für Rückgabe von Versorgungsscheinen;

7. die mit deutschen Kriegsdekorationen verbundenen Ehrensolde;
8. Bezüge des Steuerpflichtigen aus einer Krankenversicherung;
9. Entschädigungen auf Grund des § 87 des Betriebsrätegesetzes;
10. Bezüge aus öffentlichen Mitteln oder aus Mitteln einer öffentlichen Stiftung, die als Unterstützungen wegen Hilfsbedürftigkeit oder als Unterstützungen für Zwecke der Erziehung oder Ausbildung, der Wissenschaft oder Kunst bewilligt sind, und Bezüge aus der öffentlichen Erwerbslosenfürsorge. Nach näherer Anordnung des Reichsministers der Finanzen können auch andere Bezüge von der Steuer befreit werden, sofern sie zu ausschließlich mildtätigen oder gemeinnützigen Zwecken gewährt werden

und dem Vermögen oder Einkommen von natürlichen Personen, juristischen Personen, oder Personenvereinigungen ohne Rechtspersönlichkeit entstammen, die im Inland keinen Wohnsitz, Aufenthalt, Sitz oder Ort der Leitung haben.

§ 9. (1) Bei unbeschränkt Steuerpflichtigen im Sinne des § 2 Nr. 2 bleiben die Einkünfte außer Ansatz, die in dem Staate der Besteuerung unterliegen, in dessen Gebiet diese Steuerpflichtigen ihren dienstlichen Wohnsitz haben. Der Reichsminister der Finanzen ist ermächtigt mit Zustimmung des Reichsrats anzuordnen, inwieweit bei anderen unbeschränkt Steuerpflichtigen, die sich des Erwerbes wegen im Ausland aufhalten, die im Ausland erhobene Einkommensteuer ganz oder zum Teil auf die inländische Einkommensteuer angerechnet wird.

(2) Die Vorschriften des Abs. 1 finden auf inländisches Einkommen (§ 3) keine Anwendung.

§ 10. (1) Steuerabschnitt ist

a) bei Steuerpflichtigen, die Einkünfte aus Land- und Forstwirtschaft (§ 6 Abs. 1 Nr. 1) beziehen, das Wirtschaftsjahr vom 1. Juli bis 30. Juni als Wirtschaftsjahr in diesem Sinne gilt auch das Wirtschaftsjahr, für das regelmäßige Abschlüsse in der Zeit vom 24. Juni bis 6. Juli einschließlich auf einen andern Tag als den 30. Juni gemacht werden;

b) bei Gewerbetreibenden, die Handelsbücher nach den Vorschriften des Handelsgesetzbuchs zu führen verpflichtet sind oder, ohne dazu verpflichtet zu sein, Handelsbücher nach den Vorschriften des Handelsgesetzbuchs tatsächlich führen, das Wirtschaftsjahr, für das sie regelmäßige Abschlüsse machen;

c) bei den übrigen Steuerpflichtigen das Kalenderjahr.

(2) Hat ein Steuerpflichtiger neben Einkünften aus Land- und Forstwirtschaft oder Gewerbebetrieb noch Einkünfte anderer Art, so ist auch für die andern Einkünfte der Steuerabschnitt maßgebend, der nach Abs. 1 für die Einkünfte aus Land- und Forstwirtschaft oder Gewerbebetrieb gilt. Hat ein Steuerpflichtiger mehrere Betriebe mit verschiedenen Wirtschaftsjahren der im Abs. 1 a, b bezeichneten Art, so ist Steuerabschnitt das Wirtschaftsjahr, das als letztes im Kalenderjahr endet; in diesem Falle sind bei der Einkommensermittlung die Einkünfte aus einem Betriebe, dessen Wirtschaftsjahr mit dem Steuerabschnitt nicht übereinstimmt, nicht mit dem im Steuerabschnitt erzielten, sondern mit dem im Wirtschaftsjahr erzielten Betrag anzusetzen.

(3) Nach näherer Bestimmung des Reichsministers der Finanzen kann

a) für Steuerpflichtige mit Einkünften aus Land- und Forstwirtschaft,

b) im Falle des Zusammentreffens mehrerer Einkommensarten,

auch ein anderer als der in Abs. 1, 2 bezeichnete Zeitraum als Steuerabschnitt zugelassen werden.

(4) Hat die Steuerpflicht nicht während des ganzen Kalender- oder Wirtschaftsjahrs bestanden, so verkürzt sich der Steuerabschnitt entsprechend.

§ 11. (1) Einnahmen gelten innerhalb des Steuerabschnitts als bezogen, in dem sie fällig geworden oder, ohne fällig zu sein, dem Steuerpflichtigen tatsächlich zugeflossen sind. Soweit ein geschuldeter Betrag in einem Steuerabschnitt fällig geworden, sein Eingang aber zweifelhaft geworden ist, kann der Steuerpflichtige ihn bis zu dem Steuerabschnitt unberücksichtigt lassen, in dem er einbringlich wird.

(2) Bei Steuerpflichtigen, die für Einkünfte der im § 6 Abs. 1 Nr. 1 bis 3 bezeichneten Art regelmäßige Abschlüsse fertigen, gelten Einnahmen in dem Steuerabschnitt als bezogen, für den sie nach den Grundsätzen ordnungsmäßiger Buchführung spätestens in den Abschlüssen auszuweisen sind; werden die Einnahmen ohne Verstoß gegen die Grundsätze ordnungsmäßiger Buchführung in dem Abschluß für einen früheren Steuerabschnitt ausgewiesen, so gelten sie als in diesem Steuerabschnitt bezogen.

(3) Laufende Bezüge aus nichtselbständiger Arbeit (§ 6 Abs. 1 Nr. 4), die vor Beginn des Verdienstzeitraums zugeflossen sind, gelten in dem Steuerabschnitt als bezogen, in den der Verdienstzeitraum fällt; die Vorschrift über die Einbehaltung der Steuer vom Arbeitslohne bei der Lohnzahlung (§ 70 Abs. 3) bleibt unberührt.

(4) Die Vorschriften der Abs. 1 bis 3 finden auf die Frage, für welchen Steuerabschnitt ein Betrag als ausgegeben gilt, entsprechende Anwendung.

(5) Wenn nach § 10 Abs. 2 Satz 2 Einkünfte eines Wirtschaftsjahrs einem später endenden Steuer-

abschnitt zugerechnet werden, so tritt für die Frage, wann Beträge als vereinnahmt oder ausgegeben gelten, an die Stelle des Steuerabschnitts dieses Wirtschaftsjahr.

§ 12. (1) Der Gewinn (§ 7 Abs. 2 Nr. 1) ist der Überschuß der Einnahmen über die Ausgaben zuzüglich des Mehrwerts oder abzüglich des Minderwerts der Erzeugnisse, Waren und Vorräte des Betriebs, der dem Betriebe dienenden Gebäude nebst Zubehör sowie des beweglichen Anlagekapitals am Schlusse des Steuerabschnitts gegenüber dem Stande am Schlusse des vorangegangenen Steuerabschnitts. Einnahmen aus der Veräußerung von Grund und Boden, der zum Anlagekapital gehört, bleiben außer Betracht. Bei Steuerpflichtigen, bei denen nach der Art des Betriebs das der Berufstätigkeit dienende Vermögen am Schlusse der einzelnen Steuerabschnitte wesentlichen Schwankungen nicht zu unterliegen pflegt und am Schlusse des Steuerabschnitts Waren über das übliche Maß hinaus nicht vorhanden sind, ist es zulässig, lediglich den Überschuß der Einnahmen über die Ausgaben zugrunde zu legen.

(2) Ist während des Steuerabschnitts ein Gegenstand veräußert worden und das Entgelt bis zum Schlusse des Steuerabschnitts noch nicht fällig geworden (§ 11), so ist bei Berechnung des Gewinns an Stelle des Gegenstandes der Wert der Gegenforderung anzusetzen. Hinzuzurechnen ist auch der Wert der Gegenstände, Ausbeuten, Nutzungen oder Dienstleistungen, die der Steuerpflichtige aus seinem Betriebe für sich und seinen Haushalt oder für

andere Zwecke, die außerhalb des Betriebs liegen, entnommen hat.

(3) Bei Aufgabe, Veräußerung oder unentgeltlicher Übertragung des Betriebs tritt für die Berechnung des Gewinns aus diesem Betrieb an die Stelle des Schlusses des Steuerabschnitts der Zeitpunkt der Aufgabe, Veräußerung oder Übertragung. An die Stelle des Schlusses des vorangegangenen Steuerabschnitts tritt bei Eröffnung eines Betriebs der Zeitpunkt der Eröffnung, bei Erwerb eines Betriebs der Schluß des Steuerabschnitts des Rechtsvorgängers oder der für diesen maßgebende Zeitpunkt im Sinne des Satzes 1.

§ 13. Bei Steuerpflichtigen, die Handelsbücher nach den Vorschriften des Handelsgesetzbuchs zu führen verpflichtet sind oder, ohne dazu verpflichtet zu sein, Handelsbücher nach den Vorschriften des Handelsgesetzbuchs tatsächlich führen, ist der Gewinn (§ 7 Abs. 2 Nr. 1, § 12) der nach den Grundsätzen ordnungsmäßiger Buchführung für den Schluß des Steuerabschnitts ermittelte Überschuß des Betriebsvermögens über das Betriebsvermögen, das am Schlusse des vorangegangenen Steuerabschnitts der Veranlagung zugrunde gelegen hat. Bei der Ermittlung des Gewinns sind die Vorschriften dieses Gesetzes über die Entnahmen aus dem eigenen Betriebe (§ 12 Abs. 2), die abzugsfähigen Ausgaben (§§ 15 bis 18) und die Bewertung (§§ 19 bis 21) zu beachten. Die Vorschriften des § 12 Abs. 3 finden entsprechende Anwendung.

§ 14. Zu den Einnahmen (§ 7 Abs. 2 Nr. 2, § 12 Abs. 1) gehören alle dem Steuerpflichtigen zufließenden Güter, die in Geld oder Geldeswert bestehen; hierzu zählen insbesondere auch der Wert der Nutzung einer Wohnung im eigenen Hause und einer dem Steuerpflichtigen ganz oder teilweise unentgeltlich überlassenen Wohnung einschließlich der zugehörigen sonstigen Räume, Gärten und Parkanlagen.

§ 15. (1) Ausgaben (§ 7 Abs. 2 Nr. 2, § 12 Abs. 1, § 13) sind:

1. die Werbungskosten (§ 16);
2. die im § 17 bezeichneten Sonderleistungen;
3. die Schuldzinsen und die auf besonderen privatrechtlichen, öffentlich-rechtlichen oder gesetzlichen Verpflichtungsgründen beruhenden Renten und dauernden Lasten, soweit sie nicht zu den Werbungskosten gehören und nicht mit Einkünften in wirtschaftlichem Zusammenhange stehen, die für die Einkommensteuer außer Betracht bleiben. Aufwendungen zur Erfüllung einer gesetzlichen Unterhaltspflicht gehören auch dann nicht hierzu, wenn sie auf Grund einer besonderen privatrechtlichen Verpflichtung erfolgen.

(2) Soweit die Ausgaben Werbungskosten sind oder mit einer bestimmten Einkommensart in wirtschaftlichem Zusammenhange stehen, sind sie bei dieser Art, im übrigen vom Gesamtbetrage der bei den einzelnen Einkommensarten gewonnenen Ergebnisse abzuziehen. Bei beschränkt Steuerpflichtigen ist der Abzug der im Abs. 1 Nr. 2 bezeichneten Sonderleistungen überhaupt nicht, der Abzug der übrigen im Abs. 1 genannten Aufwendungen nur insoweit statt-

haft, als sie mit Einkünften in wirtschaftlichem Zusammenhange stehen, die der Besteuerung unterliegen.

§ 16. (1) Werbungskosten sind die zur Erwerbung, Sicherung und Erhaltung der Einkünfte gemachten Aufwendungen.

(2) Aufwendungen für die Anschaffung oder Herstellung von Gegenständen, deren Verwendung oder Nutzung durch den Steuerpflichtigen sich bestimmungsgemäß auf einen längeren Zeitraum erstreckt, dürfen nicht in dem Steuerabschnitte der Anschaffung oder Herstellung voll abgezogen werden. Sie können vielmehr für einen Steuerabschnitt höchstens mit dem Betrage berücksichtigt werden, der sich bei der Verteilung auf die Gesamtdauer der Verwendung oder Nutzung ergibt (Absetzung für Abnutzung).

(3) Die Absetzungen für Abnutzung sind nur zulässig für Maschinen und sonstiges Betriebsinventar, für gewerbliche, literarische und künstlerische Urheberrechte, für Gebäude, Be- und Entwässerungsanlagen und fischereiwirtschaftliche Anlagen. Die Absetzungen bemessen sich nach der gemeingewöhnlichen Nutzungsdauer des Gegenstandes. Absetzungen für außergewöhnliche Abnutzung in einem Steuerabschnitt sind zulässig, bedürfen jedoch besonderen Nachweises. Die Absetzungen dürfen von keinem höheren als dem Anschaffungs- oder Herstellungspreise (§ 19 Abs. 2) vorgenommen werden und sind nach Hundertsätzen zu bemessen.

(4) Bei Bergbauunternehmungen, Steinbrüchen und anderen einen Verbrauch der Substanz bedingenden Betrieben sind Absetzungen für Substanzver-

ringerungen zulässig; die Vorschriften des Abs. 3 Satz 2 bis 4 finden entsprechende Anwendung.

(5) Zu den Werbungskosten gehören auch:

1. Steuern vom Grundvermögen und Gewerbebetrieb, sonstige öffentliche Abgaben und die Beiträge zur Versicherung von Gegenständen, soweit diese Aufwendungen zu den Geschäftsunkosten oder Verwaltungskosten zu rechnen sind;
2. die nach dem Aufbringungsgesetze vom 30. Aug. 1924 (Reichsgesetzbl. II S. 269) zu entrichtenden Jahresleistungen einschließlich der Zuschläge; der für den Rückkauf von Einzelobligationen nach §§ 57 bis 66 des Industriebelastungsgesetzes vom 30. August 1924 (Reichsgesetzbl. II S. 257) aufgewendete Betrag ist nicht abzugsfähig;
3. die auf Grund des § 4 des Gesetzes über die Liquidierung des Umlaufs an Rentenbankscheinen vom 30. August 1924 (Reichsgesetzbl. II S. 252) zu entrichtenden Grundschuldzinsen;
4. notwendige Ausgaben des Steuerpflichtigen durch Fahrten zwischen Wohnung und Arbeitsstätte;
5. Aufwendungen des Arbeitnehmers für Arbeitsmittel (Werkzeuge und Berufskleidung);
6. Kosten für die Zusammenlegung von Grundstücken (Flurbereinigung);

§ 17. (1) Abzugsfähige Sonderleistungen sind:

1. Beiträge, die der Steuerpflichtige für sich und seine nicht selbständig veranlagten Haushaltungsangehörigen zu Kranken-, Unfall-, Haftpflicht-, Angestellten-, Invaliden- und Er-

werbslosenversicherungs-, Witwen-, Waisen- und Pensionskassen gezahlt hat;

2. Beiträge zu Sterbekassen für den Steuerpflichtigen und seine nicht selbständig veranlagten Haushaltungsangehörigen;

3. Versicherungsprämien, die für Versicherungen des Steuerpflichtigen und seine nicht selbständig veranlagten Haushaltungsangehörigen auf den Todes- oder Lebensfall gezahlt werden; den Versicherungsprämien werden gleichgestellt Spareinlagen für den Steuerpflichtigen und seine nicht selbständig veranlagten Haushaltungsangehörigen, sofern die Rückzahlung des Kapitals nur für den Todesfall oder für den Fall des Erlebens innerhalb einer Zeit von nicht weniger als zwanzig Jahren vereinbart ist und die Vereinbarung unter Verzicht beider Vertragsteile auf eine Abänderung oder Aufhebung dem für den Steuerpflichtigen zuständigen Finanzamt angezeigt wird;

4. Ausgaben für die Fortbildung in dem Berufe, den der Steuerpflichtige ausübt;

5. Steuern an die im Artikel 137 der Reichsverfassung genannten Körperschaften, soweit diese Steuern in dem Steuerabschnitte fällig geworden sind. Im Benehmen mit der zuständigen obersten Landesbehörde kann der Reichsminister der Finanzen den Steuern im Sinne des Satzes 1 regelmäßige Beiträge gleichstellen, die an nicht öffentlich-rechtliche Religionsgesellschaften zu leisten sind;

6. Beiträge zu den öffentlich-rechtlichen Berufs- oder Wirtschaftsvertretungen sowie zu Berufsverbänden ohne öffentlich-rechtlichen Charakter, deren Zweck nicht auf einen wirtschaftlichen Geschäftsbetrieb gerichtet ist;
7. Zuwendungen an Unterstützungs-, Wohlfahrts- und Pensionskassen des Betriebs des Steuerpflichtigen, wenn die dauernde Verwendung für die Zwecke der Kassen gesichert ist.

(2) Die Abzüge nach Abs. 1 Nr. 1 bis 4 dürfen zusammen den Jahresbetrag von 480 Reichsmark nicht übersteigen; dieser Betrag erhöht sich für die zur Haushaltung des Steuerpflichtigen zählende Ehefrau sowie für jedes zu seiner Haushaltung zählende und nicht selbständig zu veranlagende minderjährige Kind um je 100 Reichsmark.

(3) Den nicht selbständig veranlagten Haushaltungsangehörigen im Sinne der Abs. 1, 2 werden die im § 56 Abs. 2 genannten Personen gleichgestellt.

§ 18. (1) Als Ausgaben dürfen unbeschadet des § 15 Abs. 1 Nr. 3, § 17 Aufwendungen nicht abgesetzt werden, die sich als Verwendung des Einkommens darstellen. Hierher gehören insbesondere:

1. Aufwendungen zur Verbesserung und Vermehrung des Vermögens, zu Geschäftserweiterungen, zu Kapitalanlagen, zur Schuldentilgung oder zu Ersatzbeschaffungen, soweit diese Aufwendungen über den Rahmen der §§ 15, 16 hinausgehen und nicht für Gegenstände gemacht worden sind, die beim Vermögensvergleiche (§§ 12, 13) berücksichtigt werden;

2. die zur Bestreitung des Haushalts des Steuerpflichtigen und zum Unterhalte seiner Familienangehörigen aufgewendeten Beträge;
3. die von dem Steuerpflichtigen entrichtete Einkommensteuer sowie sonstige Personalsteuern.

(2) Ferner sind nicht abzugsfähig Zinsen für das in dem land- und forstwirtschaftlichen oder gewerblichen Betrieb angelegte eigene Vermögen des Steuerpflichtigen.

§ 19. (1) Für die einzelnen dem Betriebe gewidmeten Gegenstände ist für den Schluß des Steuerabschnitt § 12 Abs. 1, § 13) der gemeine Wert zugrunde zu legen. Bei der Ermittlung des gemeinen Wertes von Gegenständen, die nicht zum Verkauf bestimmt sind, ist nicht der bei der Veräußerung jedes Gegenstandes im einzelnen erzielbare Preis zu ermitteln, vielmehr ist davon auszugehen, daß der Gegenstand auch fernerhin der Fortführung des Betriebs dient, dem er zur Zeit der Bewertung angehört.

(2) An Stelle des gemeinen Wertes kann der Steuerpflichtige den Anschaffungs- oder Herstellungspreis unter Abzug der nach § 16 Abs. 2 bis 4 zulässigen Absetzungen für Abnutzung und Substanzverringerung einsetzen. Ist ein Anschaffungs- oder Herstellungspreis nicht gegeben, so gilt als solcher der Betrag, der für den Gegenstand im Zeitpunkt seines Erwerbes durch den Steuerpflichtigen unter gemeingewöhnlichen Verhältnissen hätte aufgewendet werden müssen.

(3) Werden einem Betriebe Gegenstände gewidmet, die dem Steuerpflichtigen schon vorher gehört haben, so dürfen sie mit keinem höheren als dem

gemeinen Werte im Zeitpunkt der Widmung angesetzt werden. Ist bei einem Steuerpflichtigen ein Steuerabschnitt, für den eine Gewinnermittlung nach § 12 Abs. 1, § 13 vorzunehmen war, nicht vorangegangen, so dürfen unbeschadet der Vorschrift des Satzes 1 für den Beginn des Steuerabschnitts die dem Betriebe gewidmeten Gegenstände mit keinem höheren als dem Anschaffungs- oder Herstellungspreis angesetzt werden.

§ 20. (1) Bei Gegenständen, die bereits am Schlusse des vorangegangenen Steuerabschnitts zum Betriebsvermögen des Steuerpflichtigen oder im Falle unentgeltlichen Erwerbs eines Betriebs zum Betriebsvermögen des Rechtsvorgängers gehört haben, ist der für den Schluß eines Steuerabschnitts angesetzte Wert eines Gegenstandes bei der Veranlagung des Steuerpflichtigen oder seines Rechtsnachfolgers auch weiterhin für die folgenden Steuerabschnitte anzusetzen; der Steuerpflichtige kann jedoch für den Schluß des Steuerabschnitts an Stelle des Anschaffungs- oder Herstellungspreises den niedrigeren gemeinen Wert und an Stelle des angesetzten gemeinen Wertes den um die Absetzungen für Abnutzung oder Substanzverringerung verminderten Anschaffungs- oder Herstellungspreis ansetzen, wenn dieser niedriger ist.

(2) Bei unentgeltlicher Übertragung eines Betriebs kann für die Veranlagung des letzten Betriebsinhabers stets auch der höhere gemeine Wert angesetzt werden, ohne Rücksicht darauf, ob beim Schlusse des vorangegangenen Steuerabschnitts der gemeine Wert oder der Anschaffungs- oder Herstellungspreis eingesetzt war.

§ 21. Nicht in Geld bestehende Einnahmen, wie Naturalien, Waren, Kost, Wohnung, Genuß von Rechten und Gütern, Ausbeuten und Dienstleistungen, sind, soweit nicht anderes vorgeschrieben ist, mit den üblichen Mittelpreisen des Verbrauchsortes anzusetzen.

§ 22. (1) Dem Einkommen eines unbeschränkt steuerpflichtigen Ehemanns wird das Einkommen seiner Ehefrau hinzugerechnet, solange sie unbeschränkt steuerpflichtig ist und nicht dauernd von ihm getrennt lebt, und zwar erstmals für das auf den Eintritt der Voraussetzungen folgende Kalender- oder Wirtschaftsjahr; die Ehegatten werden insoweit für den nach § 10 maßgebenden Steuerabschnitt zusammen veranlagt. Haben die Ehegatten Einkünfte, für die nicht dasselbe Kalender- oder Wirtschaftsjahr als Steuerabschnitt gilt, so finden für die Frage, welcher Steuerabschnitt für die Zusammenveranlagung maßgebend ist, die Vorschriften des § 10 Abs. 2, 3 entsprechende Anwendung. Für die Feststellung des zusammengerechneten Einkommens der Ehegatten gilt die Vorschrift des § 7 Abs. 3 sinngemäß.

(2) Die Haftung eines Ehegatten für die Steuer nach § 95 Abs. 2 der Reichsabgabenordnung wird nicht dadurch ausgeschlossen, daß er Einkommen im Steuerabschnitte nicht bezogen hat.

(3) Für die vermögensrechtlichen Beziehungen der Ehegatten untereinander gilt jeder Ehegatte als Schuldner des Steuerteils, der nach den Verhältniszahlen berechnet wird, die sich ergeben, wenn jeder

Ehegatte getrennt mit seinem Einkommen veranlagt worden wäre.

(4) Die Vorschriften der Abs. 1 bis 3 gelten nicht für Einkünfte der im § 6 Abs. 1 Nr. 3 und 4 bezeichneten Art, die die Ehefrau aus der Beschäftigung in einem dem Ehemanne fremden Betriebe bezieht.

§ 23. (1) Dem Einkommen eines unbeschränkt steuerpflichtigen Haushaltungsvorstandes wird das Einkommen seiner minderjährigen Kinder hinzugerechnet, solange sie unbeschränkt steuerpflichtig sind und zu seiner Haushaltung zählen, und zwar vom Eintritt der Voraussetzungen an; hatte jedoch ein minderjähriges Kind bereits vor Eintritt der Voraussetzungen des Satzes 1 Einkommen, so finden für den Beginn der Zusammenrechnung und für die Frage, welcher Steuerabschnitt für die Zusammenveranlagung maßgebend ist, die Vorschriften des § 22 Abs. 1 entsprechende Anwendung. Der Haushaltungsvorstand und die Kinder werden insoweit für den nach § 10 maßgebenden Steuerabschnitt zusammen veranlagt. Für die Feststellung des zusammengerechneten Einkommens des Haushaltungsvorstandes und seiner Kinder gilt die Vorschrift des § 7 Abs. 3 sinngemäß.

(2) Als Kinder im Sinne des Abs. 1 gelten neben den Abkömmlingen des Haushaltungsvorstandes auch Stief-, Schwieger-, Adoptiv- und Pflegekinder sowie deren Abkömmlinge.

(3) Im Falle der Zusammenveranlagung haften der Haushaltungsvorstand und die Kinder nebeneinander für die Steuer. Die Vorschriften des § 22 Abs. 2, 3 finden entsprechende Anwendung.

(4) Die Vorschriften der Abs. 1 bis 3 gelten nicht für Einkünfte der im § 6 Abs. 1 Nr. 3 und 4 bezeichneten Art, die minderjährige Kinder beziehen.

§ 24. Bei fortgesetzter Gütergemeinschaft gelten in das Gesamtgut fallende Einkünfte als Einkünfte des überlebenden Ehegatten.

§ 25. (1) Die Einkommensteuer wird nach Ablauf des Steuerabschnitts (§ 10) veranlagt, und zwar nach Maßgabe des Einkommens, das in diesem Steuerabschnitte bezogen ist.

(2) Fällt der Steuerabschnitt mit dem Kalenderjahre zusammen oder endet er in der zweiten Hälfte eines Kalenderjahrs, so wird die Einkommensteuer nach Ablauf dieses Kalenderjahrs veranlagt.

(3) Endet der Steuerabschnitt in der ersten Hälfte eines Kalenderjahrs, so wird die Einkommensteuer nach Ablauf des ersten Kalenderhalbjahrs veranlagt.

(4) Fällt die Steuerpflicht weg oder ändert sich der Steuerabschnitt durch Eintritt oder Wegfall der Voraussetzungen der § 10 Abs. 1a, b, § 22 Abs. 1, § 23 Abs. 1, so ist das Einkommen, das bis zum Wegfall der Steuerpflicht oder bis zum Beginne des künftig maßgebenden Steuerabschnitts bezogen wird, bei der nächsten regelmäßigen Veranlagung zu veranlagen, soweit es bisher noch nicht veranlagt ist. Dies gilt nicht, soweit die in dieser Zeit bezogenen Einkünfte den Einkünften des künftig maßgebenden Steuerabschnitts hinzugerechnet werden.

(5) Ist bei Wegfall der Steuerpflicht oder in den Fällen des Abs. 4 eine sofortige Veranlagung erforderlich, so kann sie alsbald vorgenommen werden.

III. Die einzelnen Einkommensarten

1. Land- und Forstwirtschaft

§ 26. (1) Zu den Einkünften aus dem Betriebe von Landwirtschaft, Forstwirtschaft, Gartenbau und sonstiger nichtgewerblicher Bodenbewirtschaftung (Einkünfte aus Land- und Forstwirtschaft) gehören auch Einkünfte

1. aus Tierzucht;
2. aus Gemüse- und Obstbau, Baumschulen und Samenzucht;
3. aus Wein- und Hopfenbau;
4. aus Binnenfischerei, Fischzucht und Teichwirtschaft;
5. aus Torfstich und der Gewinnung von Steinen und Erden,

es sei denn, daß es sich um einen selbständigen gewerblichen Betrieb handelt.

(2) Zu den Einkünften aus dem Betriebe von Land- und Forstwirtschaft gehören auch Einkünfte aus der Ausübung der Jagd, soweit sie mit dem Betrieb einer Land- oder Forstwirtschaft im Zusammenhange stehen.

§ 27. Bei der Ermittlung der Einkünfte aus Land- und Forstwirtschaft sind einzubeziehen:

1. der Wert der Nutzung der Wohnung des Unternehmers, soweit ihr Umfang bei Betrieben gleicher Art üblich ist;
2. die im Betrieb anfallenden Einkünfte aus Rechten an Grundstücken, aus Gefällen sowie aus solchen Rechten, auf welche die Vor-

schriften des bürgerlichen Rechtes über Grundstücke Anwendung finden.

§ 28. (1) Werden von den Steuerpflichtigen über den Betrieb der Land- und Forstwirtschaft ordnungsmäßige, den Reinertrag nachweisende Bücher geführt, so ist der Gewinn auf Grund der Abschlüsse dieser Bücher zu ermitteln; die Bücher gelten vorbehaltlich der Prüfung ihres Inhalts als ordnungsmäßig, wenn sie

1. alle geschäftlichen Vorgänge des Betriebs, nach bestimmten Grundsätzen geordnet, mit ihrem Geldwert in Erscheinung bringen, insbesondere auch die Beziehungen des Betriebsunternehmers zum Betrieb (Eigenverbrauch, Entnahmen, Zuschüsse zum Betrieb aus anderen Vermögensbestandteilen) fortlaufend verzeichnen;
2. auf Grund einer jährlichen Inventur die Änderung der einzelnen Bestandteile des im Betrieb angelegten Vermögens darstellen.

(2) Der Reichsminister der Finanzen kann im Benehmen mit dem Reichsminister für Ernährung und Landwirtschaft nähere Bestimmungen darüber erlassen, ob und inwieweit eine Buchführung gemäß Abs. 1 anzuerkennen ist.

2. Gewerbebetrieb

§ 29. Zu den Einkünften aus Gewerbebetrieb gehören auch:

1. Einkünfte aus bergbaulichen Unternehmungen;
2. bei persönlich haftenden Gesellschaftern einer Kommanditgesellschaft auf Aktien die Ver-

gütungen (Tantiemen) sowie die Gewinnanteile dieser Gesellschafter, welche auf ihre nicht auf das Grundkapital gemachten Einlagen entfallen;

3. bei Gesellschaftern einer offenen Handelsgesellschaft, einer Kommanditgesellschaft oder einer anderen Gesellschaft, bei der der Gesellschafter als Unternehmer (Mitunternehmer) des Gewerbebetriebs anzusehen ist, ihr Anteil am Geschäftsgewinne zuzüglich etwaiger besonderer Vergütungen, die der Gesellschafter für Mühewaltungen im Interesse der Gesellschaft für deren Rechnung bezogen hat.

§ 30. (1) Als Einkünfte aus Gewerbebetrieb gelten auch Gewinne, die erzielt werden bei der Veräußerung

1. des Gewerbebetriebs als ganzen oder eines Teiles des Gewerbebetriebs;
2. von Beteiligungen eines persönlich haftenden Gesellschafters einer Kommanditgesellschaft auf Aktien (§ 29 Nr. 2), von Anteilen eines Gesellschafters, der als Unternehmer (Mitunternehmer) des Betriebs anzusehen ist (§ 29 Nr. 3).

(2) Für die Ermittlung des Gewinns im Sinne des Abs. 1 gelten die Vorschriften der §§ 12, 13 mit der Maßgabe, daß der Veräußerungspreis mit dem Werte zu vergleichen ist, der am Schlusse des vorangegangenen Steuerabschnitts der Veranlagung zugrunde gelegen hat; hat der letzten Veranlagung ein Wert nicht zugrunde gelegen, so tritt an seine Stelle der Anschaffungs- oder Herstellungspreis im

Sinne des § 19 Abs. 2. Bei der Gegenüberstellung bleibt der Wert des Grund und Bodens insoweit außer Ansatz, als er bei der Gewinnermittlung während der Geschäftsführung nicht zu berücksichtigen ist.

(3) Der Veräußerung eines Gewerbebetriebs als ganzen oder eines Teiles des Gewerbebetriebs (Abs. 1 Nr. 1) steht es gleich, wenn Anteile an einer Erwerbsgesellschaft (Anteile einer G. m. b. H., Aktien, Kuxe, Genußscheine oder ähnliche Beteiligungen sowie Anwartschaften auf solche Beteiligungen) veräußert werden und der Veräußerer am Kapital der Gesellschaft wesentlich beteiligt war. Eine wesentliche Beteiligung liegt nur vor, wenn der Veräußerer oder seine Angehörigen im Sinne des § 47 Abs. 1 Nr. 2, 3 der Reichsabgabenordnung unmittelbar oder durch Vermittlung eines Treuhänders oder einer Erwerbsgesellschaft zusammen an der Gesellschaft zu mehr als einem Viertel beteiligt sind oder innerhalb der letzten zehn Jahre zu mehr als einem Viertel beteiligt waren. Satz 1 gilt nicht, wenn die im Steuerabschnitte veräußerten Anteile weniger als 2 vom Hundert des Kapitals der Gesellschaft ausmachen. Für die Ermittlung des Gewinns gilt die Vorschrift des § 7 Abs. 2 Nr. 2 mit der Maßgabe, daß als Einnahmen der Veräußerungspreis und als Ausgaben neben den Werbungskosten der auf die veräußerten Anteile entfallende Teil des Anschaffungspreises anzusetzen ist.

(4) Der Veräußerung eines Gewerbebetriebs als ganzen oder eines Teiles des Gewerbebetriebs

(Abs. 1 Nr. 1) steht es ferner gleich, wenn ein Gewerbebetrieb aufgegeben wird. Hierbei ist für die Ermittlung des Gewinns von den Veräußerungspreisen der einzelnen dem Betriebe gewidmeten Gegenstände auszugehen. Für Gegenstände, die nicht veräußert werden, tritt an Stelle des Veräußerungspreises der gemeine Wert im Zeitpunkt der Aufgabe. Waren an dem Gewerbebetriebe mehrere Unternehmer (Mitunternehmer) beteiligt und erfolgt die Aufgabe im Wege der Auseinandersetzung, so darf bei jedem einzelnen nicht mehr angesetzt werden, als der gemeine Wert der Gegenstände, die er bei der Auseinandersetzung erhalten hat.

§ 31. Hat im Falle des § 30 Abs. 1 Nr. 1 der Veräußerer das Betriebsvermögen innerhalb der letzten drei Jahre vor der Veräußerung unentgeltlich erworben, so ist auf Antrag auf die nach dem Veräußerungsgewinne (§ 30 Abs. 2) sich berechnende Einkommensteuer der Teil der Erbschaftsteuer anzurechnen, der auf den Unterschied zwischen dem der Veranlagung zur Erbschaftsteuer zugrunde gelegten und dem bei der Veranlagung des Rechtsvorgängers des Steuerpflichtigen zur Einkommensteuer zuletzt angesetzten Werte des Betriebsvermögens entfällt. Entspechendes gilt in den Fällen des § 30 Abs. 1 Nr. 2, Abs. 3, wenn der Veräußerer die Beteiligung oder die Anteile innerhalb der letzten drei Jahre vor der Veräußerung unentgeltlich erworben hat.

§ 32. Die Vorschriften der §§ 30, 31 finden nur Anwendung insoweit

a) bei Veräußerung des Gewerbebetriebs als ganzen der Gewinn den Betrag von 10 000 Reichsmark,

b) bei Veräußerung eines Teiles des Gewerbebetriebs, von Beteiligung oder Anteilen der Gewinn der dem Anteil entsprechenden Teil von 10 000 Reichsmark

übersteigt; der nach den Vorschriften der §§ 6 bis 25 für die Zeit von der letzten Veranlagung bis zur Veräußerung sich ergebende Gewinn gilt nicht als Veräußerungsgewinn im Sinne dieser Vorschrift.

§ 33. (1) Steht der Gewinn aus einem inländischen Gewerbebetrieb infolge besonderer Vereinbarungen des Steuerpflichtigen mit einem im Inland nicht unbeschränkt Steuerpflichtigen in offenbarem Mißverhältnis zu dem Gewinne, der sonst bei Geschäften gleicher oder ähnlicher Art erzielt wird, so kann dieser Gewinn, mindestens aber die übliche Verzinsung des dem Betriebe dienenden Kapitals bei der Einkommensermittlung für den inländischen Gewerbebetrieb angesetzt werden. Als Kapital im Sinne dieser Vorschrift gilt außer dem Anlagekapital auch das umlaufende Betriebskapital insbesondere Waren, Erzeugnisse und Vorräte.

(2) Die Vorschrift des Abs. 1 findet keine Anwendung, wenn der Steuerpflichtige nachweist, daß weder er am Vermögen oder am Gewinne des ausländischen Gewerbebetriebs noch dessen Inhaber am Gewinn oder am Vermögen seines Gewerbebetriebs wesentlich beteiligt ist; was als wesentliche Beteiligung anzusehen ist, bestimmt sich nach § 30 Abs. 3 Satz 2.

§ 34. (1) Ist bei beschränkter Steuerpflicht nach § 3 Abs. 2 Nr. 2 der inländische Gewerbebetrieb Zweigniederlassung eines ausländischen Unternehmens, so kann bei der Einkommensermittlung für den inländischen Gewerbebetrieb der Gewinn angesetzt werden, der sonst bei inländischen Geschäften gleicher oder ähnlicher Art erzielt worden wäre, wenn es sich um ein selbständiges Unternehmen handelte, mindestens aber die übliche Verzinsung des der inländischen Zweigniederlassung gewidmeten Kapitals. Als Kapital im Sinne dieser Vorschrift gilt außer dem Anlagekapital auch das umlaufende Betriebskapital, insbesondere Waren, Erzeugnisse und Vorräte. Die Vorschrift findet auch dann Anwendung, wenn nach den Maßnahmen der Geschäftsleitung der Gewinn zwischen der inländischen Zweigniederlassung und dem ausländischen Hauptunternehmen anderweit verteilt wird.

(2) Der Reichsminister der Finanzen oder das von ihm beauftragte Landesfinanzamt ist ermächtigt, im Einvernehmen mit der Landesregierung oder der von ihr bezeichneten Verwaltungsbehörde die Einkommensteuer auf Antrag des Steuerpflichtigen auch in einem Pauschbetrage festzusetzen.

3. Sonstige selbständige Berufstätigkeit

§ 35. (1) Zu den Einkünften aus sonstiger selbständiger Berufstätigkeit gehören insbesondere:

1. Einkünfte aus freien Berufen, insbesondere der Erwerb aus wissenschaftlicher, künstlerischer,

schriftstellerischer, unterrichtender oder erzieherischer Tätigkeit, aus der Berufstätigkeit der Ärzte, Rechtsanwälte, Architekten und Ingenieure;

2. andere Einkünfte aus selbständiger Arbeitstätigkeit, insbesondere Vergütungen für Vermögensverwaltungen und für Vollstreckung von Testamenten sowie Vergütungen (Tantiemen) oder unter sonstiger Benennung gewährte Bezüge, geldwerte Vorteile und Entschädigungen, die den Mitgliedern des Aufsichtsrats von Aktiengesellschaften, Kommanditgesellschaften auf Aktien, Gesellschaften mit beschränkter Haftung, Genossenschaften und von sonstigen Personenvereinigungen gewährt werden, bei denen der Steuerpflichtige nicht als Unternehmer (Mitunternehmer) anzusehen ist.

(2) Einkünfte der im Abs. 1 bezeichneten Art sind auch dann als Einkünfte aus sonstiger selbständiger Berufstätigkeit anzusehen, wenn es sich nur um eine vorübergehende Tätigkeit handelt.

4. Nichtselbständige Arbeit

§ 36. (1) Zu den Einkünften aus nichtselbständiger Arbeit (Arbeitslohn) gehören, ohne Rücksicht darauf, ob es sich um eine nachhaltige Tätigkeit handelt oder nicht, insbesondere:

1. Gehälter, Besoldungen, Löhne, Tantiemen, Gratifikationen oder unter sonstiger Benennung gewährte Bezüge, geldwerte Vorteile und Entschädigungen der in öffentlichem oder

privatem Dienste angestellten oder beschäftigten Personen;

2. Wartegelder, Ruhegehälter, Witwen- und Waisenpensionen und andere Bezüge oder geldwerte Vorteile für frühere Dienstleistung.

(2) Zum Arbeitlohne gehören nicht:

1. die aus öffentlichen Kassen gewährten Aufwandsentschädigungen, Tagegelder und Reisekosten. Zu den Aufwandsentschädigungen der im öffentlichen Dienste angestellten Personen gehört auch der nach ausdrücklicher Anordnung zur Bestreitung des Dienstaufwands bestimmte Teil des Gehalts oder einer etwaigen Zulage;
2. Entschädigungen, die den im privaten Dienste angestellten Personen nach ausdrücklicher Vereinbarung zur Bestreitung des durch den Dienst veranlaßten Aufwandes gezahlt werden, wenn sie nur in Höhe des nachgewiesenen Dienstaufwandes gewährt werden oder die tatsächlichen Aufwendungen offenbar nicht übersteigen; dazu gehört auch die Entschädigung für vom Arbeitnehmer gestellte Arbeitsmittel.

(3) Zum Arbeitslohne gehören nicht Entgelte für Lieferungen und sonstige Leistungen, die der Umsatzsteuer auf Grund des Umsatzsteuergesetzes unterliegen.

(4) Der Reichsminister der Finanzen kann für bestimmte Gruppen von Fällen entscheiden, ob das Entgelt für eine Leistung als Arbeitslohn anzusehen oder umsatzsteuerpflichtig ist.

5. Kapitalvermögen

§ 37. (1) Zu den Einkünften aus Kapitalvermögen gehören insbesondere:

1. Dividenden, Zinsen, Ausbeuten und sonstige Gewinne, welche entfallen auf Aktien, Kuxe, Genußscheine sowie auf Anteile an der Reichsbank, an Kolonialgesellschaften, an bergbautreibenden Vereinigungen, welche die Rechte einer juristischen Person haben, an Gesellschaften mit beschränkter Haftung und an Genossenschaften;
2. Einkünfte aus der Beteiligung an einem Handelsgewerbe als stiller Gesellschafter;
3. Zinsen von Anleihen, die in öffentlichen Schuldbüchern eingetragen oder über die Teilschuldverschreibungen ausgegeben sind;
4. Zinsen aus Kapitalforderungen jeder Art einschließlich der Zinsen aus Einlagen und Guthaben bei Sparkassen, Banken und andern Kreditanstalten;
5. Zinsen von Hypotheken und Grundschulden, Renten von Rentenschulden. Bei Tilgungshypotheken und Tilgungsgrundschulden gilt nur der Teil der Zahlung als Kapitalertrag, der auf den jeweiligen Kapitalrest als Zins entrichtet wird;
6. Diskontbeträge von Wechseln und Anweisungen einschließlich der Schatzwechsel, soweit es sich um Kapitalanlagen handelt.

(2) Als Einkünfte aus Kapitalvermögen im Sinne des Abs. 1 gelten auch

1. besondere Entgelte oder Vorteile, die neben Kapitalerträgen der im Abs. 1 genannten Art oder an deren Stelle gewährt werden;
2. Einkünfte aus der Veräußerung von Dividenden und Zinsscheinen sowie sonstigen Gewinnen, sofern die dazu gehörigen Aktien, Schuldverschreibungen und sonstigen Anteile im Eigentume des Steuerpflichtigen bleiben.

(3) Soweit Kapitalerträge der in Abs. 1 und 2 bezeichneten Art in einem land- und forstwirtschaftlichen oder gewerblichen Betrieb anfallen, gelten sie als Einkünfte aus dem Betriebe der Land- oder Forstwirtschaft oder aus Gewerbebetrieb.

6. Vermietung und Verpachtung von unbeweglichem Vermögen, Sachinbegriffen und Rechten

§ 38. (1) Zu den Einkünften aus Vermietung und Verpachtung von unbeweglichem Vermögen, Sachinbegriffen und Rechten gehören insbesondere:

1. Einkünfte aus Vermietung, Verpachtung und sonstiger zeitlich begrenzter Überlassung von Grundstücken, Gebäuden und Gebäudeteilen, von Schiffen, die ins Schiffsregister eingetragen sind, sowie von Rechten, auf die die Vorschriften des bürgerlichen Rechtes über Grundstücke Anwendung finden;
2. Einkünfte aus Vermietung, Verpachtung und sonstiger zeitlich begrenzter Überlassung von landwitschaftlichem Inventar, von beweglichem Betriebsvermögen und von einer zur

Ausübung einer selbständigen Berufstätigkeit dienenden Einrichtung;

3. Einkünfte aus Verpachtung oder sonstiger zeitlich begrenzter Überlassung von literarischen, künstlerischen und gewerblichen Urheberrechten, von Rechten, Gerechtigkeiten und Gefällen, soweit diese Einkünfte nicht den Einkünften aus Gewerbebetrieb oder aus sonstiger selbständiger Berufstätigkeit zuzurechnen sind.

(2) Als Einkünfte im Sinne des Abs. 1 gelten auch Einkünfte aus der Veräußerung von Miet- und Pachtzinsforderungen, und zwar auch dann, wenn die Einkünfte im Veräußerungspreise von Grundstücken enthalten sind und die Miet- oder Pachtzinsen sich auf einen Zeitraum beziehen, in dem der Veräußerer noch Besitzer war.

(3) Den Einkünften aus Vermietung und Verpachtung werden der Wert der Nutzung einer Wohnung im eigenen Hause und einer dem Steuerpflichtigen ganz oder teilweise unentgeltlich überlassenen Wohnung einschließlich der zugehörigen sonstigen Räume, Gärten und Parkanlagen gleichgestellt, soweit der Wert nicht schon nach § 27 Nr. 1 bei Einkünften anderer Art einbezogen worden ist.

(4) Soweit Einkünfte der im Abs. 1 bis 3 bezeichneten Art in einem land- und forstwirtschaftlichen oder gewerblichen Betrieb anfallen oder zu den Einkünften aus sonstiger selbständiger Berufstätigkeit, aus nichtselbständiger Arbeit oder zu andern wiederkehrenden Bezügen gehören, sind sie diesen Einkünften zuzurechnen.

§ 39. Bei Einkünften aus Vermietung und Verpachtung sind für die Einkommensermittlung dem Pacht- oder Mietszins die dem Pächter oder Mieter zum Vorteil des Verpächters oder Vermieters obliegenden Natural- oder sonstigen Nebenleistungen sowie die dem Verpächter oder Vermieter vorbehaltenen Nutzungen hinzuzurechnen; abzurechnen sind die dem Verpächter oder Vermieter obliegenden, abzugsfähigen Lasten.

7. Andere wiederkehrende Bezüge

§ 40. Zu den andern wiederkehrenden Bezügen gehören insbesondere:

1. vererbliche Renten;
2. Leibrenten, Leibgedinge, Zeitrenten und andere unvererbliche Renten;
3. Zuschüsse und sonstige Vorteile, die als wiederkehrende Bezüge gewährt werden, und zwar auch dann, wenn ein klagbarer Anspruch auf sie nicht besteht. Ist die Zuwendung freiwillig oder zur Erfüllung einer gesetzlichen Unterhaltspflicht erfolgt, so hat sie der Empfänger nicht zu versteuern, wenn der Geber unbeschränkt steuerpflichtig ist (§ 2).

8. Sonstige Leistungsgewinne

§ 41. (1) Sonstige Leistungsgewinne sind

1. Einkünfte aus Veräußerungsgeschäften in den Grenzen des § 42, es sei denn, daß es sich um Gegenstände handelt, deren Wert bei einer Gewinnermittlung nach §§ 12, 13 oder

bei Einkünften der im § 6 Abs. 1 Nr. 4 bis 7 bezeichneten Art als Einnahme in Ansatz gebracht wird;

2. Einkünfte, soweit sie infolge einer anderen Tätigkeit anfallen, die nicht zu den im § 6 Abs. 1 Nr. 1 bis 4, 6 bezeichneten gehört, insbesondere Einkünfte aus gelegentlichen Vermittlungen und aus der Vermietung beweglicher Gegenstände einschließlich der Schiffe, die nicht ins Schiffsregister eingetragen sind.

(2) Einkünfte der im Abs. 1 Nr. 2 genannten Art unterliegen der Besteuerung nur, wenn die Einnahmen im Steuerabschnitt den Betrag von 500 Reichsmark überstiegen haben.

§ 42. (1) Einkünfte aus Veräußerungsgeschäften unterliegen der Besteuerung nur, wenn sie als Spekulationsgeschäfte anzusehen sind. Als Spekulationsgeschäfte gelten vorbehaltlich des Abs. 2 Veräußerungsgeschäfte,

1. wenn der Zeitraum zwischen Anschaffung und Veräußerung
   a) bei Grundstücken weniger als 2 Jahre,
   b) bei andern Gegenständen, inbesondere Wertpapieren, weniger als 3 Monate beträgt oder
2. wenn es sich um Geschäfte handelt, bei denen der Erwerb der Veräußerung zeitlich folgt.

(2) Einkünfte aus Veräußerungsgeschäften bleiben steuerfrei, wenn

1. der veräußerte Gegenstand nicht zum vermögensteuerpflichtigen Vermögen des Veräußerers gehört;

2. der im Steuerabschnitt aus Veräußerungsgeschäften erzielte Gewinn insgesamt weniger als 1000 Reichsmark beträgt;
3. der Steuerpflichtige dartut, daß der veräußerte Gegenstand nicht zum Zwecke gewinnbringender Wiederveräußerung erworben worden ist.

(3) Verluste aus Veräußerungsgeschäften im Sinne des Abs. 1 können nur bis zur Höhe der im gleichen Steuerabschnitt erzielten und der Besteuerung unterliegenden Veräußerungsgewinne abgezogen werden.

§ 43. Für die Ermittlung des Gewinns und des Verlustes bei Veräußerungsgeschäften (§ 41 Abs. 1 Nr. 1, § 42) sind als Einnahmen der Veräußerungspreis und als Ausgaben neben den Werbungskosten der Anschaffungspreis anzusetzen; zu den Werbungskosten gehört auch die Wertzuwachssteuer. Ist der Anschaffungspreis nicht zu ermitteln, so gilt als solcher der gemeine Wert, den der Gegenstand zur Zeit des Erwerbes gehabt hat.

9. Gemeinsame Vorschriften

§ 44. Zu den Einkünften der im § 6 bezeichneten Art gehören außer den in §§ 26 bis 40, § 41 Abs. 1 Nr. 2 den einzelnen Einkommensarten ausdrücklich zugewiesenen insbesondere:

1. Entschädigungen, die als Ersatz für entgehende Einnahmen oder für die Aufgabe einer Tätigkeit, einer Gewinnbeteiligung oder einer Anwartschaft auf eine solche gewährt werden;
2. Einkünfte, die dem Steuerpflichtigen aus einer ehemaligen Tätigkeit im Sinne des § 6 Abs. 1

Nr. 1 bis 4 oder aus einem erloschenen Rechtsverhältnis im Sinne des § 6 Abs. 1 Nr. 5 bis 8 zufließen; dies gilt auch dann, wenn diese Einkünfte dem Steuerpflichtigen als Rechtsnachfolger zufließen.

§ 45. Für die Einreihung unter die Einkünfte im Sinne des § 6 Abs. 1 bis 3 ist es ohne Bedeutung, ob der Unternehmer oder der Berufstätige Eigentümer, Nießbraucher, Pächter oder ein sonstiger Nutzungsberechtigter ist. Einkünfte aus Verpachtung (§ 38) gehören im Sinne dieses Gesetzes nicht zu den Einkünften der im § 6 Abs. 1 Nr. 1 bis 3 bezeichneten Art.

§ 46. Als Hilfsmittel für die Besteuerung können Durchschnittssätze für das Einkommen oder für seine Ermittlungsgrundlagen festgesetzt werden; hierbei ist die Landesregierung oder die von ihr bezeichnete Verwaltungsbehörde zu beteiligen. Die Durchschnittssätze sind der Feststellung des Einkommens zugrunde zu legen, es sei denn, daß der Steuerpflichtige in seiner Steuererklärung abweichende Angaben macht und sie entweder beweist oder so belegt, daß eine von den Durchschnittssätzen abweichende Schätzung geboten ist.

§ 47. Bei Steuerpflichtigen, die durch Zuzug aus dem Ausland unbeschränkt steuerpflichtig werden, kann der Reichsminister der Finanzen anordnen, daß im einzelnen Falle oder in bestimmten Gruppen von Fällen für die Dauer von fünf Jahren seit Begründung der unbeschränkten Steuerpflicht von der Heranziehung von Einkünften bestimmter Art, insbesondere von der Heranziehung des ausländischen Einkommens, ganz oder teilweise abgesehen wird oder daß solche Personen nach Maßgabe ihres inländischen Verbrauchs besteuert werden; der Reichsminister der Finanzen oder das von ihm beauftragte Landesfinanzamt kann in solchen Fällen im Einvernehmen mit dem Steuerpflichtigen die Einkommensteuer auch in einem Pauschbetrage festsetzen.

§ 48. Der Reichsminister der Finanzen wird ermächtigt, mit Zustimmung des Reichsrats Richtlinien darüber zu erlassen, was als inländisches Einkommen (§ 3) bei beschränkt Steuerpflichtigen anzusehen ist, bei denen eine gesonderte Berechnung des Einkommens aus inländischer Erwerbs- oder Berufstätigkeit (§ 3 Abs. 2 Nr. 1 bis 4) nicht möglich ist. Der Reichsminister der Finanzen oder das von ihm beauftragte Landesfinanzamt kann in solchen Fällen auf Antrag des Steuerpflichtigen die Steuer für das inländische Einkommen auch in einem Pauschbetrage festsetzen.

IV. Besteuerung nach dem Verbrauch

§ 49. (1) Steht das festgestellte Einkommen eines unbeschränkt Steuerpflichtigen unter Berücksichtigung der gesamten Lebensverhältnisse in einem offenbaren Mißverhältnis zu seinem Verbrauche, so kann dieser an Stelle des Einkommens der Besteuerung zugrunde gelegt werden, soweit der Steuerpflichtige nicht nachweist, daß er seinen Verbrauch aus Bezügen bestritten hat, die nach §§ 8, 9, 40 Nr. 3 Satz 2 bei Ermittlung des Einkommens außer Ansatz bleiben, oder daß der Verbrauch in Ausgaben besteht, die nach § 40 Nr. 3 Satz 1 bei einem andern Steuerpflichtigen als wiederkehrende Bezüge besteuert werden.

(2) Verbrauch im Sinne des Abs. 1 sind insbesondere die zur Bestreitung des Haushalts und der Lebensführung des Steuerpflichtigen einschließlich der zu seinem und seiner Familienangehörigen Unterhalt aufgewendeten Beträge sowie die Ausgaben zum Erwerbe von Gegenständen, die beim Steuerpflichtigen nicht der Vermögensteuer unterliegen.

(3) Zum Verbrauche gehören nicht Ausgaben

a) für Aussteuern und Ausstattungen, soweit sie das den Verhältnissen des Steuerpflichtigen entsprechende Maß nicht übersteigen;
b) für Schuldzinsen, Renten und dauernde Lasten im Sinne des § 15 Abs. 1 Nr. 3;
c) für Steuern vom Einkommen, Vermögen, Grundbesitz und Gewerbebetrieb;
d) für Sonderleistungen im Sinne des § 17 sowie einmalige und wiederkehrende Beiträge an inländische Vereinigungen, die ausschließlich wissenschaftliche, künstlerische, kirchliche, mildtätige oder gemeinnützige Zwecke verfolgen;
e) für Arzneien und andere Gegenstände zu Heilzwecken oder zum Ausgleich körperlicher Gebrechen.

(4) Neben den im Abs. 3 bezeichneten Ausgaben können auf Antrag auch unberücksichtigt bleiben:

a) Ausgaben, die durch Krankheiten oder Unglücksfälle verursacht worden sind;

b) außergewöhnliche Aufwendungen, die durch die Geburt, den Unterhalt oder die Erziehung eines Kindes notwendig geworden sind;

c) Aufwendungen für Angestellte oder frühere Angestellte, sofern diese Ausgaben aus sozialen Gründen erforderlich erscheinen.

(5) Ein offenbares Mißverhältnis zwischen dem Einkommen und dem Verbrauche kann nur dann angenommen werden, wenn der Verbrauch mindestens um die Hälfte höher ist als das Einkommen. Die Vorschrift des Abs. 1 findet ferner keine Anwendung, wenn der Steuerpflichtige nachweist, daß er den Verbrauch aus Vermögen bestritten hat, das bei seinem Entstehen in den letzten drei Jahren der Besteuerung nach dem Einkommensteuergesetz unterlegen hat.

(6) Die Vorschrift des Abs. 1 findet nur Anwendung, wenn der Verbrauch mindestens 15 000 Reichsmark jährlich beträgt.

V. Steuertarif

§ 50. (1) Die Einkommensteuer wird nicht festgesetzt, wenn die Einnahmen des Steuerpflichtigen weniger als 1100 Reichsmark im Jahre betragen.

(2) Der Betrag von 1100 Reichsmark erhöht sich für die zur Haushaltung des Steuerpflichtigen zählende Ehefrau und die zu seiner Haushaltung zählenden minderjährigen Kinder (§ 23 Abs. 2) um folgende Beträge:

1. für die Ehefrau um 100 Reichsmark,
2. für das erste Kind um 100 „ ,

3. für das zweite Kind um 180 Reichsmark,
4. für das dritte Kind um 360 „ ,
5. für das vierte und jedes folgende Kind um je 450 „

im Jahre. Kinder im Alter von mehr als 18 Jahren, die Einkünfte im Sinne des § 6 Abs. 1 Nr. 3 oder 4 beziehen, werden nicht gerechnet.

(3) Die Vorschriften der §§ 93, 94, 102 Abs. 3 bleiben unberührt.

§ 51. Sofern nicht höhere Abzüge für Sonderleistungen (§ 17) im einzelnen geltend gemacht werden, sind für Abgeltung der Sonderleistungen 180 Reichsmark vom Gesamtbetrage der Einnahmen abzuziehen.

§ 52. (1) Vom Einkommen sind für die Festsetzung der Einkommensteuer folgende Beträge im Jahre abzuziehen:

1. 600 Reichsmark als steuerfreier Einkommensteil, sofern das Einkommen des Steuerpflichtigen den Betrag von 10 000 Reichsmark im Jahre nicht übersteigt,
2. für die zur Haushaltung des Steuerpflichtigen zählende Ehefrau und jedes zu seiner Haushaltung zählende minderjährige Kind (§ 23 Abs. 2) je 8 vom Hundert des über 600 Reichsmark (Nr. 1) hinausgehenden Einkommens, höchstens je 540 Reichsmark für die Ehefrau und jedes Kind, insgesamt aber nicht mehr als 8 000 Reichsmark. Es bleiben aber

a) für die Ehefrau 100 Reichsmark,
b) für das erste Kind 100 „
c) für das zweite Kind 180 „

d) für das dritte Kind 360 Reichsmark,
e) für das vierte und jedes folgende Kind je 450 „

steuerfrei, wenn der nach Buchstabe a bis e insgesamt steuerfrei bleibende Betrag höher ist als der nach Satz 1 insgesamt steuerfrei bleibende Betrag. Kinder im Alter von mehr als 18 Jahren, die Einkünfte im Sinne des § 6 Abs. 1 Nr. 3 oder 4 beziehen, werden nicht gerechnet.

(2) Beträgt der Steuerabschnitt weniger als ein Jahr oder wird das Einkommen des Steuerpflichtigen, seiner Ehefrau und seiner minderjährigen Kinder nach §§ 22, 23 nicht oder nicht für das ganze Jahr zusammengerechnet, so mindern sich die im Abs. 1 genannten Beträge in dem Verhältnis, in dem die Zahl der vollen Monate, für die die Veranlagung oder Zusammenrechnung erfolgt, zu zwölf Monaten steht.

(3) Die im Abs. 1, 2 bezeichneten Beträge dürfen insoweit nicht abgezogen werden, als sie bereits beim Steuerabzuge vom Arbeitslohne berücksichtigt worden sind.

§ 53. (1) Bestehen die Einnahmen des Steuerpflichtigen ganz oder zum Teil aus Arbeitslohn, so sind in jedem Falle vom Arbeitslohne die Beträge abzuziehen, die nach § 70 Abs. 1 vom Steuerabzuge frei geblieben sind.

(2) Bestehen die Einnahmen eines Steuerpflichtigen hauptsächlich aus Arbeitslohn, so treten für die ersten 8 000 Reichsmark des Einkommens an die

Stelle der im § 52 Abs. 1 Nr. 2 genannten Beträge die im § 70 Abs. 2 genannten Beträge.

§ 54. Zur Berechnung der Einkommensteuer wird das nach §§ 51 bis 53 verminderte Einkommen auf volle 10 Reichsmark nach unten abgerundet.

§ 55. Die Einkommensteuer beträgt:

für die ersten angefangenen oder vollen 8000 Reichsmark des Einkommens 10 vom Hundert,

für die weiteren angefangenen oder vollen 4000 Reichsmark des Einkommens $12^1/_2$ vom Hundert,

für die weiteren angefangenen oder vollen 4000 Reichsmark des Einkommens 15 vom Hundert,

für die weiteren angefangenen oder vollen 4000 Reichsmark des Einkommens 20 vom Hundert,

für die weiteren angefangenen oder vollen 8000 Reichsmark des Einkommens 25 vom Hundert,

für die weiteren angefangenen oder vollen 18000 Reichsmark des Einkommens 30 vom Hundert,

für die weiteren angefangenen oder vollen 34000 Reichsmark des Einkommens 35 vom Hundert,

für die weiteren Beträge des Einkommens 40 vom Hundert.

§ 56. (1) Bei der Veranlagung können besondere wirtschaftliche Verhältnisse, die die Leistungsfähigkeit des Steuerpflichtigen wesentlich beeinträchtigen, durch Ermäßigung oder Erlaß der Einkommensteuer berücksichtigt werden, wenn das Einkommen 30 000 Reichsmark nicht übersteigt. Als Verhältnisse dieser Art gelten insbesondere außergewöhnliche Belastungen durch Unterhalt oder Erziehung einschließlich Berufsausbildung der Kinder, durch gesetzliche oder sittliche Verpflichtung zum Unterhalte mittelloser Angehöriger, auch wenn sie nicht zur Haushaltung des Steuerpflichtigen zählen, durch Krankheit, Körperverletzung, Verschuldung, Unglücksfälle (darunter auch außerordentliche Ernte- und Hochwasserschäden) oder durch besondere Aufwendungen im Haushalt, die durch Erwerbstätigkeit einer Witwe mit minderjährigen Kindern veranlaßt worden sind.

(2) In Ausführung des Abs. 1 können die im § 52 Abs. 1 Nr. 2 vorgesehenen Ermäßigungen auch

a) für die Ehefrau und die minderjährigen Kinder, die nicht zur Haushaltung des Steuerpflichtigen zählen,

b) für uneheliche minderjährige Kinder, die nicht zur Haushaltung des Steuerpflichtigen zählen,

gewährt werden, wenn sie vom Steuerpflichtigen ganz oder im wesentlichen unterhalten werden.

§ 57. Sind in dem Einkommen eines unbeschränkt Steuerpflichtigen Gewinne aus Anteilen an einer unbeschränkt körperschaftsteuerpflichtigen Gesellschaft mit beschränkter Haftung enthalten und beträgt das Gesamteinkommen des Steuerpflichtigen nicht mehr als 20 000 Reichsmark, so ermäßigt sich die Einkommensteuer um 10 vom Hundert der Gewinne, jedoch höchstens um 10 vom Hundert von 5000 Reichsmark.

§ 58. (1) Übersteigt das Einkommen den Betrag von 8000 Reichsmark im Jahre und sind darin außerordentliche, nicht regelmäßig wiederkehrende Einkünfte sowie Einkünfte enthalten, welche die Entlohnung für eine sich über mehrere Jahre erstreckende Tätigkeit darstellen, so ist die Steuer auf Antrag des Steuerpflichtigen nach Maßgabe des Abs. 2 zu ermäßigen.

(2) Die Steuer für das Einkommen, das nicht aus Einkünften der im Abs. 1 bezeichneten Art besteht, wird nach § 55 für sich berechnet; dem sich ergebenden Betrage sind als Steuer für die im Abs. 1 bezeichneten Einkünfte hinzuzurechnen,

a) wenn es sich um Bezüge im Sinne der §§ 9, 38, 51, 79 des Wehrmachtversorgungsgesetzes vom 4. August 1921 (Reichsgesetzbl. S. 993) in der Fassung des Gesetzes vom 22. Juni 1923 (Reichsgesetzbl. I S. 409) handelt, 10 vom Hundert dieser Einkommensteile; im übrigen

b) wenn das Einkommen den Betrag von 30 000 Reichsmark nicht übersteigt, mindestens 10 aber nicht mehr als 15 vom Hundert der genannten Einkommensteile;

c) wenn das Einkommen den Betrag von 30 000 Reichsmark übersteigt, mindestens 15 aber nicht mehr als 20 vom Hundert der genannten Einkommensteile.

(3) Als außerordentliche, nicht regelmäßig wiederkehrende Einkünfte im Sinne dieser Vorschrift gelten:

1. Einkünfte aus der Veräußerung eines Gewerbebetriebs im Sinne des § 30; hierzu gehört nicht der nach den Vorschriften der §§ 6 bis 25 für die Zeit von der letzten Veranlagung bis zur Veräußerung sich ergebende Gewinn;
2. Entschädigungen im Sinne des § 44 Nr. 1;
3. Zinsen, die gemäß §§ 14, 34, 43 des Gesetzes über die Ablösung öffentlicher Anleihen vom 16. Juli 1925 (Reichsgesetzbl. I S. 137) bei der Einlösung von Auslosungsrechten bezogen werden.

§ 59. (1) Bei Einkünften aus Forstwirtschaft wird auf Antrag des Steuerpflichtigen die Steuer für außerordentliche Waldnutzungen gemäß § 55 getrennt berechnet und der Steuer hinzugezählt, die sich nach § 55 für das übrige Einkommen ergibt. Hierbei dürfen bei der Steuer für die Waldnutzung Ermäßigungen nach § 52 nur noch insoweit vorgenommen werden, als sie nicht bereits bei Berechnung der Steuer für das übrige Einkommen berücksichtigt worden sind. Als außerordentliche Waldnutzungen im Sinne des Satzes 1 gelten ohne Unterschied der Betriebsart alle aus wirtschaftlichen Gründen gebotenen Nutzungen, die über die nach forstwirtschaftlichen Grundsätzen nachhaltig zu erzielenden jährlichen regelmäßigen Nutzungen hinausgehen.

(2) Bei außerordentlichen Waldnutzungen infolge höherer Gewalt (Eis-, Schnee-, Windbruch, Raupen-

fraß oder Brand) findet ohne Unterschied der Betriebsart die Vorschrift des Abs. 1 mit der Maßgabe entsprechende Anwendung, daß der nach Abs. 1 auf den außerordentlichen Mehrerlös entfallende Teil der Einkommensteuer um die Hälfte des Betrags ermäßigt wird.

§ 60. (1) Bei beschränkt Steuerpflichtigen (§ 3) beträgt für Einkünfte der im § 3 Abs. 2 Nr. 4 bis 11 bezeichneten Art, die nicht in einem land- oder forstwirtschaftlichen oder gewerblichen Betrieb anfallen, die Steuer 10 vom Hundert, auch wenn das Einkommen 8000 Reichsmark übersteigt.

(2) Die Vorschriften der §§ 50 bis 53, 56 finden auf beschränkt Steuerpflichtige (§ 3) keine Anwendung.

VI. Verfahren

1. Allgemeine Vorschriften

§ 61. (1) Zur Abgabe einer Steuererklärung sind verpflichtet:

1. Steuerpflichtige, deren Einkommen im Steuerabschnitt den Betrag von 8000 Reichsmark überstiegen hat;
2. ohne Rücksicht auf die Höhe des Einkommens Steuerpflichtige, bei denen der Gewinn auf Grundlage des Abschlusses ihrer Bücher zu ermitteln ist;
3. ohne Rücksicht auf die Höhe des Einkommens Steuerpflichtige, die hierzu vom Finanzamt besonders aufgefordert werden.

Im übrigen erläßt der Reichsminister der Finanzen die näheren Bestimmungen über Umfang und Inhalt der Steuererklärung sowie über den Zeitpunkt der Abgabe. Die Verpflichtung kann auf die Abgabe einer Erklärung über die Höhe des Verbrauchs ausgedehnt werden. Steuerpflichtige, die zur Abgabe einer Erklärung nicht verpflichtet sind, können innerhalb der für die Abgabe von Steuererklärungen allgemein festgesetzten Frist eine Steuererklärung abgeben.

(2) Zur Vorbereitung der Festsetzung von Durchschnittsätzen (§ 46) können die Finanzbehörden nach näherer Bestimmung des Reichsministers der Finanzen auch schon vor Beginn der Steuerveranlagung Auskünfte, Gutachten und andere Unterlagen einfordern. Sämtliche Rechte, die den Finanzämtern im Steuerermittlungs- und Steueraufsichtsverfahren zustehen, können von den Finanzbehörden für die Vorbereitung der Festsetzung von Durchschnittsätzen sinngemäß ausgeübt werden.

§ 62. (1) Nach näherer Bestimmung des Reichsministers der Finanzen hat jeder darüber Aufschluß zu geben, ob er zur Einkommensteuer für den letzten Steuerabschnitt veranlagt worden ist und für den laufenden Steuerabschnitt zu Vorauszahlungen oder zum Steuerabzuge herangezogen wird. Durch diese Bestimmungen können Meldepflichten und besondere Ausweise über die Erfüllung der steuerlichen Verpflichtungen vorgeschrieben werden.

(2) Der Reichsminister der Finanzen regelt das bei der Durchführung der Vorschrift des Abs. 1 zu beobachtende Verfahren.

(3) Die im Abs. 1, 2 vorgesehenen Bestimmungen bedürfen der Zustimmung des Reichsrats.

§ 63. (1) Wer Personen gegen Gehalt, Lohn oder sonstiges Entgelt länger als zwei Monate beschäftigt hat, ist verpflichtet, nach näherer Anordnung des Reichsministers der Finanzen Namen, Stellung und Wohnung sowie die von ihm herrührenden Einnahmen dieser Personen dem Finanzamt mitzuteilen.

(2) Die gleiche Verpflichtung besteht für die Vorstände juristischer Personen und von Vereinen aller Art sowie für die Vorstände aller Stellen, Behörden und Anstalten des öffentlichen Dienstes hinsichtlich der Berufs-, Pensions- und sonstigen Bezüge ihrer Beamten, Angestellten, Bediensteten sowie der Empfänger von Ruhegehältern, Witwen- und Waisenpensionen oder Unterhaltsbeiträgen.

§ 64. Soweit die Veranlagung zur Festsetzung eines Steuerbetrags führt, erteilt das Finanzamt dem Steuerpflichtigen einen schriftlichen Bescheid.

2. Einheitliche Feststellung bei Beteiligung mehrerer an den Einkünften

§ 65. (1) Einheitlich sollen festgestellt werden:

1. bei Land- und Forstwirtschaft (§ 6 Abs. 1 Nr. 1) der gesamte im Betrieb erzielte Gewinn (§ 7 Abs. 2 Nr. 1), sofern der Betrieb von mehreren auf gemeinsame Rechnung ausgeübt wird;
2. bei Gewerbebetrieb (§ 6 Abs. 1 Nr. 2) der Geschäftsgewinn einer Gesellschaft oder Gemeinschaft, an der mehrere Personen als Unternehmer (Mitunternehmer des Betriebs) beteiligt sind;

3. bei sonstiger selbständiger Berufstätigkeit (§ 6 Abs. 1 Nr. 3) der Gewinn (§ 7 Abs. 2 Nr. 1), sofern an ihm mehrere mitberechtigt sind;

4. bei Vermietung und Verpachtung von unbeweglichem Vermögen (§ 38 Abs. 1 Nr. 1) der Überschuß der Einnahmen über die Ausgaben (§ 7 Abs. 2 Nr. 2), sofern dieser auf Grund Eigentums oder dinglichen Nutzungsrechts mehreren zufließt.

(2) Die Vorschriften des Abs. 1 gelten nur, wenn das unbewegliche Vermögen (Abs. 1 Nr. 1, 4) im Inland belegen oder in ein inländisches öffentliches Buch oder Register eingetragen ist oder wenn die Gesellschaft oder die Gemeinschaft (Abs. 1 Nr. 2) Sitz oder Ort der Leitung im Inland hat. Von Anwendung der Vorschriften kann in Fällen von geringerer Bedeutung abgesehen werden.

(3) Hört die Gesellschaft oder Gemeinschaft vor Abschluß des Verfahrens auf zu bestehen, so gilt sie für die Durchführung des Verfahrens als fortbestehend.

(4) Die näheren Bestimmungen, insbesondere über die Zuständigkeit, erläßt der Reichsminister der Finanzen.

§ 66. (1) Über die Höhe des festgestellten Gewinns oder Überschusses (§ 65 Abs. 1) ist ein schriftlicher Bescheid (Feststellungsbescheid) zu erteilen. Der Feststellungsbescheid gilt als Steuerbescheid im Sinne der Reichsabgabenordnung.

(2) In den Fällen des § 65 Abs. 1 Nr. 2 sind zur Einlegung von Rechtsmitteln außer dem Vorsteher des Finanzamts (§§ 245, 265 der Reichsabgabenordnung) nur die zur Geschäftsführung befugten Gesellschafter berechtigt. Andere Personen sind auch nicht befugt, dem Rechtsmittel beizutreten.

(3) In den Fällen des § 65 Abs. 1 Nr. 1, 3, 4 ist jeder Mitberechtigte zur Einlegung von Rechtsmitteln befugt. Mehrere Rechtsmittel gleicher Art sind zu verbinden. Die Rechtsmittelentscheidungen haben Wirksamkeit für und gegen alle Mitberechtigten.

§ 67. (1) Der in dem Feststellungsbescheide festgestellte Betrag ist für die Veranlagung jedes einzelnen der beteiligten Gesellschafter oder Mitberechtigten zur Einkommensteuer maßgebend, auch wenn der Feststellungsbescheid noch nicht unanfechtbar geworden ist. Der Einkommensteuerbescheid kann nicht mit der Begründung angefochten werden, daß der gesamte Gewinn (§ 65 Abs. 1 Nr. 1, 2, 3) oder der gesamte Überschuß der Einnahmen über die Ausgaben (§ 65 Abs. 1 Nr. 4) in dem Feststellungsbescheid unrichtig festgestellt worden sei.

(2) Wird der Feststellungsbescheid nach Erteilung des Einkommensteuerbescheids durch Rechtsmittelentscheidung, Neufeststellung, Berichtigung oder eine andere Verfügung abgeändert und ist die abändernde Entscheidung unanfechtbar geworden, so ist der Einkommensteuerbescheid von Amts wegen entsprechend berichtigen, auch wenn er bereits unanfechtbar geworden war.

VII. Entrichtung der Steuer

§ 68. Soweit die Steuer nicht nach den §§ 69 bis 82 durch Steuerabzug vom Arbeitslohn oder nach §§ 83 bis 88 durch Steuerabzug vom Kapitalertrag erhoben worden ist, sind nach den §§ 95 bis 103 Vorauszahlungen und Abschlußzahlung zu entrichten.

1. Steuerabzug vom Arbeitslohn

§ 69. (1) Bei Einkünften aus nichtselbständiger Arbeit (Arbeitslohn) wird die Steuer durch Einbehaltung eines Lohnteils erhoben (Steuerabzug vom Arbeitslohn); der Steuerabzug ist vom Arbeitgeber zu bewirken.

(2) Besteht der Arbeitslohn ganz oder teilweise aus Sachbezügen und reicht der Barlohn zur Deckung der unter Berücksichtigung des Wertes der Sachbezüge einzubehaltenden Steuer nicht aus, so hat der Arbeitnehmer dem Arbeitgeber den zur Deckung der Steuer erforderlichen Betrag, soweit er nicht durch den Barlohn gedeckt ist, zu zahlen. Soweit der Arbeitnehmer dieser Verpflichtung nicht nachkommt, hat der Arbeitgeber einen dem Betrag im Werte entsprechenden Teil der Sachbezüge nach seiner Wahl zurückbehalten und daraus die Steuer zu decken.

§ 70. (1) Vom Arbeitslohn bleiben für den Arbeitnehmer

a) 600 Reichsmark jährlich (50 Reichsmark monatlich, 12 Reichsmark wöchentlich) als steuerfreier Lohnbetrag,

b) 180 Reichsmark jährlich (15 Reichsmark monatlich, 3,60 Reichsmark wöchentlich) zur Abgeltung der Werbungskosten (§ 15 Abs. 1 Nr. 1, § 16 Abs. 1, Abs. 5 Nr. 4, 5),

c) 180 Reichsmark jährlich (15 Reichsmark monatlich, 3,60 Reichsmark wöchentlich) zur Abgeltung der Sonderleistungen (§ 17)

vom Steuerabzug frei.

(2) Außer den im Abs. 1 bezeichneten Beträgen bleiben für die zur Haushaltung des Arbeitnehmers zählende Ehefrau sowie für jedes zu seiner Haushaltung zählende minderjährige Kind (§ 23 Abs. 2) je 10 vom Hundert des Arbeitslohns, der über die im Abs. 1 bezeichneten Beträge hinausgeht, vom Steuerabzug frei. Es bleiben aber

1. für die Ehefrau 120 Reichsmark jährlich (10 Reichsmark monatlich, 2,40 Reichsmark wöchentlich),
2. für das erste Kind 120 Reichsmark jährlich (10 Reichsmark monatlich, 2,40 Reichsmark wöchentlich),
3. für das zweite Kind 240 Reichsmark jährlich (20 Reichsmark monatlich, 4,80 Reichsmark wöchentlich),
4. für das dritte Kind 480 Reichsmark jährlich (40 Reichsmark monatlich, 9,60 Reichsmark wöchentlich),
5. für das vierte und jedes folgende Kind je 600 Reichsmark jährlich (50 Reichsmark monatlich, 12 Reichsmark wöchentlich)

steuerfrei, wenn der nach Ziffer 1 bis 5 insgesamt

steuerfrei bleibende Betrag höher ist als der nach Satz 1 insgesamt steuerfrei bleibende Betrag.

Kinder im Alter von mehr als 18 Jahren, die Einkünfte im Sinne des § 6 Abs. 1 Nr. 3 oder 4 beziehen, werden nicht gerechnet.

(3) Von dem die steuerfreien Beträge (Abs. 1, 2) übersteigenden Arbeitslohn hat der Arbeitgeber bei jeder Lohnzahlung einen Betrag von 10 vom Hundert für Rechnung des Arbeitnehmers als Steuer einzubehalten.

(4) Der auf den Arbeitslohn entfallende Steuerbetrag wird nicht erhoben, wenn er

a) bei Zahlung des Arbeitslohns für volle Monate 0,80 Reichsmark monatlich,

b) bei Zahlung des Arbeitslohns für volle Wochen 0,20 Reichsmark wöchentlich

nicht übersteigt.

(5) Der Reichsminister der Finanzen ist ermächtigt, Bestimmungen über die Abrundung des einzubehaltenden Betrags zu erlassen und für den Steuerabzug vom Arbeitslohn der im § 2 Nr. 2, § 3 genannten Personen Pauschbeträge festzusetzen.

§ 71. Für die nach § 70 Abs. 2 abzusetzenden Beträge ist, unbeschadet der Vorschrift des § 72, der Familienstand des Arbeitnehmers an dem vom Reichsminister der Finanzen für die letzte Personenstandsaufnahme festgesetzten Stichtag maßgebend.

§ 72. (1) Weist der Arbeitnehmer nach, daß die Zahl der Personen, für die der Abzug vom Arbeitslohn sich nach § 70 Abs. 2 ermäßigt, größer ist, als auf der Steuerkarte angegeben ist, so hat die Gemeindebehörde auf seinen Antrag die Tatsache auf der Steuerkarte zu vermerken. In diesem Falle tritt die Ermäßigung für die hinzugekommene Person bei der ersten Lohnzahlung, bei der die ergänzte Steuerkarte vorgelegt wird, in Kraft.

(2) Bestehen die Voraussetzungen für die Zulassung einer Ermäßigung nach § 70 Abs. 2 am 10. Oktober eines Kalenderjahrs nicht mehr, so hat das Finanzamt eine Berichtigung der Steuerkarte vorzunehmen. Es kann zu diesem Zwecke den Arbeitnehmer zur Vorlage der Steuerkarte auffordern. Die Berichtigung tritt bei der ersten auf die Berichtigung der Steuerkarte folgenden Lohnzahlung, jedoch nicht vor dem 1. Januar des folgenden Kalenderjahrs in Kraft.

§ 73. Erhält ein Arbeitnehmer neben den laufenden Bezügen sonstige, insbesondere einmalige Einnahmen (Tantiemen, Gratifikationen usw.), so sind von diesen 10 vom Hundert vermindert um je 1 vom Hundert für die zur Haushaltung des Arbeitnehmers zählende Ehefrau sowie für jedes zu seiner Haushaltung zählende minderjährige Kind (§ 23 Abs. 2) einzubehalten. Die Vorschriften des § 70 Abs. 1 bis 4 finden keine Anwendung.

§ 74. (1) Wird der Arbeitslohn nicht für einen bestimmten Zeitraum gezahlt, so hat der Arbeitgeber vom vollen Arbeitslohne 2 vom Hundert, bei Heimarbeitern 1 vom Hundert einzubehalten. Die Vorschriften des § 70 Abs. 1 bis 4 finden keine Anwendung.

(2) Der Reichsminister der Finanzen wird ermächtigt, Bestimmungen darüber zu treffen, inwieweit bei den im Abs. 1 bezeichneten Heimarbeitern,

deren Arbeitslohn die im § 70 Abs. 1 und 2 bezeichneten Freigrenzen nicht übersteigt, der Steuerabzug vom Arbeitslohne zu unterbleiben hat.

§ 75. Auf Antrag erfolgt eine Erhöhung

1. des im § 70 Abs. 1a vorgesehenen steuerfreien Lohnbetrags, wenn die Voraussetzungen für die Anwendung des § 56 gegeben sind,
2. der im § 70 Abs. 1b, c vorgesehenen Beträge, wenn der Arbeitnehmer nachweist, daß die Werbungskosten (§ 15 Abs. 1 Nr. 1, § 16 Abs. 1, Abs. 5 Nr. 4, 5) oder die Sonderleistungen (§ 17) je den Betrag von 15 Reichsmark im Monat übersteigen.

§ 76. (1) Der Arbeitnehmer ist verpflichtet, sich vor Beginn eines jeden Kalenderjahrs oder vor Beginn eines Dienstverhältnisses von der Gemeindebehörde eine Steuerkarte ausstellen zu lassen.

(2) Bei Beginn eines jeden Kalenderjahrs oder bei Beginn eines Dienstverhältnisses hat der Arbeitnehmer seine Steuerkarte dem Arbeitgeber auszuhändigen. Der Arbeitgeber hat die Steuerkarte während der Dauer des Dienstverhältnisses aufzubewahren und dem Arbeitnehmer am Ende des Kalenderjahrs oder bei Beendigung des Dienstverhältnisses zurückzugeben.

(3) Der Reichsminister der Finanzen kann Ausnahmen von den Vorschriften der Abs. 1, 2 anordnen.

§ 77. Der Arbeitgeber hat die nach §§ 70, 73, 74 einbehaltenen Steuerbeträge an die Finanzkasse in bar oder durch Überweisung abzuführen.

Der Reichsminister der Finanzen kann ein hiervon abweichendes Verfahren anordnen, insbesondere bestimmen, daß für die Beträge Steuermarken in die Steuerkarte eingeklebt und entwertet werden.

§ 78. (1) Der Arbeitgeber haftet dem Reiche für die Einbehaltung und Entrichtung der in den §§ 70, 73, 74 bestimmten Beträge neben dem Arbeitnehmer.

(2) Die Haftung des Arbeitnehmers beschränkt sich auf die Fälle, in denen

1. der Arbeitslohn nicht vorschriftsmäßig gekürzt worden ist;
2. der Arbeitgeber die einbehaltenen Beträge nicht vorschriftsmäßig verwendet hat und dem Arbeitnehmer dies bekannt ist; in diesem Falle erlischt die Haftung, wenn der Arbeitnehmer dem Finanzamt von dieser Kenntnis unverzüglich Mitteilung macht.

§ 79. Ob und inwieweit im einzelnen Falle die Vorschriften der §§ 69 bis 77 anzuwenden sind, entscheidet auf Anrufen eines der Beteiligten das Finanzamt. Gegen die Entscheidung des Finanzamts ist nur die Beschwerde an das Landesfinanzamt zulässig.

§ 80. Die Träger der Reichsversicherung nach der Reichsversicherungsordnung und die Träger der Versicherung nach dem Angestelltenversicherungsgesetze haben den Finanzbehörden jede zur Durchführung der §§ 69 bis 77 und der den Finanzämtern obliegenden Prüfung und Aufsicht dienliche

Hilfe zu leisten. Insoweit finden die Vorschriften des § 142 der Reichsversicherungsordnung und des § 346 des Angestelltenversicherungsgesetzes keine Anwendung.

§ 81. Soweit nach gesetzlicher Vorschrift die Veranlagung zur Einkommensteuer als Grundlage für Besteuerungsrechte von Körperschaften des öffentlichen Rechtes zugelassen ist und die auf den Arbeitslohn entfallende Einkommensteuer nicht verlangt wird, gelten die nach §§ 70, 73, 74 einbehaltenen und nach § 77 vorschriftsmäßig abgeführten oder verwendeten Beträge als veranlagt. Soweit eine Feststellung der vom Arbeitslohn einbehaltenen Beträge während der ersten Jahre der Geltung dieses Gesetzes nicht erfolgt, können an ihrer Stelle Pauschbeträge festgesetzt werden. Setzen die Landesregierungen Pauschbeträge als Grundlage für die Veranlagung der Kirchensteuer fest, so treffen sie die näheren Bestimmungen zur Durchführung im Einvernehmen mit dem Reichsminister der Finanzen und nach Benehmen mit den beteiligten Körperschaften. Setzt in einem Lande, in dem eine Kirchensteuer in Form von Zuschlägen zur Einkommensteuer erhoben wird, die Landesregierung Pauschbeträge hierfür nicht rechtzeitig fest, so ist der Reichsminister der Finanzen ermächtigt, nach Benehmen mit der beteiligten Körperschaft die Festsetzung mit Zustimmung des Reichsrats vorzunehmen.

§ 82. Die zur Durchführung der Vorschriften der §§ 69 bis 81 erforderlichen Anordnungen trifft der Reichsminister der Finanzen.

2. Steuerabzug vom Kapitalertrag

§ 83. (1) Bei folgenden inländischen Kapitalerträgen wird die Steuer durch Einbehaltung von 10 vom Hundert erhoben (Steuerabzug vom Kapitalertrag):

1. Dividenden, Zinsen, Ausbeuten und sonstige Gewinne, welche entfallen auf Aktien, Kuxe, Genußscheine sowie auf Anteile an der Reichsbank, an Kolonialgesellschaften, an bergbautreibenden Vereinigungen, welche die Rechte einer juristischen Person haben, und an Genossenschaften, sofern bei letzteren die Zinsen je Mitglied und Jahr 10 Reichsmark übersteigen;
2. Einkünfte aus der Beteiligung an einem Handelsgewerbe als stiller Gesellschafter;
3. Zinsen aus Anleihen, die in öffentlichen Schuldbüchern eingetragen oder über die Teilschuldverschreibungen ausgegeben sind, wenn die Eintragung in öffentlichen Schuldbüchern oder die Ausgabe von Teilschuldverschreibungen nach Einführung der Rentenmark (15. November 1923) erfolgt ist, oder wenn es sich um wertbeständige Anleihen handelt.

(2) Als inländische Kapitalerträge gelten Kapitalerträge, wenn der Sitz oder Ort der Leitung des Schuldners im Inland liegt.

(3) Der Steuerabzug (Abs. 1) ist auch vorzunehmen, wenn die Kapitalerträge in einem land- oder forstwirtschaftlichen oder in einem gewerblichen Betrieb anfallen.

(4) Als Kapitalerträge im Sinne des Abs. 1 gelten auch besondere Entgelte oder Vorteile, die neben Kapitalerträgen der im Abs. 1 genannten Art oder an deren Stelle gewährt werden.

§ 84. Der Steuerabzug ist nicht vorzunehmen von Zinsen, Dividenden und sonstigen Gewinnbeträgen der im § 83 Abs. 1 Nr. 1, 3 bezeichneten Art, sofern Gläubiger und Schuldner die gleiche Person sind.

§ 85. (1) Der Steuerabzug ist vom Schuldner der Kapitalerträge zu bewirken.

(2) Dem Steuerabzug unterliegt der volle Kapitalertrag ohne Abzug von Schuldzinsen, Werbungskosten und des als Steuer abzuziehenden Betrags.

§ 86. Der Schuldner hat die Steuer bei Fälligkeit des Kapitalertrags für Rechnung des Gläubigers einzubehalten und innerhalb einer Woche nach Fälligkeit an das für den Schuldner zuständige Finanzamt abzuführen. Er hat die Steuer auch dann abzuführen, wenn der Gläubiger die Einforderung des Kapitalertrags unterläßt.

§ 87. Übernimmt der Schuldner die Steuer zugunsten eines Gläubigers, der im Inland keinen Wohnsitz, Sitz oder Ort der Leitung hat, so ist die Steuer so zu berechnen, als ob diese Vereinbarung nicht getroffen wäre.

§ 88. Die Vorschriften des § 78 über die Haftung des Arbeitgebers und Arbeitnehmers finden auf die Haftung des Schuldners und des Gläubigers der Kapitalerträge entsprechende Anwendung.

3. Veranlagung von Einkünften, die dem Steuerabzug unterliegen

§ 89. Übersteigt das gesamte nach § 54 abgerundete Einkommen eines Steuerpflichtigen nicht den Betrag von 8000 Reichsmark und besteht es entweder aus Einkünften, die nach §§ 69, 83 dem Steuerabzug unterlegen haben, oder aus solchen Einkünften und aus sonstigem Einkommen bis zu 500 Reichsmark, so findet eine Veranlagung nicht statt.

§ 90. Übersteigt das gesamte nach § 54 abgerundete Einkommen eines Steuerpflichtigen nicht den Betrag von 8000 Reichsmark und besteht es außer aus Einkünften, die nach §§ 69, 83 dem Steuerabzug unterlegen haben, aus sonstigem Einkommen über 500 Reichsmark, so findet eine Veranlagung nur für das sonstige Einkommen statt. Hierbei dürfen Ausgaben nach §§ 15 bis 17 insoweit nicht geltend gemacht werden, als sie mit dem Arbeitslohn in wirtschaftlichem Zusammenhange stehen oder durch Erhöhung des im § 70 Abs. 1 b oder c vorgesehenen Betrags nach § 75 Nr. 2 bereits berücksichtigt sind. Die im § 52 vorgesehenen Beträge dürfen von dem sonstigen Einkommen nur insoweit abgesetzt werden, als sie den nach § 70 Abs. 1 a, Abs. 2 berücksichtigten Betrag übersteigen.

§ 91. In den Fällen der §§ 89, 90 gilt die auf den Arbeitslohn und die abzugspflichtigen Kapitalerträge entfallende Steuer für den Arbeitnehmer oder für den Gläubiger der Kapitalerträge als getilgt, wenn ihre Haftung nach §§ 78, 88 erloschen ist. Die Haftung des Arbeitgebers oder des Schuldners der Kapitalerträge erlischt jedoch nur, wenn die nach §§ 70, 73, 74, 83 einbehaltenen Beträge vorschriftsmäßig abgeführt oder verwendet worden sind.

§ 92. Übersteigt das nach § 54 abgerundete Einkommen eines Steuerpflichtigen den Betrag von 8 000 Reichsmark, so werden auch die Einkünfte veranlagt, die dem Steuerabzug vom Arbeitslohn oder vom Kapitalertrag unterlegen haben.

§ 93. (1) Wenn eine Veranlagung des Arbeitslohns nicht erfolgt, sind Steuerbeträge, die vom Arbeitslohn einbehalten worden sind, auf Antrag zu erstatten, wenn

1. die im § 70 Abs. 1, 2 bezeichneten Beträge beim Steuerabzuge nicht in voller Höhe berücksichtigt worden sind oder
2. besondere wirtschaftliche Verhältnisse der im § 56 bezeichneten Art vorliegen, soweit sie nicht schon durch Erhöhung des steuerfreien Lohnbetrags nach § 75 Nr. 1 berücksichtigt worden sind,
3. die Werbungskosten (§ 15 Abs. 1 Nr. 1, § 16 Abs. 1, Abs. 5 Nr. 4, 5) oder die Sonderleistungen (§ 17) je den Betrag von 50 Reichsmark im Kalendervierteljahr übersteigen und sie nicht schon nach § 75 Nr. 2 berücksichtigt worden sind.

Dies gilt auch, wenn der Arbeitslohn nicht für einen bestimmten Zeitraum gezahlt worden ist und der Steuerabzug nach § 74 erfolgt ist.

(2) Der Antrag kann jeweils für ein Kalendervierteljahr gestellt werden. Er muß spätestens bis zum 31. März eines Jahres für das vorangegangene Kalenderjahr eingereicht sein; § 68 der Reichsabgabenordnung gilt entsprechend.

(3) Erstattet wird der Unterschied zwischen dem einbehaltenen Steuerbetrag und dem Steuerbetrage, der sich ergeben hätte, wenn die im Abs. 1 Nr. 1 bezeichneten Beträge oder die im Abs. 1 Nr. 2, 3 bezeichneten Tatsachen bereits beim Steuerabzuge nach § 70 Abs. 1, 2, § 75 in vollem Umfang berücksichtigt worden wären.

(4) Vierteljahrsbeträge unter 1 Reichsmark, Jahresbeträge unter 4 Reichsmark werden nicht erstattet.

§ 94. Übersteigt das gesamte nach § 54 abgerundete Einkommen eines Steuerpflichtigen nicht den Betrag von 1 100 Reichsmark und sind in diesem Einkommen Einkünfte enthalten, die dem Steuerabzuge vom Kapitalertrag unterlegen haben, so werden die einbehaltenen Steuerbeträge erstattet, soweit sie vierteljährlich 5 Reichsmark übersteigen.

4. Vorauszahlungen und Abschlußzahlung

§ 95. Bis zum Empfang eines Steuerbescheids (§ 64) für einen Steuerabschnitt hat der Steuerpflichtige auf die Steuerschuld dieses Abschnitts am 15. Februar, 15. Mai, 15. August und 15. November Vorauszahlungen in Höhe von je einem Viertel der zuletzt festgestellten Steuerschuld zu entrichten. Steuerpflichtige, die hauptsächlich Einkünfte aus Landwirtschaft beziehen, haben die Vorauszahlungen am 15. November in Höhe der Hälfte, am 15. Februar und 15. Mai in Höhe von je einem Viertel der zuletzt festgestellten Steuerschuld zu entrichten. Der Reichsminister der Finanzen ist ermächtigt, für Betriebe bestimmter Art, insbesondere Gartenbau, andere Vorauszahlungstermine zu bestimmen. Eine Vorauszahlung gilt als Vorauszahlung für den Steuerabschnitt, in den der maßgebende Zahlungstag fällt.

§ 96. Soweit eine Veranlagung nach § 92 erfolgt ist, hat der Steuerpflichtige Vorauszahlungen nach § 95 bis zum Empfange des nächsten Steuerbescheids nur insoweit zu entrichten, als die Steuerschuld nicht durch die Steuerabzugsbeträge des der Veranlagung zugrunde liegenden Steuerabschnitts gedeckt ist.

§ 97. Ist der Steuerabschnitt, für den der Steuerbescheid (§§ 64, 95) erteilt wird, kürzer als ein Jahr, so sind die Vorauszahlungen nach der Steuer festzusetzen, die sich ergibt, wenn das dem Steuerbescheide zugrunde liegende Einkommen in ein Jahreseinkommen umgerechnet wird.

§ 98. Ist die Steuerpflicht neubegründet worden, so sind die bis zum Empfange des ersten Steuerbescheids gemäß § 95 zu entrichtenden Vorauszahlungen nach dem Einkommen festzusetzen, das in dem auf die Begründung der Steuerpflicht folgenden Jahre mutmaßlich erzielt werden wird.

§ 99. (1) Erhöht sich das Einkommen eines Steuerpflichtigen für einen Steuerabschnitt gegenüber dem zuletzt festgestellten Einkommen voraussichtlich um mehr als den fünften Teil, mindestens aber um 2000 Reichsmark, so können die gemäß § 95 zu entrichtenden Vorauszahlungen neu festgesetzt werden.

(2) Tritt infolge Änderung der Erwerbsverhältnisse an die Stelle von Einkünften, die dem Steuerabzug unterliegen, voraussichtlich sonstiges Einkommen, das dem Steuerabzuge nicht unterliegt, im Betrage von mehr als 2000 Reichsmark, so können die bis zum Empfange des nächsten Steuerbescheids zu leistenden Vorauszahlungen nach dem Einkommen neu festgesetzt werden, das in dem auf die Änderung der Erwerbsverhältnisse folgenden Jahre mutmaßlich erzielt werden wird.

§ 100. (1) Macht ein Steuerpflichtiger glaubhaft, daß sich sein Einkommen für einen Steuerabschnitt gegenüber dem zuletzt festgestellten Einkommen voraussichtlich um mehr als den fünften Teil, mindestens aber um 1000 Reichsmark niedriger berechnen wird, so ist ihm auf Antrag der auf den wahrscheinlichen Betrag der Verminderung des Einkommens entfallende Teil der Vorauszahlungen zu stunden.

(2) Macht ein Steuerpflichtiger glaubhaft, daß infolge Änderung der Erwerbsverhältnisse voraussichtlich Einkünfte, die dem Steuerabzug unterliegen, an die Stelle von sonstigem Einkommen treten und die Minderung des sonstigen Einkommens mindestens 500 Reichsmark beträgt, so sind ihm auf Antrag die Vorauszahlungen bis auf den Betrag zu stunden, der voraussichtlich als Einkommensteuer

von dem der Veranlagung unterliegenden Einkommen zu entrichten ist.

§ 101. (1) Die Festsetzung nach §§ 97 bis 99 erfolgt durch das Finanzamt; eine Mitwirkung der Ausschüsse nach § 25 der Reichsabgabenordnung ist nicht erforderlich.

(2) Über die Höhe der Vorauszahlungen erteilt das Finanzamt dem Steuerpflichtigen einen schriftlichen Bescheid. Der Bescheid über die Vorauszahlungen kann mit dem Steuerbescheid im Sinne des § 64 verbunden werden.

(3) Gegen Entscheidungen über die Vorauszahlungen ist nur die Beschwerde gegeben (§§ 224, 281 der Reichsabgabenordnung).

§ 102. (1) Auf die nach § 25 für den Steuerabschnitt festgesetzte Steuerschuld werden angerechnet:

1. die nach § 95 auf die Steuerschuld des Steuerabschnitts geleisteten Vorauszahlungen;
2. die für denselben Steuerabschnitt nach §§ 70, 73, 74, 83 einbehaltenen Beträge, soweit sie auf Einkünfte entfallen, die nach §§ 69, 83 dem Steuerabzug unterlegen haben und die nach § 92 veranlagt worden sind.

(2) Soweit die Steuerschuld nach Abs. 1 die angerechneten Beträge übersteigt, ist sie innerhalb eines Monats nach Zustellung des Steuerbescheids zu entrichten (Abschlußzahlung). Die Verpflichtung, rückständige Beträge schon vorher zu entrichten, bleibt unberührt.

(3) Soweit die nach Abs. 1 angerechneten Beträge die Steuerschuld übersteigen, sind sie nach der Veranlagung bis zur Höhe der geleisteten

Vorauszahlungen zu erstatten, sobald die Veranlagung unanfechtbar geworden ist.

§ 103. (1) Bei Wegfall der persönlichen Steuerpflicht hat der Steuerpflichtige spätestens bis zum Zeitpunkt des Wegfalls Sicherheit für die Abschlußzahlung zu leisten. In diesem Falle kann das Finanzamt die Steuer auch in einem Pauschbetrag festsetzen; eine Mitwirkung der Ausschüsse nach § 25 der Reichsabgabenordnung ist nicht erforderlich. Die Vorschrift des § 101 Abs. 3 gilt entsprechend.

(2) Die Vorschrift des Abs. 1 findet keine Anwendung, wenn die Steuerpflicht infolge Todes erlischt.

VIII. Übergangs- und Schlußvorschriften

§ 104. Bei der ersten Veranlagung auf Grund dieses Gesetzes regelt sich in den Fällen, in denen ein Vermögensvergleich stattfindet (§§ 12, 13) oder in denen Absetzungen für Abnutzung oder Substanzverringerungen gemacht werden können (§ 16 Abs. 2 bis 4), die Feststellung der Werte (§ 19 Abs. 2, 3 Satz 2) für den Beginn des Steuerabschnitts nach Maßgabe der §§ 105 bis 110.

§ 105. (1) Bei Steuerpflichtigen, die zur Führung von Handelsbüchern nach den Vorschriften des Handelsgesetzbuches verpflichtet sind oder, ohne dazu verpflichtet zu sein, Handelsbücher nach den Vorschriften des Handelsgesetzbuchs tatsächlich führen, ist für den Ansatz der Gegenstände des Betriebsvermögens die handelsrechtliche Bilanz als Grundlage zu verwenden, soweit sich nicht aus den §§ 106 bis 108 ein anderes ergibt.

(2) Als handelsrechtliche Bilanz im Sinne des Abs. 1 gilt:

1. bei Steuerpflichtigen, deren Wirtschaftsjahr mit dem Kalenderjahr übereinstimmt, die handelsrechtliche Bilanz für den 31. Dezember 1924;
2. bei Steuerpflichtigen, deren Wirtschaftsjahr mit dem Kalenderjahre nicht übereinstimmt,
   a) wenn sie die Eröffnungsbilanz in Goldmark im Sinne des § 2 Abs. 2 der Verordnung über Goldbilanzen vom 28. Dezember 1923 (Reichsgesetzbl. I S. 1253) für den Beginn des Wirtschaftsjahrs 1924/25 aufgestellt haben, diese Eröffnungsbilanz,
   b) wenn sie die Eröffnungbilanz in Goldmark schon vor Beginn des Wirtschaftsjahrs 1924/25 aufgestellt haben, die handelsrechtliche Bilanz für den Schluß des Wirtschaftsjahrs, das dem Steuerabschnitt 1924/25 unmittelbar vorangegangen ist.

§ 106. Für Gegenstände des Betriebsvermögens, die nach dem 31. Dezember 1923 angeschafft oder hergestellt worden sind, ist unbeschadet der Vorschrift des § 108 der tatsächliche Anschaffungs- oder Herstellungspreis anzusetzen; § 16 Abs. 2 bis 4 und § 19 Abs. 2 Satz 2 finden Anwendung.

§ 107. (1) Für den Ansatz von Gegenständen, die vor dem 1. Januar 1924 angeschafft oder hergestellt worden sind, gelten unbeschadet des § 108 die Vorschriften der Abs. 2, 3.

(2) Bebaute Grundstücke, die zum Anlagekapital gehören, dürfen höchstens mit dem gemeinen Werte

zu Beginn des Steuerabschnitts angesetzt werden. Die übrigen Gegenstände des Anlagekapitals dürfen mit keinem höheren Werte angesetzt werden als dem um ein Drittel verminderten Betrage, der am Stichtag der Eröffnungsbilanz in Goldmark für die Anschaffung oder Herstellung des Gegenstandes hätte aufgewendet werden müssen (§ 4 Abs. 3 der Zweiten Verordnung zur Durchführung der Verordnung über Goldbilanzen vom 28. März 1924 — Reichsgesetzbl. I S. 385 —). Von dem nach Satz 2 sich ergebenden Betrage sind die dem Alter und der Lebensdauer entsprechenden Absetzungen für Abnutzung (§ 16 Abs. 2 bis 4) abzuziehen.

(3) Waren, Erzeugnisse und Vorräte sowie sonstige Gegenstände des umlaufenden Betriebskapitals dürfen mit keinem höheren Werte angesetzt werden als dem Betrage, der für die Anschaffung oder Herstellung des Gegenstandes bei Beginn des Steuerabschnitts hätte aufgewendet werden müssen.

§ 108. (1) Forderungen und Schulden, die der Aufwertung nach dem Aufwertungsgesetze vom 16. Juli 1925 (Reichsgesetzbl. I S. 117) unterliegen, sind mit dem Werte anzusetzen, der sich bei Anwendung der Grundsätze des Aufwertungsgesetzes vom 16. Juli 1925 (Reichsgesetzbl. I S. 117) für den maßgebenden Zeitpunkt (§ 104) ergibt.

(2) Gegenstände des Betriebsvermögens, die an dem für die Vermögensteuer für 1925 maßgebenden Stichtag zum Vermögen des Steuerpflichtigen gehört haben, dürfen ohne Rücksicht darauf, ob sie vor oder nach dem 1. Januar 1924 angeschafft oder hergestellt worden sind, mit keinem höheren

Werte angesetzt werden als bei der Veranlagung zur Vermögensteuer für das Kalenderjahr 1925; dies gilt nicht für Anteile an Erwerbsgesellschaften, die bei der Vermögensteuer nur mit der Hälfte des festgesetzten Steuerkurswerts oder ermittelten Verkaufswerts anzusetzen sind (§ 43 des Reichsbewertungsgesetzes).

(3) Sind Gegenstände in der handelsrechtlichen Bilanz mit einem Werte angesetzt worden, der hinter den in §§ 106, 107 vorgeschriebenen Höchstwerten zurückbleibt, so sind sie auf Antrag des Steuerpflichtigen mit diesen Höchstwerten, jedoch niemals mit einem höheren Betrag als dem Vermögenssteuerwert (Abs. 2) anzusetzen.

§ 109. Bei anderen als den im § 105 bezeichneten Steuerpflichtigen, die Einkünfte im Sinne des § 6 Abs. 1 Nr. 1, 2, 3 beziehen, finden für die Feststellung der Werte die Vorschriften der §§ 106 bis 108 sinngemäße Anwendung.

§ 110. Bei Gebäuden und sonstigen Gegenständen, die nicht zu einem Betriebsvermögen gehören, ist für die Bemessung der nach § 16 Abs. 2 bis 4 zulässigen Absetzungen für Abnutzung von dem gemeinen Werte des Gegenstandes am 1. Januar 1925 auszugehen.

§ 111. Die Vorschrift des § 59 Abs. 1 b des Einkommensteuergesetzes vom 29. März 1920 (Reichsgesetzbl. S. 359) in der Fassung des Gesetzes vom 20. März 1923 (Reichsgesetzbl. I S. 198) findet noch auf die Zuwendungen Anwendung, die bis zum 31. Dezember 1926 zur Förderung des Kleinwohnungsbaues gemacht werden, wenn der

Steuerpflichtige sich vor dem 1. Januar 1925 zur Entrichtung dieser Beträge verpflichtet hat.

§ 112. Bei Steuerpflichtigen, deren Einkommen den Betrag von 15 000 Reichsmark und deren Vermögen den Betrag von 50 000 Reichsmark nicht übersteigt, erhöht sich bei Versicherungsprämien und Spareinlagen, zu denen sich der Steuerpflichtige in den Jahren 1923 bis 1926 verpflichtet hat, der nach § 17 Abs. 2 zum Abzug zugelassenen Betrag von 480 Reichsmark,

a) wenn der Steuerpflichtige mehr als 50, aber nicht mehr als 55 Jahre alt ist, auf 960 Reichsmark;

b) wenn der Steuerpflichtige mehr als 55, aber nicht mehr als 60 Jahre alt ist, auf 1200 Reichsmark;

c) wenn der Steuerpflichtige über 60 Jahre alt ist, auf 1 440 Reichsmark.

Dies gilt nicht, wenn der Steuerpflichtige einen Anspruch oder eine Anwartschaft auf Ruhegehalt oder andere wiederkehrende Bezüge von mehr als 2 000 Reichsmark im Jahre hat.

§ 113. Die im § 10 Abs. 3 des Steuerüberleitungsgesetzes vom 29. Mai 1925 (Reichsgesetzbl. I S. 75) vorgesehene Frist wird bis zum 31. Dez. 1925 verlängert.

§ 114. Soweit in Reichs- oder Landesgesetzen auf Vorschriften des bisherigen Einkommensteuergesetzes verwiesen ist, treten an deren Stelle die entsprechenden Vorschriften dieses Gesetzes.

§ 115. Der Reichsminister der Finanzen wird bis zum 31. Dezember 1930 ermächtigt, mit Zustimmung des Reichsrats und eines Ausschusses des Reichstags Einkünfte aus Anleihen, die im Ausland zahlbar sind und zum Handel an den deutschen Börsen nicht zugelassen sind, von der beschränkten Steuerpflicht zu befreien.

§ 116. Die Ausführungsbestimmungen zu diesem Gesetz erläßt der Reichsminister der Finanzen mit Zustimmung des Reichsrats.

§ 117. (1) Dieses Gesetz findet unbeschadet des Abs. 4 erstmalig Anwendung auf Veranlagungen für das Kalenderjahr 1925 oder die im Kalenderjahr 1925 endenden Wirtschaftsjahre.

(2) Die Vorschriften über den Steuerabzug vom Arbeitslohn (§§ 69 bis 82) finden erstmalig auf den Arbeitslohn Anwendung, der für eine nach dem 30. September 1925 erfolgende Dienstleistung gewährt wird.

(3) Die Vorschriften des § 83 Abs. 1 Nr. 2 finden erstmalig auf die vom 1. September 1925 ab fällig gewordenen Kapitalerträge Anwendung.

(4) Bei der ersten Veranlagung auf Grund dieses Gesetzes (Abs. 1) gelten für alle zu veranlagenden Steuerpflichtigen hinsichtlich der Ermäßigungen nach dem Familienstande für die Zeit bis zum 30. Sept. 1925 die Vorschriften, die nach § 21 des Steuerüberleitungsgesetzes vom 29. Mai 1925 (Reichsgesetzbl. I S. 75.) für die Vorauszahlungen der Angehörigen der freien Berufe (Artikel I § 7 der Zweiten Steuernotverordnung) gegolten haben, für die Zeit nach dem 30. September 1925 ein entsprechender Teil der im § 52 Abs. 1 Nr. 2 vorgesehenen Beträge. Der steuerfreie Einkommensteil ist nach Maßgabe der Be-

träge zu ermitteln, die im maßgebenden Steuerabschnitte beim Steuerabzuge vom Arbeitslohne jeweils freigelassen worden sind. Die zur Durchführung dieser Vorschriften erforderlichen Bestimmungen erläßt der Reichsminister der Finanzen.

Berlin, den 10. August 1925.

Der Reichspräsident
von Hindenburg

Der Reichsminister der Finanzen
von Schlieben

Körperschaftsteuergesetz

Vom 10. August 1925 (RGBl. I S. 208).

Der Reichstag hat das folgende Gesetz beschlossen, das mit Zustimmung des Reichsrats hiermit verkündet wird:

§ 1. Von dem Einkommen von Körperschaften und Vermögensmassen wird nach den Vorschriften dieses Gesetzes eine Körperschaftsteuer erhoben.

I. Steuerpflicht

§ 2. Mit dem gesamten Einkommen sind steuerpflichtig (unbeschränkt körperschaftsteuerpflichtig) unter der Voraussetzung, daß der Sitz oder der Ort der Leitung im Inland liegt:

1. Erwerbsgesellschaften (§ 4),
2. alle übrigen Körperschaften und Vermögensmassen (§ 5) des bürgerlichen Rechtes,
3. Betriebe und Verwaltungen von Körperschaften des öffentlichen Rechtes und öffentliche Betriebe und Verwaltungen mit eigener Rechtspersönlichkeit, es sei denn, daß die Betriebe und Verwaltungen nach Maßgabe des § 7 dienen:
   a) der Ausübung der öffentlichen Gewalt,
   b) lebenswichtigen Bedürfnissen der Bevölkerung, zu deren Befriedigung die Bevölkerung auf die Betriebe und Verwaltungen angewiesen ist (Versorgungsbetriebe),

c) gemeinnützigen oder mildtätigen Zwecken,
d) kirchlichen Zwecken.

Den Betrieben und Verwaltungen des Satz 1 stehen gleich Unternehmungen, deren Erträge ausschließlich Körperschaften des öffentlichen Rechtes zufließen.

§ 3. (1) Mit Einkommen bestimmter Art sind steuerpflichtig (beschränkt körperschaftsteuerpflichtig):

1. mit dem Einkommen, das aus dem Inland bezogen wird (inländischem Einkommen),
   alle Körperschaften, Vermögensmassen, Betriebe und Verwaltungen der im § 2 bezeichneten Art, wenn der Sitz und der Ort der Leitung im Ausland liegen,
2. mit inländischen Kapitalerträgen im Sinne des § 3 Abs. 2 Nr. 7 bis 9 des Einkommensteuergesetzes alle Körperschaften und Vermögensmassen des öffentlichen und des bürgerlichen Rechtes ohne Rücksicht auf den Sitz und den Ort der Leitung.

(2) Welche Einkünfte als inländisches Einkommen im Sinne des Abs. 1 Nr. 1 der Besteuerung unterliegen, bestimmt sich nach § 3 Abs. 2 des Einkommensteuergesetzes. Bei Versicherungsvereinen auf Gegenseitigkeit, deren Sitz und Ort der Leitung im Ausland liegen und die nur Mitglieder versichern, unterliegen jedoch unbeschadet der Vorschrift des Abs. 1 Nr. 2 der Besteuerung nur Einkünfte der im § 3 Abs. 2 Nr. 1, 3 des Einkommensteuergesetzes bezeichneten Art und Einkünfte aus inländischem Kapitalvermögen. Hierbei gilt als inländisches Kapitalvermögen der Teil des Kapitalvermögens, der dem Verhältnis der Versicherungssummen, die

auf die im Inland abgeschlossenen Versicherungen entfallen, zur Gesamtversicherungssumme entspricht; wenn in einem Versicherungszweig eine Gesamtversicherungssumme nicht besteht, treten an die Stelle der zu vergleichenden Versicherungssummen die Jahreseinnahmen an Versicherungsbeiträgen.

(3) Die Steuerpflicht nach Abs. 1 Nr. 2 für inländische Kapitalerträge im Sinne des § 3 Abs. 2 Nr. 7 des Einkommensteuergesetzes erstreckt sich nicht auf Reich, Länder und Gemeinden, wenn die Kapitalerträge aus der Beteiligung an einem Unternehmen stammen, dessen Anteile mit mehr als einem Viertel im Besitze des Reichs, des Landes oder der Gemeinde stehen.

§ 4. (1) Als Erwerbsgesellschaften (§ 2 Nr. 1) gelten ohne Rücksicht auf die Art ihres Betriebs Aktiengesellschaften, Kommanditgesellschaften auf Aktien, Kolonialgesellschaften, bergbautreibende rechtsfähige Vereinigungen und nichtrechtsfähige Berggewerkschaften, Gesellschaften mit beschränkter Haftung und Genossenschaften, ferner sonstige Personenvereinigungen mit wirtschaftlichem Geschäftsbetriebe, deren Zweck vorwiegend die Erzielung wirtschaftlicher Vorteile für sich oder ihre Mitglieder ist.

(2) Nicht zu den Erwerbsgesellschaften gehören jedoch

a) die Versicherungsvereine auf Gegenseitigkeit, die nur Mitglieder versichern,
b) die einem Revisionsverband angeschlossenen Erwerbs- und Wirtschaftsgenossenschaften, deren Geschäftsbetrieb sich auf den Kreis der

Mitglieder beschränkt; der Reichsminister der Finanzen kann solchen Genossenschaften andere Personenvereinigungen gleichstellen, die ihnen wirtschaftlich ähnlich sind,

c) die in ihrer Hauptbestimmung als Zentralen der Genossenschaften wirkenden eingetragenen Genossenschaften, Gesellschaften mit beschränkter Haftung und Aktiengesellschaften, deren Genossen (Gesellschafter) ausschließlich oder doch überwiegend die unter b bezeichneten Genossenschaften sind und deren Geschäftsbetrieb sich im wesentlichen auf die angeschlossenen Mitglieder und deren Einzelmitglieder beschränkt.

(3) Den Erwerbsgesellschaften werden gleichgestellt Anstalten, Stiftungen und andere Zweckvermögen des bürgerlichen Rechtes, sofern sie einen wirtschaftlichen Geschäftsbetrieb unterhalten und ihr Zweck über die Vermögensverwaltung hinaus vorwiegend darauf gerichtet ist, durch diesen Geschäftsbetrieb wirtschaftliche Vorteile für sich oder zugunsten der in ihrer Satzung, Stiftung oder sonstigen Verfassung bestimmten Personen zu erzielen.

§ 5. Zu den übrigen Körperschaften und Vermögensmassen (§ 2 Nr. 2) gehören juristische Personen, nichtrechtsfähige Personenvereinigungen, Anstalten, Stiftungen und andere Zweckvermögen, wenn sie weder als Erwerbsgesellschaften gelten noch diesen gleichgestellt sind (§ 4).

§ 6. Bei nichtrechtsfähigen Personenvereinigungen, Anstalten, Stiftungen und anderen Zweckvermögen (§§ 4, 5) ist die Steuerpflicht nach den §§ 2, 3 nur gegeben, wenn ihr Einkommen nicht nach diesem Gesetz oder nach dem Einkommensteuergesetz unmittelbar bei einem anderen Steuerpflichtigen steuerbar ist.

§ 7. (1) Als Versorgungsbetriebe im Sinne des § 2 Nr. 3 b gelten solche Betriebe oder Verwaltungen, denen die Versorgung der Bevölkerung mit Wasser, Gas oder Elektrizität obliegt oder die dem öffentlichen Verkehr oder dem Hafenbetriebe dienen; als Versorgungsbetriebe werden sie aber nur insoweit behandelt, als sie den vorbezeichneten Aufgaben dienen. Der Reichsminister der Finanzen kann mit Zustimmung des Reichsrats weitere Betriebe und Verwaltungen als Versorgungsbetriebe im Sinne des § 2 Nr. 3 b erklären.

(2) Im übrigen erläßt der Reichsminister der Finanzen mit Zustimmung des Reichsrats nähere Bestimmungen über die Abgrenzung der nach § 2 Nr. 3 steuerpflichtigen Betriebe und Verwaltungen.

§ 8. Der Reichsminister der Finanzen wird ermächtigt, mit Zustimmung des Reichsrats in Fällen, in denen ein auswärtiger Staat das Einkommen einer Erwerbsgesellschaft, deren Sitz oder Ort der Leitung im Deutschen Reiche liegt, schwerer belastet als das Einkommen von Erwerbsgesellschaften, deren Sitz und Ort der Leitung in dem Gebiete des auswärtigen Staates oder einer der von ihm meistbegünstigten Nationen liegen, eine höhere Besteuerung des inländischen Einkommens für Erwerbsgesellschaften anzuordnen, die den Sitz und den Ort der Leitung im Gebiete des auswärtigen Staates haben.

§ 9. (1) Von der Körperschaftsteuer sind befreit:

1. die Deutsche Reichspost, die Monopolverwaltungen des Reichs, die staatlichen Lotterieunternehmungen und die Deutsche Reichsbahn-Gesellschaft;
2. die Reichsbank, die Rentenbank, die deutsche Golddiskontbank und die Bank für deutsche Industrieobligationen;
3. Staatsbanken, die ihrer Bestimmung nach in der Hauptsache Geschäften staatswirtschaftlicher oder allgemeinwirtschaftlicher Art dienen;
4. die öffentlichen oder dem öffentlichen Verkehre dienenden Sparkassen, die sich auf die Pflege des eigentlichen Sparkassenverkehrs beschränken. Der Reichsminister der Finanzen bestimmt mit Zustimmung des Reichsrats, was als eigentlicher Sparkassenverkehr im Sinne dieser Vorschrift anzusehen ist;
5. öffentlich-rechtliche Versicherungsanstalten, die auf Gegenseitigkeit gegründet sind und die nur Mitglieder versichern;
6. Hauberg-, Wald-, Forst- und Laubgenossenschaften und ähnliche Realgemeinden, sofern sie nicht einen über einen Nebenerwerb hinausgehenden Gewerbebetrieb unterhalten;
7. Körperschaften und Vermögensmassen, die nach der Satzung, Stiftung oder sonstigen Verfassung ausschließlich kirchlichen, gemeinnützigen oder mildtätigen Zwecken dienen. Der Reichsminister der Finanzen trifft mit Zustimmung des Reichsrats nähere Bestimmungen über die

Voraussetzungen, unter denen eine Personenvereinigung, ein Zweckvermögen oder ein Zweck als gemeinnützig oder mildtätig im Sinne dieser Vorschrift anzusehen ist;

8. Berufsverbände ohne öffentlich-rechtlichen Charakter, deren Zweck nicht auf einen wirtschaftlichen Geschäftsbetrieb gerichtet ist;

9. Gesellschaften mit beschränkter Haftung und Aktiengesellschaften, deren Hauptzweck die Verwaltung des Vermögens für einen nicht rechtsfähigen Berufsverband der in Nr. 8 bezeichneten Art ist, sofern ihre Erträge im wesentlichen aus dieser Vermögensverwaltung herrühren und ausschließlich dem Berufsverbande zufließen;

10. rechtsfähige Pensions-, Witwen-, Waisen-, Sterbe-, Kranken-, Unterstützungs- und sonstige Hilfskassen für Fälle der Not oder der Arbeitslosigkeit; das gleiche gilt für nichtrechtsfähige Kassen dieser Art, wenn die dauernde Verwendung der Einkünfte für die Zwecke der Kassen und für den Fall der Auflösung einer Kasse die Verwendung ihres Kapitals für entsprechende Zwecke gesichert ist;

11. Körperschaften und Vermögensmassen, soweit ihnen unter Wahrung der Gegenseitigkeit nach allgemeinen völkerrechtlichen Grundsätzen oder soweit ihnen nach besonderen, mit anderen Staaten getroffenen Vereinbarungen ein Anspruch auf Befreiung von den persönlichen Steuern zusteht.

(2) Die Befreiungen nach Abs. 1 Nr. 1, 3 bis 11 gelten nicht im Falle der beschränkten Steuerpflicht nach § 3 Abs. 1 Nr. 2; § 14 des Gesetzes über die Deutsche Reichsbahn-Gesellschaft (Reichsbahngesetz) vom 30. August 1924 (Reichsgesetzbl. Teil II S. 272) bleibt jedoch unberührt. Die Befreiungen nach Abs. 1 Nr. 3 bis 10 finden ferner keine Anwendung auf Steuerpflichtige, deren Sitz und Ort der Leitung im Ausland liegen.

II. Einkommen und Einkommensarten

§ 10. (1) Welche Einkünfte der Besteuerung nach diesem Gesetz unterliegen, welches Einkommen zur Steuer herangezogen wird und was als Einkommen gilt, bestimmt sich nach den §§ 6 bis 8, 11 des Einkommensteuergesetzes, §§ 11, 12 dieses Gesetzes. Für die Steuerpflicht des Einkommens ist es ohne Bedeutung, ob es an die Gesellschafter, Genossen oder Mitglieder oder an die in der Satzung, Stiftung oder sonstigen Verfassung bestimmten Personen verteilt wird oder nicht.

(2) Mindestens ist als Einkommen zu versteuern die Summe der Vergütungen jeder Art, die an Mitglieder des Aufsichtsrats für den Steuerabschnitt gewährt worden sind (§ 17 Nr. 4). Dem zu versteuernden Mindestbetrage kann hinzugerechnet werden die Summe

a) der Gewinnanteile, die für den Steuerabschnitt ausgeschüttet worden sind, sofern sie nicht aus Vermögen stammen, das bei seinem Entstehen in den letzten drei Jahren der Besteuerung nach diesem Gesetz unterlegen hat; die Vorschriften des § 11 bleiben unberührt,

b) der Tantiemen, Entschädigungen und Belohnungen, die an Mitglieder des Vorstandes und Angestellte in leitender Stellung für den Steuerabschnitt gewährt worden sind, ohne daß sie vertraglich zugesichert waren.

Der Reichsminister der Finanzen trifft mit Zustimmung des Reichsrats nähere Bestimmungen darüber, welche Gewinnanteile und Vergütungen bei Steuerpflichtigen, deren Sitz und Ort der Leitung im Ausland liegen, für die Besteuerung nach Satz 1 anzusetzen sind oder angesetzt werden können.

§ 11. Bei Ermittlung des Einkommens bleiben im Falle der unbeschränkten Steuerpflicht neben den im § 8 des Einkommensteuergesetzes bezeichneten Einkünften außer Ansatz:

1. bei den im § 2 Nr. 3 bezeichneten Betrieben und Verwaltungen

   Einkünfte aus Land- und Forstwirtschaft und aus Kapitalvermögen (§ 6 Abs. 1 Nr. 1, 5 des Einkommensteuergesetzes) mit Ausnahme der im § 83 des Einkommensteuergesetzes bezeichneten Kapitalerträge, ferner Einkünfte aus Vermietung und Verpachtung von unbeweglichem Vermögen (§ 38 Abs. 1 Nr. 1 des Einkommensteuergesetzes) und von landwirtschaftlichem Inventar, sowie aus der zeitlich begrenzten Überlassung von Rechten an Grundstücken, von Gefällen und der Ausübung der Jagd und Fischerei;

2. bei den nicht unter § 9 Nr. 4 fallenden öffentlichen oder dem öffentlichen Verkehre dienenden Sparkassen sowie bei den Sparkassen der Genossenschaften und Genossenschaftszentralen (§ 4 Abs. 2 c)
   der Teil der Einkünfte, der auf den eigentlichen Sparkassenverkehr entfällt, mit Ausnahme der im § 83 des Einkommensteuergesetzes bezeichneten Kapitalerträge;
3. bei Erwerbsgesellschaften (§ 4 Abs. 1, 3) und Betrieben oder Verwaltungen im Sinne des § 2 Nr. 3, die nachweislich seit Beginn des Steuerabschnitts (§ 12) auf Grund ihres Besitzes an Aktien, Kuxen, Anteilen oder Genußscheinen einer anderen Erwerbsgesellschaft mindestens zu einem Viertel an dem Grund- oder Stammkapital oder, wenn ein solches nicht vorhanden ist, an dem Vermögen dieser Erwerbsgesellschaft beteiligt sind,
   die auf den bezeichneten Besitz entfallenden Gewinnanteile jeder Art;
4. bei den im § 4 Abs. 2 unter a bis c bezeichneten Steuerpflichtigen
   Einkünfte der im § 6 Abs. 1 Nr. 2 bis 4, 7, 8 des Einkommensteuergesetzes bezeichneten Art;
5. bei politischen Parteien und Vereinen
   Einkünfte der im § 6 Abs. 1 Nr. 3 bis 5, 7, 8 des Einkommensteuergesetzes bezeichneten Art mit Ausnahme der Kapitalerträge im Sinne des § 83 des Einkommensteuergesetzes;

6. Beiträge der Mitglieder von Personenvereinigungen.

§ 12. (1) Steuerabschnitt ist

a) bei Steuerpflichtigen, die Handelsbücher nach den Vorschriften des Handelsgesetzbuchs zu führern verpflichtet sind oder, ohne dazu verpflichtet zu sein, Handelsbücher nach den Vorschriften des Handelsgesetzbuchs tatsächlich führen, das Wirtschaftsjahr, für das sie jährliche Abschlüsse machen,

b) bei Steuerpflichtigen, die nicht unter a fallen und Einkünfte aus Land- und Forstwirtschaft (§ 6 Abs. 1 Nr. 1 des Einkommensteuergesetzes) beziehen, das Wirtschaftsjahr vom 1. Juli bis 30. Juni; die Vorschrift des § 10 Abs. 3 a des Einkommensteuergesetzes findet Anwendung,

c) bei den übrigen Steuerpflichtigen das Kalenderjahr.

(2) Das Wirtschaftsjahr, das nach Abs. 1 a, b den Steuerabschnitt bildet, muß für das Gesamteinkommen des Steuerpflichtigen einheitlich sein; seine Ergebnisse sind in einheitlicher Rechnung zusammenzufassen.

(3) Hat die Steuerpflicht nicht während des ganzen Kalender- oder Wirtschaftsjahrs bestanden, so verkürzt sich der Steuerabschnitt entsprechend. Das gleiche gilt beim Übergange von der beschränkten zur unbeschränkten und beim Übergange von der unbeschränkten zur beschränkten Steuerpflicht, sofern nicht der Übergang mit dem Ende des regelmäßigen Steuerabschnitts zusammenfällt.

(4) Hat der Steuerpflichtige zwölf Monate nach Beginn der Steuerpflicht oder nach Ablauf des letzten Steuerabschnitts ein neues Wirtschaftsjahr noch nicht abgeschlossen, so kann das Finanzamt ohne Rücksicht auf den Abschluß des Wirtschaftsjahrs diesen Zeitraum von zwölf Monaten als Steuerabschnitt bestimmen.

§ 13. Auf die Ermittlung des Einkommens, auf den Maßstab der Besteuerung und den Zeitpunkt der Veranlagung sowie auf die einzelnen Einkommensarten finden die Vorschriften des Einkommensteuergesetzes (§§ 12 bis 17, 19 bis 21, 25, 26 bis 48) sinngemäß Anwendung, soweit nicht in den §§ 14 bis 19 dieses Gesetzes etwas anderes vorgeschrieben ist.

§ 14. Abzugsfähige Sonderleistungen sind neben den im § 17 des Einkommensteuergesetzes bezeichneten:

1. Beträge, die nach der Satzung, Stiftung oder sonstigen Verfassung ausschließlich gemeinnützigen oder mildtätigen Zwecken zugeführt werden;
2. Zuwendungen an Unterstützungs-, Wohlfahrts- und Pensionskassen des Betriebs, wenn die dauernde Verwendung für die Zwecke der Kassen gesichert ist;
3. Vergütungen jeder Art, die auf Grund der Jahresabschlüsse entweder an Mitglieder des Vorstandes, die nicht lediglich zur Überwachung oder Beaufsichtigung der Geschäftsführung bestellt sind, oder an Angestellte und Arbeiter für ihre Tätigkeit gewährt werden,

soweit sie nicht schon als Werbungskosten (§ 16 des Einkommensteuergesetzes) abzugsfähig sind.

§ 15. Neben den Werbungskosten, den abzugsfähigen Sonderleistungen und den im § 15 Abs. 1 Nr. 3 des Einkommensteuergesetzes bezeichneten Schuldzinsen, Renten und Lasten dürfen bei Ermittlung des Einkommens abgezogen werden:

1. die Steuer gemäß § 10 Abs. 1 des Grunderwerbsteuergesetzes vom 12. September 1919 (Reichsgesetzbl. S. 1617) nebst Zuschlägen oder die hierfür gemachten angemessenen jährlichen Rücklagen;
2. bei inländischen Kirchen und öffentlich-rechtlichen kirchlichen Körperschaften und Anstalten sowie bei sonstigen inländischen Körperschaften und Vermögensmassen, die ausschließlich kirchlichen Zwecken dienen (§ 9 Abs. 1 Nr. 7),

   Kapitalerträge im Sinne des § 3 Abs. 2 Nr. 9 des Einkommensteuergesetzes, die für Besoldungen oder für Zwecke der Alters-, Invaliden-, Witwen- oder Waisenversorgung verwendet werden;
3. bei Erwerbsgesellschaften (§ 4 Abs. 1, 3) und Betrieben oder Verwaltungen im Sinne des § 2 Nr. 3

   die Beträge, die zur Beseitigung eines aus einem früheren Steuerabschnitte stammenden Verlustes verwendet werden, durch den das Grund- oder Stammkapital angegriffen ist (Unterbilanz); ist ein Grund- oder Stammkapital nicht vorhanden, so tritt an seine

Stelle die Summe der Einlagen oder die Summe der Anschaffungs- oder Herstellungspreise der zum Betriebsvermögen gehörigen Gegenstände im Sinne des § 19 Abs. 2 des Einkommensteuergesetzes. Ob und in welcher Höhe ein Verlust gegeben ist, bestimmt sich nach den Vorschriften über die Ermittlung des Einkommens (§§ 13 bis 17 dieses Gesetzes, §§ 12 bis 17, 19 bis 21 des Einkommensteuergesetzes);

4. bei Erwerbsgesellschaften (§ 4 Abs. 1, 3) die Kosten der Ausgabe von Aktien und sonstigen Gesellschaftsanteilen, soweit sie nicht aus dem Emissionsagio gedeckt werden können;

5. bei den im § 4 Abs. 2 unter a bis c bezeichneten Steuerpflichtigen Beträge, die aus den Einkünften aus Land- und Forstwirtschaft, aus Kapitalvermögen oder aus Vermietung und Verpachtung von unbeweglichem Vermögen, Sachinbegriffen und Rechten zur Deckung von Betriebsverlusten des Steuerabschnitts verwendet werden;

6. bei Versicherungsgesellschaften mit Ausnahme der Versicherungsvereine auf Gegenseitigkeit, die nur Mitglieder versichern, angemessene Zuwendungen an das für Leistungen aus Versicherungen erforderliche Deckungskapital;

7. bei Versicherungsvereinen auf Gegenseitigkeit, die nur Mitglieder versichern (§ 4 Abs. 2a),

die aus den Einkünften aus Land- und Forstwirtschaft, aus Kapitalvermögen oder aus Vermietung und Verpachtung von unbeweglichem Vermögen, Sachinbegriffen und Rechten stammenden Beträge, wenn sie Rücklagen zugeführt werden, die satzungsgemäß zur Deckung der Verpflichtungen des Unternehmens gegen seine Mitglieder bestimmt sind;

8. bei Kommanditgesellschaften auf Aktien der Teil des Gewinns, der an persönlich haftende Gesellschafter auf ihre nicht auf das Grundkapital gemachten Einlagen oder als Vergütung (Tantieme) verteilt wird.

§ 16. Die Vorschrift des § 15 Abs. 2 des Einkommensteuergesetzes findet Anwendung mit der Maßgabe, daß die in den §§ 14, 15 dieses Gesetzes bezeichneten Sonderleistungen und Aufwendungen auch im Falle der beschränkten Steuerpflicht nach § 3 Abs. 1 Nr. 1 abzugsfähig sind, soweit sie mit dem inländischen Vermögen, mit der inländischen Betriebsstätte oder mit dem inländischen Einkommen in wirtschaftlichem Zusammenhange stehen. Im Falle der beschränkten Steuerpflicht nach § 3 Abs. 1 Nr. 2 ist der Abzug der im § 15 Abs. 1 des Einkommensteuergesetzes bezeichneten Ausgaben und der in den §§ 14, 15 mit Ausnahme des § 15 Nr. 2 dieses Gesetzes bezeichneten Leistungen und Aufwendungen nicht statthaft.

§ 17. Bei Ermittlung des Einkommens dürfen nicht abgezogen werden:

1. Aufwendungen zur Verbesserung und Vermehrung des Vermögens, zur Geschäftsbegründung und zu Geschäftserweiterungen, zu Kapitalanlagen, zur Schuldentilgung oder zu Ersatzbeschaffungen, soweit diese Aufwendungen über den Rahmen der §§ 15, 16 des Einkommensteuergesetzes, § 15 Nr. 4 dieses Gesetzes hinausgehen;
2. Aufwendungen für die Erfüllung der durch die Stiftung, Satzung oder sonstigen Verfassung vorgeschriebenen Zwecke des Steuerpflichtigen, auch soweit sie zu den im § 15 Abs. 1 Nr. 3 des Einkommensteuergesetzes bezeichneten Renten und dauernden Lasten zählen;
3. die von dem Steuerpflichtigen entrichtete Körperschaftsteuer und sonstige Personalsteuern sowie Rücklagen hierfür;
4. Vergütungen jeder Art, die von Erwerbsgesellschaften an die zur Überwachung ihrer Geschäftsführung verfassungsmäßig bestellten Personen (Mitglieder des Aufsichtsrats, des Grubenvorstandes, des Gewerkschaftsrats, des Verwaltungsrats usw.) gewährt werden, auch soweit es sich um Werbungskosten (§ 16 des Einkommensteuergesetzes) handelt. Der Reichsminister der Finanzen bestimmt mit Zustimmung des Reichsrats, welche Leistungen als Vergütungen im Sinne dieser Vorschrift anzusehen sind.

§ 18. (1) Im Falle der Auflösung einer Erwerbsgesellschaft (§ 4 Abs. 1, 3) oder eines Betriebs oder einer Verwaltung im Sinne des

§ 2 Nr. 3 gilt als Gewinn des letzten Steuerabschnitts der Betrag, um den das zur Verteilung kommende Vermögen den Wert des Vermögens übersteigt, der am Schlusse des vorangegangenen Steuerabschnitts der Veranlagung zur Körperschaftsteuer zugrunde gelegen hat; hiervon sind abzuziehen steuerfreie Vermögenszugänge, die dem Steuerpflichtigen im Steuerabschnitte zugeflossen sind; zuzurechnen ist der Gewinn des vorangegangenen Steuerabschnitts, soweit er in dem zur Verteilung kommenden Vermögen nicht mehr enthalten ist. Hat der letzten Veranlagung ein Wert nicht zugrunde gelegen, so tritt an seine Stelle der eingezahlte Betrag des Grund- oder Stammkapitals oder, wenn ein solches nicht vorhanden ist, die Summe der Einlagen oder der Anschaffungs- oder Herstellungspreis im Sinne des § 19 Abs. 2 des Einkommensteuergesetzes. Im übrigen finden auf die Gewinnermittlung die Vorschriften der §§ 13 bis 17 dieses Gesetzes, §§ 12 bis 17, 19 bis 21 des Einkommensteuergesetzes Anwendung.

(2) Die Vorschrift des Abs. 1 gilt entsprechend für die Fälle, in denen das Vermögen einer Erwerbsgesellschaft oder eines Betriebs oder einer Verwaltung im Sinne des § 2 Nr. 3 mit oder ohne Liquidation auf einen anderen übergeht; hierbei tritt für die Ermittlung des Gewinns an die Stelle des zur Verteilung kommenden Vermögens der Wert der für die Übertragung des Vermögens gewährten Gegenleistung nach dem Stande im Zeitpunkt der Übertragung.

(3) Die Vorschrift des Abs. 2 findet keine Anwendung, wenn das Vermögen einer Erwerbsgesellschaft oder eines Betriebs oder einer Verwaltung im Sinne des § 2 Nr. 3 als Ganzes mit oder ohne Liquidation auf eine andere inländische Erwerbsgesellschaft oder auf eine Körperschaft des öffentlichen Rechtes übertragen wird. Auch die Vorschriften der §§ 30 bis 32 des Einkommensteuergesetzes gelten in diesen Fällen nicht.

§ 19. (1) Scheidet eine bisher unbeschränkt steuerpflichtige Erwerbsgesellschaft (§ 4 Abs. 1, 3) durch Verlegung des Sitzes und Ortes der Leitung oder eines von beiden in das Ausland aus der inländischen Steuerpflicht aus oder wird sie dadurch beschränkt steuerpflichtig, so findet § 18 Abs. 1 sinngemäß Anwendung. An die Stelle des zur Verteilung kommenden Vermögens tritt der gemeine Wert des vorhandenen Vermögens. Der nicht auf das letzte Betriebsergebnis entfallende Teil der Steuer bleibt zu dem Betrag unerhoben, der dem Verhältnis des im Inland verbliebenen Vermögens zum gesamten Vermögen der Gesellschaft entspricht.

(2) Die Vorschrift des Abs. 1 gilt entsprechend, wenn die inländische Betriebsstätte einer Erwerbsgesellschaft, deren Sitz und Ort der Leitung sich im Ausland befinden, aufgelöst oder in das Ausland verlegt oder ihr Vermögen als Ganzes an einen andern übertragen wird.

(3) Die Vorschriften der Abs. 1, 2 finden auf Betriebe und Verwaltungen im Sinne des § 2 Nr. 3 entsprechende Anwendung.

III. Steuertarif

§ 20. Zur Berechnung der Körperschaftsteuer wird das Einkommen auf volle zehn Reichsmark nach unten abgerundet.

§ 21. Die Körperschaftsteuer beträgt:

1. bei Erwerbsgesellschaften (§ 4 Abs. 1, 3) und Betrieben oder Verwaltungen im Sinne des § 2 Nr. 3 mit Ausnahme der unter Nr. 2 und 3 c, d bezeichneten Steuerpflichtigen
   20 vom Hundert des Einkommens;
2. bei Gesellschaften mit beschränkter Haftung und bei Erwerbs- und Wirtschaftsgenossenschaften, die nicht unter § 4 Abs. 2 fallen, sofern der Sitz oder der Ort der Leitung im Inland liegt und weder das Stammkapital oder die Summe der Einlagen noch das bei der letzten Veranlagung zur Vermögensteuer festgestellte Vermögen den Betrag von 50000 Reichsmark übersteigt,
   für die ersten angefangenen oder vollen 8000 Reichsmark des Einkommens 10 vom Hundert,
   für die weiteren angefangenen oder vollen 4000 Reichsmark des Einkommens $12^1/_2$ vom Hundert,
   für die weiteren angefangenen oder vollen 4000 Reichsmark des Einkommens 15 vom Hundert,
   für die weiteren angefangenen oder vollen 4000 Reichsmark des Einkommens 20 vom Hundert,

für die weiteren angefangenen oder vollen 8000 Reichsmark des Einkommens 25 vom Hundert,

für alle weiteren Beträge 30 vom Hundert mit der Maßgabe, daß die Steuer 20 vom Hundert des gesamten Einkommens nicht übersteigen darf,

bei den übrigen Gesellschaften mit beschränkter Haftung und nicht unter § 4 Abs. 2 fallenden Erwerbs- und Wirtschaftsgenossenschaften 20 vom Hundert des Einkommens.

Als Stammkapital im Sinne dieser Vorschrift gelten auch die im § 6 des Kapitalverkehrsteuergesetzes vom 8. April 1922 (Reichsgesetzbl. I S. 354) zu a, b bezeichneten Zahlungen und Leistungen sowie die im § 6 des genannten Gesetzes zu c bezeichneten Darlehen und Forderungen;

3. a) bei den im § 2 Nr. 2, § 4 Abs. 2 bezeichneten Steuerpflichtigen,

b) bei den im § 3 Abs. 1 Nr. 2 bezeichneten Steuerpflichtigen, die nicht zu den Erwerbsgesellschaften (§ 4 Abs. 1, 3) oder zu den Betrieben und Verwaltungen im Sinne des § 2 Nr. 3 gehören,

c) bei den Privatnotenbanken, den nach dem Hypothekenbankgesetze vom 13. Juli 1899 (Reichsgesetzbl. S. 375) der Staatsaufsicht unterliegenden reinen Hypothekenbanken und den unter Staatsaufsicht stehenden, mit dem Rechte zur Ausgabe von Schiffspfandbriefen ausgestatteten Schiffsbeleihungsbanken, ferner bei den Hypothekenbanken, die Geschäfte in weiterem als dem im § 5 des Hypothekenbankgesetzes bezeichneten Umfang betreiben (gemischten Hypothekenbanken), für Einkünfte aus den im § 5 des Hypothekenbankgesetzes genannten Geschäften und

d) bei beschränkt steuerpflichtigen Erwerbsgesellschaften (§ 4 Abs. 1, 3) und Betrieben oder Verwaltungen im Sinne des § 2 Nr. 3 für Einkünfte der im § 3 Abs. 2 Nr. 4 bis 11 des Einkommensteuergesetzes bezeichneten Art, soweit diese Einkünfte nicht in einem inländischen Betriebe der Land- und Forstwirtschaft oder in einem inländischen Gewerbebetrieb angefallen sind,

10 vom Hundert des Einkommens.

IV. Verfahren

§ 22. Die §§ 61 bis 67 des Einkommensteuergesetzes finden entsprechende Anwendung. Die Verpflichtung zur Abgabe einer Steuererklärung (§ 61 Abs. 1 des Einkommensteuergesetzes) kann auch auf eine Erklärung über die Höhe der im § 10 Abs. 2 bezeichneten Gewinnanteile, Vergütungen, Tantiemen, Entschädigungen und Belohnungen erstreckt werden.

§ 23. Wenn die Steuerpflicht neu entsteht oder erlischt oder wenn die unbeschränkte Steuerpflicht an die Stelle der beschränkten oder die beschränkte Steuerpflicht an die Stelle der unbeschränkten tritt, hat der Steuerpflichtige von der eingetretenen Veränderung dem Finanzamt nach näherer Anordnung des Reichsministers der Finanzen alsbald Anzeige zu machen.

V. Entrichtung der Steuer

§ 24. Die Vorschriften des Einkommensteuergesetzes über den Steuerabzug vom Kapitalertrag, über die Veranlagung von Einkünften, die dem Steuerabzug unterliegen, und über die Vorauszahlungen und die Abschlußzahlung (§§ 68, 83 bis 103) finden sinngemäß Anwendung, soweit nicht in den §§ 25 bis 28 etwas anderes vorgeschrieben ist.

§ 25. Neben dem Falle des § 84 des Einkommensteuergesetzes unterbleibt der Steuerabzug auch von Kapitalerträgen, die einer unbeschränkt steuerpflichtigen Erwerbsgesellschaft (§ 4 Abs. 1, 3) oder einem Betrieb oder einer Verwaltung im Sinne des § 2 Nr. 3 aus Aktien, Kuxen, Anteilen oder Genußscheinen einer anderen Erwerbsgesellschaft zufließen, sofern sie an dem Grund- oder Stammkapital oder an dem Vermögen dieser Erwerbsgesellschaft seit Beginn des Steuerabschnitts mindestens zu einem Viertel beteiligt ist.

§ 26. (1) Besteht das Einkommen eines Steuerpflichtigen, der nicht zu den Erwerbsgesellschaften (§ 4 Abs. 1, 3) oder zu den Betrieben und Verwaltungen im Sinne des § 2 Nr. 3 gehört, entweder nur aus Einkünften, die dem Steuerabzuge vom Kapitalertrag unterlegen haben und weder in einem Betriebe der Land- und Forstwirtschaft noch in einem Gewerbebetrieb angefallen sind, oder aus solchen Einkünften und aus sonstigem Einkommen bis zu 500 Reichsmark, so findet ohne Rücksicht auf die Höhe des Einkommens eine Veranlagung nicht statt. Beträgt das sonstige Einkommen mehr als 500 Reichsmark, so wird nur dieses veranlagt.

(2) Besteht im Falle der beschränkten Steuerpflicht das Einkommen einer Erwerbsgesellschaft (§ 4 Abs. 1, 3) oder eines Betriebs oder einer Verwaltung im Sinne des § 2 Nr. 3 nur aus Einkünften, die dem Steuerabzuge vom Kapitalertrag unterlegen haben und weder in einem inländischen Betriebe der Land- und Forstwirtschaft noch in einem inländischen Gewerbebetrieb angefallen sind, oder aus solchen Einkünften und aus sonstigem Einkommen, so finden die Vorschriften des Abs. 1 entsprechende Anwendung.

§ 27. In den Fällen, in denen Kapitalerträge im Sinne des § 3 Abs. 2 Nr. 9 des Einkommensteuergesetzes bei der Ermittlung des Einkommens abgezogen werden dürfen (§ 15 Nr. 2), werden die von solchen Kapitalerträgen einbehaltenen Steuerbeträge nur erstattet, soweit sie vierteljährlich zehn Reichsmark übersteigen.

§ 28. Die Vorschrift über die Leistung von Sicherheit für die Abschlußzahlung (§ 103 Abs. 1 des Einkommensteuergesetzes) gilt nur, wenn die Steuerpflicht durch Verlegung des Sitzes und des Ortes der Leitung einer unbeschränkt steuerpflichtigen Erwerbsgesellschaft (§ 4 Abs. 1, 3) oder durch Verlegung der inländischen Betriebsstätte einer beschränkt steuerpflichtigen Erwerbsgesellschaft (§ 4 Abs. 1, 3) in das Ausland wegfällt.

VI. Übergangs- und Schlußvorschriften

§ 29. Für die erste Veranlagung auf Grund dieses Gesetzes finden die Vorschriften der §§ 104 bis 110 des Einkommensteuergesetzes sinngemäß Anwendung. Die Vorschrift des § 108 Abs. 2 Halbsatz 1 gilt jedoch nicht in den Fällen, in denen das Vermögen von Erwerbsgesellschaften bei der Veranlagung zur Vermögensteuer 1925 mit der Summe der Steuerkurswerte angesetzt worden ist, ferner nicht für Beteiligungen an einer inländischen Erwerbsgesellschaft, sofern der Wert einer solchen Beteiligung bei der Veranlagung zur Vermögensteuer 1925 gemäß § 27 des Reichsbewertungsgesetzes außer Ansatz geblieben ist.

§ 30. (1) Die Vorschriften der §§ 111, 114, 115 des Einkommensteuergesetzes gelten entsprechend.

(2) Wird im Falle des § 5 Abs. 2 der Verordnung über Goldbilanzen vom 28. Dezember 1923 (Reichsgesetzbl. I S. 1253) ein Kapitalentwertungskonto in die Bilanz eingestellt, so dürfen die zu seiner Tilgung verwendeten Beträge bei der Ermittlung des Einkommens nach diesem Gesetze nicht abgezogen werden; § 15 Nr. 3 findet insoweit keine Anwendung.

§ 31. Die Ausführungsbestimmungen zu diesem Gesetz erläßt der Reichsminister der Finanzen mit Zustimmung des Reichsrats.

§ 32. (1) Die Vorschrift des § 2 Nr. 3 gilt für die Betriebe und Verwaltungen, die nicht schon nach dem Körperschaftsteuergesetze vom 30. März 1920 (Reichsgesetzbl. S. 393) in der Fassung des Gesetzes vom 8. April 1922 (Reichsgesetzbl. I S. 351) steuerpflichtig waren, erstmalig für das erste Wirtschaftsjahr, das nach Inkrafttreten dieses Gesetzes beginnt. Im übrigen findet das Gesetz erstmalig auf die Veranlagungen für das Kalenderjahr 1925 oder für die im Kalenderjahre 1925 endenden Wirtschaftsjahre Anwendung.

(2) Mit Wirkung vom 1. Januar 1925 treten die §§ 63 bis 67 des Kapitalverkehrsteuergesetzes außer Kraft. Soweit Vergütungen der in den §§ 63, 64 des Kapitalverkehrsteuergesetzes bezeichneten Art für ein vor dem 1. Januar 1925 endendes Wirtschaftsjahr gewährt werden, wird die Aufsichtsratsteuer nach den Vorschriften des Kapitalverkehrsteuergesetzes erhoben; das gleiche gilt für Vergütungen, die für ein im Jahre 1925 endendes Wirtschaftsjahr gewährt werden, für das nach Abs. 1 eine Veranlagung zur Körperschaftsteuer nicht stattfindet.

Berlin, den 10. August 1925.

Der Reichspräsident
von Hindenburg

Der Reichsminister der Finanzen
von Schlieben

Reichsbewertungsgesetz

Vom 10. August 1925 (RGBl. I S. 214).

Der Reichstag hat das folgende Gesetz beschlossen, das mit Zustimmung des Reichsrats hiermit verkündet wird:

Erster Abschnitt

Einheitswertsteuern

§ 1. (1) Für die Vermögensteuer des Reichs sind Vermögen und Vermögensarten unter Mitwirkung der Länder und Gemeinden nach den Vorschriften dieses Gesetzes zu bewerten.

(2) Die Länder und Gemeinden, die Steuern nach dem Merkmal des Wertes einzelner Vermögensarten erheben, haben diesen Steuern die nach den Vorschriften dieses Gesetzes festgestellten Werte zugrunde zu legen. Den Gemeinden im Sinne dieses Gesetzes stehen die Gemeindeverbände und selbständigen Gutsbezirke gleich.

(3) Die nach den Vorschriften dieses Gesetzes festgestellten Werte gelten als Einheitswerte, die im Abs. 1, 2 bezeichneten Steuern als Einheitswertsteuern im Sinne dieses Gesetzes.

§ 2. Als Vermögen im Sinne dieses Gesetzes gilt, soweit nichts anderes vorgeschrieben ist, das gesamte bewegliche und unbewegliche Vermögen nach Abzug der Schulden. Es umfaßt folgende Vermögensarten:

1. landwirtschaftliches, forstwirtschaftliches und gärtnerisches Vermögen (§§ 11 bis 25),
2. Betriebsvermögen (§§ 26 bis 33),
3. Grundvermögen (§§ 34 bis 37),
4. sonstiges Vermögen (§§ 38 bis 44).

§ 3. Der Einheitswert wird festgestellt

1. für die wirtschaftlichen Einheiten (§ 9) der im § 2 Nr. 1 bis 3 bezeichneten Vermögensarten und für die im § 31 Abs. 3 bezeichneten Vermögensgegenstände.

Erstreckt sich die wirtschaftliche Einheit oder der Vermögensgegenstand sowohl auf das Inland als auch auf das Ausland, so wird

a) bei unbeschränkt Steuerpflichtigen im Sinne des Vermögensteuergesetzes der Teilbetrag des Einheitswerts gesondert festgestellt, der auf das inländische landwirtschaftliche, forstwirtschaftliche und gärtnerische Vermögen, Betriebsvermögen und Grundvermögen (Inlandsvermögen) entfällt (§ 49 Abs. 1). Der Reichsminister der Finanzen (§ 86) kann für wirtschaftliche Einheiten des Betriebsvermögens nähere Bestimmungen darüber treffen, inwieweit die zu einer wirtschaftlichen Einheit gehörigen Gegenstände, insbesondere auch Schulden und Rücklagen (§ 28), als auf das inländische Betriebsvermögen entfallend anzusehen sind;

b) bei beschränkt Steuerpflichtigen im Sinne des Vermögensteuergesetzes ein Einheitswert nur für den Teil der wirtschaftlichen

Einheit oder des Gegenstandes festgestellt, der zum Inlandsvermögen (Nr. 1 a) gehört. Nr. 1 a Satz 2 findet entsprechende Anwendung.

Beschränkt sich die wirtschaftliche Einheit oder der Vermögensgegenstand ausschließlich auf das Ausland, so wird ein Einheitswert für die Einheit oder den Gegenstand nicht festgestellt (§ 49 Abs. 2).

2. für das Gesamtvermögen. Als Gesamtvermögen gilt
   a) bei unbeschränkt Steuerpflichtigen im Sinne des Vermögensteuergesetzes das gesamte Vermögen des Steuerpflichtigen;
   b) bei beschränkt Steuerpflichtigen im Sinne des Vermögensteuergesetzes das gesamte Inlandsvermögen (Nr. 1 a) des Steuerpflichtigen.

§ 4. (1) Sofern die Länder und nach Maßgabe der Landesgesetzgebung die Gemeinden die Grund- und Gebäudesteuer oder die Gewerbesteuer ganz oder zum Teil nach dem Merkmal des Wertes erheben, dürfen sie unterwerfen:

1. der Grund- und Gebäudesteuer: die wirtschaftlichen Einheiten des landwirtschaftlichen, forstwirtschaftlichen, gärtnerischen Vermögens und des Grundvermögens im Sinne dieses Gesetzes, soweit sich die Einheiten auf das Land oder die Gemeinde erstrecken;
2. der Gewerbesteuer: die wirtschaftlichen Einheiten des Betriebsvermögens im Sinne dieses

Gesetzes, soweit sich die Einheiten auf das Land oder die Gemeinde erstrecken.

(2) Die Länder können bestimmen,

1. daß die im § 31 Abs. 3 bezeichneten, zu einer wirtschaftlichen Einheit des Betriebsvermögens gehörigen Gegenstände oder Teile von diesen an Stelle der Gewerbesteuer der Grund- und Gebäudesteuer unterliegen;
2. daß die zu einer wirtschaftlichen Einheit des landwirtschaftlichen, forstwirtschaftlichen oder gärtnerischen Vermögens gehörigen Nebenbetriebe gewerblicher Art oder Teile von diesen an Stelle der Grund- und Gebäudesteuer der Gewerbesteuer unterliegen;
3. daß Teile einer wirtschaftlichen Einheit des landwirtschaftlichen, forstwirtschaftlichen oder gärtnerischen Vermögens oder des Grundvermögens der Grund- und Gebäudesteuer nicht unterliegen;
4. daß Teile einer wirtschaftlichen Einheit des Betriebsvermögens der Gewerbesteuer nicht unterliegen;
5. daß für die Gewerbesteuer Schulden, die bei der Feststellung des Einheitswerts für eine wirtschaftliche Einheit des Betriebsvermögens in Abzug gebracht worden sind (§ 28 Abs. 1), dem Einheitswert ganz oder teilweise wieder hinzugerechnet werden;
6. daß für die Gewerbesteuer dem für eine wirtschaftliche Einheit des Betriebsvermögens festgestellten Einheitswert der Wert solcher Gegenstände oder Teile von ihnen hinzugerechnet

wird, die dem Betriebe dienen, aber nicht im Eigentum des Betriebsinhabers stehen und bei der Feststellung des Einheitswerts des gewerblichen Betriebs nach Maßgabe dieses Gesetzes nicht zu berücksichtigen sind. Satz 1 gilt für Gegenstände oder Teile von ihnen, die nach Abs. 1 Nr. 1 an sich der Grund- und Gebäudesteuer unterworfen werden können, nur dann, wenn sie zu dieser Steuer nicht herangezogen werden;

7. daß für die Gewerbesteuer, soweit sie sich auf Angehörige eines freien Berufs oder auf diesen gleichgestellte Gewerbetreibende bezieht, von der Anwendung der Vorschrift des § 26 Abs. 1 Satz 3 abgesehen wird;
8. daß zu der Grund- und Gebäudesteuer oder zu der Gewerbesteuer einzelne Gegenstände oder Teile von Gegenständen, die zu einer wirtschaftlichen Einheit gehören, mit einem anderen Steuersatz herangezogen werden als die übrigen Teile der wirtschaftlichen Einheit.

(3) In den Fällen des Abs. 2 Nr. 1 bis 7 ist bei der Ermittlung des der Grund- und Gebäudesteuer oder der Gewerbesteuer unterliegenden Wertes von dem für die wirtschaftliche Einheit festgestellten Einheitswert auszugehen; ist hierbei von dem Einheitswerte der Wert solcher Gegenstände abzuziehen oder zu dem Einheitswerte hinzuzurechnen, für die selbst nach den Vorschriften dieses Gesetzes ein Einheitswert festgestellt worden ist, so ist der für den Gegenstand festgestellte Einheitswert abzuziehen oder hinzuzurechnen. Satz findet in dem Falle des Abs. 2

Nr. 8 entsprechende Anwendung auf die Ermittlung des dem anderen Steuersatz unterliegenden Wertes.

§ 5. (1) Die Feststellung des Einheitswerts wird nach dem Stande an einem bestimmten Zeitpunkt (Feststellungszeitpunkt) vorgenommen.

(2) Die allgemeine Feststellung der Einheitswerte (Hauptfeststellung) wird nach dem Stande vom Beginne des 1. Januar (Hauptfeststellungszeitpunkt) in Zeitabständen von je einem Jahre vorgenommen. Durch eine vom Reichsminister der Finanzen mit Zustimmung des Reichsrats und eines Ausschusses des Reichstags erlassene Rechtsverordnung kann bestimmt werden, daß die Hauptfeststellungen in größeren als jährlichen Zeitabständen vorgenommen werden; die Bestimmung kann auf einzelne der im § 2 Nr. 1 bis 3 bezeichneten Vermögensarten oder auf das Gesamtvermögen beschränkt werden.

(3) Die außerhalb der Hauptfeststellung erforderlichen Feststellungen von Einheitswerten (Neufeststellung, Nachfeststellung) werden nach dem Stande an dem im § 75 Abs. 2, § 76 Abs. 3 bezeichneten Feststellungszeitpunkte vorgenommen.

§ 6. (1) Die Feststellung der Einheitswerte gilt vorbehaltlich der Vorschrift des § 7 für den im Abs. 2, 3 bezeichneten Zeitraum (Feststellungszeitraum).

(2) Die Hauptfeststellung gilt für das Kalenderjahr, das mit dem Hauptfeststellungszeitpunkte beginnt (Hauptfeststellungszeitraum). Wird gemäß § 5 Abs. 2 Satz 2 die Hauptfeststellung in größeren

als jährlichen Zeitabständen vorgenommen, so verlängert sich der Hauptfeststellungszeitraum entsprechend. Der für einen Einheitswert maßgebende Feststellungszeitraum endigt, wenn innerhalb des Hauptfeststellungszeitraums eine Neufeststellung (§ 75) des Einheitswerts erfolgt, mit dem für die Neufeststellung maßgebenden Feststellungszeitpunkte (§ 75 Abs. 2 Satz 1).

(3) Die Neufeststellung und Nachfeststellung gilt für den im § 75 Abs. 4, § 76 Abs. 3 bezeichneten Feststellungszeitraum.

§ 7. Bei der Veranlagung einer Einheitswertsteuer ist der Einheitswert zugrunde zu legen, in dessen Feststellungszeitraum (§ 6) der für die Veranlagung der Einheitswertsteuer maßgebende Zeitpunkt fällt.

§ 8. (1) Dieses Gesetz gilt als Steuergesetz im Sinne der Reichsabgabenordnung.

(2) Die Vorschriften der Reichsabgabenordnung finden Anwendung, soweit sich nicht aus diesem Gesetz etwas anderes ergibt.

Zweiter Abschnitt

Wertermittlung

§ 9. Für eine wirtschaftliche Einheit (§ 3 Nr. 1 des Gesetzes, § 137 Abs. 2 der Reichsabgabenordnung) kommen vorbehaltlich der Vorschriften des § 12 Abs. 2, § 26 Abs. 2 Nr. 3 Satz 2 mehrere Gegenstände nur insoweit in Betracht, als sie demselben Eigentümer gehören. Die Zurechnung mehrerer Gegenstände zu einer wirtschaftlichen Einheit wird nicht dadurch ausgeschlossen, daß die Gegenstände zum Teil dem einen, zum Teil dem anderen Ehegatten gehören, sofern das Vermögen der Ehegatten für die Feststellung des Einheitswerts für das Gesamtvermögen zusammenzurechnen ist (§ 48 Abs. 1). Satz 2 findet entsprechende Anwendung, wenn die Gegenstände zum Teil zum Gesamtgut einer fortgesetzten Gütergemeinschaft, zum Teil dem überlebenden Ehegatten (§ 48 Abs. 2) persönlich gehören.

§ 10. Ausländisches landwirtschaftliches, forstwirtschaftliches und gärtnerisches Vermögen, Betriebsvermögen und Grundvermögen ist nach den Vorschriften der Reichsabgabenordnung zu bewerten. Satz 1 gilt auch für die ausländischen Teile einer wirtschaftlichen Einheit, die sich sowohl auf das Inland als auch auf das Ausland erstreckt.

A. Landwirtschaftliches, forstwirtschaftliches, gärtnerisches Vermögen

I. Landwirtschaftliches Vermögen

§ 11. (1) Zum landwirtschaftlichen Vermögen gehören alle Teile (insbesondere Grund und Boden, Gebäude, stehende und umlaufende Betriebsmittel, Nebenbetriebe und Sonderkulturen) einer wirtschaftlichen Einheit, die dauernd einem landwirtschaftlichen Hauptzweck dient (landwirtschaftlicher Betrieb).

(2) Als Teile des landwirtschaftlichen Betriebs gelten nicht: deutsche und ausländische Zahlungsmittel, Geldforderungen, Wertpapiere und Geld-

schulden, die zum Erwerbe von Zahlungsmitteln, Geldforderungen und Wertpapieren eingegangen worden sind, sowie ein über den normalen Bestand hinausgehender Bestand (Überbestand) an nicht stehenden (umlaufenden) Betriebsmitteln. Als normaler Bestand an umlaufenden Betriebsmitteln gilt ein solcher, der zur Fortführung des Betriebs bis zum Beginne der nächsten Ernte erforderlich ist; bei der Ermittlung des zur Fortführung des Betriebs bis zum Beginne der nächsten Ernte erforderlichen Bestandes sind die in dieser Zeit eingehenden Einnahmen nicht zu berücksichtigen.

(3) Als landwirtschaftliches Vermögen gelten auch die Berechtigungen, die den Vorschriften des bürgerlichen Rechtes über Grundstücke unterliegen, sofern der mit der Berechtigung belastete Grund und Boden auf Grund dieser Berechtigung einem landwirtschaftlichen Hauptzweck dient. Als Einheitswert der dem Eigentümer des Grund und Bodens gehörigen wirtschaftlichen Einheit gilt der Wert dieser Einheit abzüglich des Einheitswerts der Berechtigung.

§ 12. (1) In den landwirtschaftlichen Betrieb sind auch solche Grundstücksflächen einzubeziehen, die anderen als landwirtschaftlichen Zwecken dienen, sofern durch die Zugehörigkeit dieser Flächen zu dem landwirtschaftlichen Betriebe der landwirtschaftliche Hauptzweck des Betriebs nicht wesentlich beeinflußt wird; dies gilt nicht für solche Flächen, die als selbständige Betriebe oder Teile von ihnen anzusehen sind.

(2) In den landwirtschaftlichen Betrieb sind Betriebsmittel, die der Bewirtschaftung des Betriebs dienen, auch dann einzubeziehen, wenn sie nicht dem Eigentümer des Grund und Bodens gehören; dies gilt entsprechend für Gebäude, die auf dem einem landwirtschaftlichen Betriebe dienenden Grund und Boden errichtet sind, aber dem Eigentümer des Grund und Bodens nicht gehören. In den Fällen des Satz 1 ist der Gesamtwert des landwirtschaftlichen Betriebs auf die beteiligten Eigentürmer nach dem Verhältnis ihrer Beteiligung am Gesamtwert zu verteilen; die auf die verschiedenen Eigentümer entfallenden Teilbeträge gelten als Einheitswerte im Sinne dieses Gesetzes.

§ 13. Für landwirtschaftliche Betriebe gelten die Grundsätze der Reichsabgabenordnung über die Bewertung nach Ertragswerten (§ 152 Abs. 2 bis 4 der Reichsabgabenordnung).

§ 14. (1) Bei der Feststellung des Einheitswerts sind hinsichtlich der Größe des Betriebs und des Umfanges der stehenden Betriebsmittel die Verhältnisse am Feststellungszeitpunkt (§ 5) zugrunde zu legen; im übrigen ist der Stand am 30. Juni des Jahres maßgebend, das dem Feststellungszeitpunkt unmittelbar vorangeht.

(2) Ist für die Veranlagung der Einkommensteuer dem Inhaber eines landwirtschaftlichen Betriebs die Zugrundelegung eines vom 30. Juni abweichenden Abschlußtags zugestanden worden, so tritt nach Maßgabe des Abs. 1 der abweichende Abschlußtag an die Stelle des 30. Juni; wird der Betrieb nicht vom Eigentümer des Grund und Bodens oder

für Rechnung des Eigentümers bewirtschaftet, so kommt nur der Abschlußtag dessen in Betracht, für dessen Rechnung der Betrieb bewirtschaftet wird.

§ 15. (1) Für die Feststellung der nachhaltigen Ertragsfähigkeit (§ 152 Abs. 3 Satz 1 der Reichsabgabenordnung) eines landwirtschaftlichen Betriebs gelten folgende Vorschriften:

1. Grundstücksflächen eines landwirtschaftlichen Betriebs, die nicht landwirtschaftlich genutzt werden oder anderen als landwirtschaftlichen Zwecken dienen, aber in den landwirtschaftlichen Betrieb einzubeziehen sind (§ 12 Abs. 1), können nach näherer Bestimmung des Reichsministers der Finanzen (§ 86) gesondert bewertet werden. Satz 1 gilt entsprechend für landwirtschaftlich genutzte Grundstücksflächen eines Betriebs, für die betriebswirtschaftliche Selbständigkeit angenommen werden kann oder deren Ertragsfähigkeit von der Ertragsfähigkeit der übrigen wesentlich abweicht;
2. bei der Beurteilung der nachhaltigen Ertragsfähigkeit eines Betriebs sind alle Umstände, die auf den Wirtschaftserfolg von Einfluß sind oder von denen die Verwertung der gewonnenen Erzeugnisse abhängig ist, insbesondere Bodengüte und Bodenlage, klimatische Verhältnisse, Hoflage, Geschlossenheit oder Zersplitterung des Betriebs, Verkehrs- und Absatzverhältnisse, zu berücksichtigen;
3. für die Ermittlung des Reinertrags ist, wenn nach der Größe des Betriebs der Besitzer, seine Ehefrau oder seine Kinder an der Bewirt-

schaftung des Betriebs mitarbeiten, der Wert dieser Arbeit vom Rohertrag als Unkosten in Abzug zu bringen. Satz 1 gilt auch dann, wenn die Ehefrau oder die Kinder nicht im Dienstverhältnis zum Besitzer stehen;

4. die zum Betriebe gehörigen Gebäude, Betriebsmittel, Nebenbetriebe und Sonderkulturen sind nicht besonders zu bewerten; ihr Wert gilt als im Ertragswert einbegriffen.

(2) Der für einen Betrieb anzusetzende Wert darf nicht geringer sein als der Ertragswert, der sich nach §§ 34, 35, 37 für die bebauten Grundstücksteile ergeben würde.

§ 16. (1) Zur Herbeiführung der Gleichmäßigkeit in der Bewertung der landwirtschaftlichen Betriebe innerhalb des Reichsgebiets werden

1. für den Bezirk eines jeden Landesfinanzamts die Gebiete festgestellt, in denen sich die Betriebe größter Ertragsfähigkeit befinden, und an diesen Betrieben mit etwa vergleichbaren Größenverhältnissen (Vergleichsbetrieben) das Verhältnis ermittelt, in dem die auf die Flächeneinheit berechneten Ertragswerte der Vergleichsbetriebe der verschiedenen Landesfinanzamtsbezirke zueinander stehen; bei der Feststellung und Ermittlung kann auch anstatt von dem Bezirk eines Landesfinanzamts von bestimmten Wirtschaftsgebieten ausgegangen werden, die aus mehreren Landesfinanzamtsbezirken, aus Teilen mehrerer Landesfinanzamtsbezirke oder Teilen eines Landesfinanzamtsbezirkes bestehen. Bei den Vergleichsbetrieben können

zugepachtete Flächen mitberücksichtigt werden. Bei der Ermittlung des Verhältnisses der auf die Flächeneinheit berechneten Ertragswerte sind hinsichtlich der Hoflage, der Geschlossenheit oder Zersplitterung des Betriebs, des Bestandes an Gebäuden und Betriebsmitteln sowie an Nebenbetrieben und Sonderkulturen solche Verhältnisse zu unterstellen, die in der betreffenden Gegend für die Bewirtschaftung als regelmäßig anzusehen sind. Das Verhältnis, in dem die auf die Flächeneinheit berechneten Ertragswerte der Vergleichsbetriebe zueinander stehen, ist in Hundertsätzen auszudrücken, wobei der Vergleichsbetrieb größter Ertragsfähigkeit gleich Hundert zu setzen ist;

2. an bestimmten Betrieben (Vergleichsbetrieben) das Verhältnis ermittelt, in dem innerhalb des einzelnen Landesfinanzamtsbezirkes oder Wirtschaftsgebiets (Nr. 1) der auf die Flächeneinheit berechnete Ertragswert der landwirtschaftlichen Betriebe größter Ertragsfähigkeit zu dem auf die Flächeneinheit berechneten Ertragswert der Betriebe von mittlerer und geringerer Ertragsfähigkeit steht. Nr. 1 Satz 2 bis 4 findet entsprechende Anwendung;

3. durch eine vom Reichsminister der Finanzen mit Zustimmung des Reichsrats erlassene Rechtsverordnung mit rechtsverbindlicher Kraft Ertragswertklassen sowie Höchst- und Mindestwerte für eine Flächeneinheit der in die Ertragswertklassen fallenden Betriebe (Rahmensätze) aufgestellt; die Aufstellung kann für einen

Hauptfeststellungszeitraum oder mehrere Hauptfeststellungszeiträume erfolgen. Der höchste Rahmensatz der höchsten Ertragswertklasse gilt für die Vergleichsbetriebe, die nach der gemäß Nr. 1 getroffenen Feststellung die allergrößte Ertragsfähigkeit innerhalb des Reichsgebiets besitzen.

(2) Bei der Feststellung der Verhältniszahlen (Abs. 1 Nr. 1, 2) sollen unter anderem auch die Anhaltspunkte verwertet werden, die in den einzelnen Ländern für die Ermittlung der Ertragsfähigkeit vorhanden sind (Grundsteuerreinertrag, Normalertrag, Reinertrag, Katasterertrag, Steuerkapital, Landschaftstaxen und dergleichen), soweit die Anhaltspunkte innerhalb des einzelnen Landes brauchbar sind.

(3) Bei der Einreihung in die Ertragswertklassen und der Bewertung innerhalb der Rahmensätze sind nur Bodengüte, Bodenlage, klimatische Verhältnisse, allgemeine Verkehrs- und Absatzverhältnisse sowie die Verhältnisse des Arbeitsmarkts in Betracht zu ziehen. Hinsichtlich der übrigen Umstände, die die Ertragsfähigkeit beeinflussen können, ist jedoch ohne Rücksicht auf die tatsächlichen Verhältnisse von solchen auszugehen, die in der betreffenden Gegend für die Bewirtschaftung als regelmäßig anzusehen sind; dies gilt inbesondere hinsichtlich der Hoflage, der Geschlossenheit oder Zersplitterung des Betriebs, der Betriebsgröße und des Bestandes an Gebäuden, Betriebsmittel, Nebenbetrieben und Sonderkulturen.

(4) Liegen hinsichtlich der im Abs. 3 Satz 2 bezeichneten Umstände Verhältnisse vor, die von den

regelmäßigen (Abs. 3) wesentlich abweichen, so ist einer hierdurch begründeten Minderung oder Steigerung des Ertragswerts bei der Feststellung des Einheitswerts durch Abschläge oder Zuschläge Rechnung zu tragen. Satz 1 findet hinsichtlich eines Unterbestandes an umlaufenden Betriebsmitteln entsprechende Anwendung. Der Reichsminister der Finanzen (§ 86) kann nähere Bestimmungen zur Ausführung der Vorschriften des Satz 1, 2 treffen.

(5) Die Vergleichsbetriebe (Abs. 1 Nr. 1, 2) sind auf Grund der gemäß Abs. 1 Nr. 1, 2 aufgestellten Verhältniszahlen in die Ertragswertklassen einzureihen. Die Einreihung der übrigen Betriebe hat unter Berücksichtigung der von dem Bewertungsbeirat (§ 17) ermittelten Verhältniszahlen und im Vergleich zu der Einreihung der Vergleichsbetriebe und der gemäß § 19 Abs. 1 Nr. 3 eingereihten Betriebe zu erfolgen; Abs. 2 findet entsprechende Anwendung.

§ 17. (1) Zur Sicherung einer wirksamen Durchführung der Vorschriften des § 16 Abs. 1 wird dem Reichsminister der Finanzen ein Bewertungsbeirat zur Seite gestellt.

(2) Der Bewertungsbeirat besteht aus:

1. dem Reichsminister der Finanzen oder einem von ihm allgemein oder im einzelnen Falle beauftragten Reichsbeamten als Vorsitzenden;
2. je einem beamteten Vertreter zweier vom Reichsrat bestimmten Länder. Dabei soll sowohl ein Land, in dem zusammenhängender Großgrundbesitz, als auch ein Land, in dem zer-

splitterter Grundbesitz stark vertreten ist, bestimmt werden;

3. zwei vom Reichsminister der Finanzen in Benehmen mit den zuständigen Reichsministern und zwei vom Reichsrat bestimmten ausübenden Landwirten, die über allgemeine Sachkunde auf dem Gebiete der Landwirtschaft verfügen. Ehemalige Eigentümer, Nutznießer oder Pächter landwirtschaftlicher Betriebe, die ihren Betrieb den Nachkommen übergeben haben, werden den ausübenden Landwirten gleichgestellt;
4. je einem vom Reichsminister der Finanzen im Benehmen mit den zuständigen Reichsministern und einem vom Reichsrat bestimmten Mitglied, das, ohne ausübender Landwirt zu sein, über allgemeine Sachkunde auf dem Gebiete der Landwirtschaft verfügt.

(3) Für den Fall der Behinderung der im Abs. 2 Nr. 2 bezeichneten Mitglieder des Bewertungsbeirats ist je ein Vertreter von dem betreffenden Lande zu bestimmen.

(4) Als ständiger Vertreter für die im Abs. 2 Nr. 3, 4 bezeichneten Mitglieder des Bewertungsbeirats wird von dem Reichsminister der Finanzen im Benehmen mit den zuständigen Reichsministern und vom Reichsrat je ein ausübender Landwirt bestimmt, der über allgemeine Sachkunde auf dem Gebiete der Landwirtschaft verfügt. Diese Vertreter treten für den Fall der Verhinderung der im Satz 1 bezeichneten Mitglieder an deren Stelle; an die Stelle eines vom Reichsminister der Finanzen bestimmten Mitglieds tritt in erster Linie der vom

Reichsminister der Finanzen bestimmte Vertreter, an die Stelle eines vom Reichsrat bestimmten Mitglieds der vom Reichsrat bestimmte Vertreter. Die beiden ständigen Vertreter nehmen von vornherein an allen Amtshandlungen des Bewertungsbeirats teil; sie haben jedoch beratende und beschließende Stimme nur dann, wenn sie an die Stelle eines verhinderten Mitglieds getreten sind. Satz 1 bis 3 finden im Falle des Ausscheidens eines Mitglieds der im Abs. 2 Nr. 3, 4 bezeichneten Art bis zur Bestimmung eines neuen Mitglieds entsprechende Anwendung.

(5) Die im Abs. 2 Nr. 2 bis 4 bezeichneten Mitglieder (nichtständige Mitglieder) des Bewertungsbeirats sowie die im Abs. 2, 4 bezeichneten Vertreter werden jeweils für einen Hauptfeststellungszeitraum (§ 6 Abs. 2) berufen. Wiederberufung ist zulässig. Im Falle des Ausscheidens eines Mitglieds oder eines Vertreters ist von der Stelle, die das ausscheidende Mitglied oder den Vertreter bestimmt hat, ein anderes Mitglied für die noch laufende Berufungszeit zu berufen. Die im Abs. 2 Nr. 3, 4 bezeichneten Mitglieder des Bewertungsbeirats und die im Abs. 4 bezeichneten Vertreter dürfen sich weder in einem unmittelbaren Beamtenverhältnis, das die vorgesetzte Behörde zu sachlichen Anweisungen berechtigt, noch in einem Angestelltenverhältnis zu einer Reichs- oder Landesbehörde befinden.

(6) Die nicht ständigen Mitglieder des Bewertungsbeirats und die Vertreter haben bei Eintritt in ihre Tätigkeit dem Vorsitzenden durch Hand-

schlag an Eides Statt zu geloben, bei den Verhandlungen des Bewertungsbeirats ohne Ansehen der Person nach bestem Wissen und Gewissen zu verfahren, die Verhandlungen und die hierbei zu ihrer Kenntnis gelangenden Verhältnisse der Steuerpflichtigen strengstens geheim zu halten und Geschäfts- und Betriebsgeheimnisse nicht unbefugt zu verwerten; die Geheimhaltungspflicht erstreckt sich nicht auf die vom Bewertungsbeirate gefaßten und bekanntgegebenen Beschlüsse (§ 19 Abs. 2). Die §§ 10, 376 der Reichsabgabenordnung finden entsprechende Anwendung. Bei Wiederberufung genügt die Verweisung auf die früher abgegebene Versicherung.

§ 18. (1) Der Reichsminister der Finanzen führt die Geschäfte des Bewertungsbeirats. Der Bewertungsbeirat ist beschlußfähig, wenn außer dem Vorsitzenden mindestens vier Mitglieder anwesend sind. Bei Ausbleiben eines der im § 17 Abs. 2 Nr. 3, 4 bezeichneten Mitglieder oder der im § 17 Abs. 4 bezeichneten Vertreter gilt sinngemäß der § 56 des Gerichtsverfassungsgesetzes; der Vorsitzende entscheidet. Über die Beschwerde gegen die Entscheidung des Vorsitzenden entscheidet der Bewertungsbeirat endgültig.

(2) Der Vorsitzende leitet die Verhandlungen des Bewertungsbeirats. Bei Abstimmungen entscheidet Stimmenmehrheit. Der Vorsitzende stimmt mit; bei Stimmengleichheit entscheidet seine Stimme. Bilden sich bei der Frage der Bewertung von Betrieben mehr als zwei Meinungen, so werden die Stimmen, die für die höchste Bewertung abgegeben sind, den

Stimmen hinzugezählt, die für die nächstniedrigere Bewertung abgegeben sind, bis sich eine Mehrheit ergibt. Die zu Mitgliedern des Bewertungsbeirats bestimmten ausübenden Landwirte (§ 17 Abs. 2 Nr. 3) gelten bei der Abstimmung insoweit als verhindert (§ 17 Abs. 1 Satz 2), als durch die Abstimmung Werte von Betrieben des Landes festzustellen oder zu vergleichen sind, in dem die Mitglieder die Landwirtschaft ausüben oder einen landwirtschaftlichen Betrieb besitzen; an die Stelle des Landes tritt in Preußen die Provinz.

(3) Der Bewertungsbeirat hat seinen Sitz in Berlin; er ist berechtigt, überall im Reichsgebiet Amtshandlungen vorzunehmen.

(4) Die Amtshandlungen des Bewertungsbeirats sind nicht öffentlich. Beauftragte der Reichsregierung sind berechtigt, an den Amtshandlungen teilzunehmen. Beauftragte von Landesregierungen sind, soweit es sich um Amtshandlungen handelt, durch die für Betriebe des betreffenden Landes Werte festzustellen oder zu vergleichen sind, berechtigt, an den Amtshandlungen teilzunehmen und müssen auf ihren Wunsch gehört werden; der Vorsitzende hat vor jeder Sitzung für die Benachrichtigung der beteiligten Landesregierungen Sorge zu tragen. Der Bewertungsbeirat kann nach eigenem Ermessen Sachverständige und Mitglieder von landwirtschaftlichen Berufsvertretungen hören; auf die Sachverständigen finden die §§ 10, 376 der Reichsabgabenordnung entsprechende Anwendung.

(5) der Reichsminister der Finanzen (§ 86) bestimmt die Geschäftsordnung des Bewertungsbei-

rats und die Entschädigung der nichtbeamteten Mitglieder und ihrer Vertreter; auf die Entschädigung der beamteten Mitglieder finden die Vorschriften Anwendung, die für die Entschädigung von Reichsbeamten entsprechender Gehaltsgruppen bei Dienstreisen maßgebend sind.

§ 19. (1) Der Bewertungsbeirat hat die Aufgabe,

1. die im § 16 Abs. 1 Nr. 1, 2 vorgesehenen Feststellungen und Ermittlungen zu treffen. Die Wirtschaftsgebiete und Vergleichsbetriebe werden von dem Bewertungsbeirate bestimmt;
2. vor Vorlage der Rechtsverordnung über die Ertragswertklassen und Rahmensätze an den Reichsrat (§ 16 Abs. 1 Nr. 3) sich gutachtlich über die in Aussicht genommene Regelung zu äußern;
3. bestimmte Betriebe einer bestimmten Gegend unter Beachtung der von ihm ermittelten Verhältniszahlen (§ 16 Abs. 1 Nr. 1, 2) und der Vorschrift des § 16 Abs. 1 Nr. 3 Satz 2 selbst in die Ertragswertklassen und Rahmensätze einzureihen; eine solche Einreihung erfolgt nur auf Antrag des Reichsministers der Finanzen. Der Bewertungsbeirat soll vor der Einreihung den Eigentümer des Grund und Bodens und, wenn die Gebäude oder Betriebsmittel zum wesentlichen Teil einem anderen gehören, den Eigentümer der Gebäude oder Betriebsmittel hören. Handelt es sich um die Einreihung mehrerer Betriebe derselben Gegend, so genügt die Anhörung eines

von den Eigentümern bestimmten Vertreters oder des Gemeindevorstehers;

4. für bestimmte Landesfinanzamtsbezirke oder Wirtschaftsgebiete oder Teile von Landesfinanzamtsbezirken oder Wirtschaftsgebieten die Ertragswertklassen oder Rahmensätze zu bestimmen, die für das Gebiet vorwiegend in Betracht kommen. Eine solche Bestimmung erfolgt nur auf Antrag des Reichsministers der Finanzen;
5. für bestimmte Gebiete der in Nr. 4 bezeichneten Art festzustellen, welcher Hundertsatz des Einheitswerts bei landwirtschaftlichen Betrieben mit normalem Bestand an Gebäuden und Betriebsmitteln auf den Grund und Boden, die Gebäude und die Betriebsmittel in der Regel entfällt; eine solche Feststellung erfolgt nur auf Antrag des Reichsministers der Finanzen.

(2) Die gemäß Abs. 1 Nr. 1, 3 bis 5 gefaßten Beschlüsse des Bewertungsbeirats werden nach näherer Bestimmung des Reichsministers der Finanzen (§ 86) bekanntgegeben. Durch die Bekanntgabe erhalten die Beschlüsse für den Hauptfeststellungszeitraum rechtsverbindliche Kraft; war der Einheitswert eines vom Bewertungsbeirate gemäß Abs. 1 Nr. 3 eingereihten Betriebs bereits vor der Einreihung festgestellt, so gilt die Feststellung des Einheitswerts als nicht erfolgt. Die bekanntgegebenen Beschlüsse können nicht zurückgenommen oder geändert werden; Schreibfehler, Rechenfehler oder ähnliche offenbare Unrichtigkeiten können auch nach der Bekanntgabe berichtigt werden.

(3) Im übrigen berät und unterstützt der Bewertungsbeirat den Reichsminister den Finanzen bei den Maßnahmen zur Sicherung der Gleichmäßigkeit der Bewertung innerhalb des Reichsgebiets.

§ 20. Soweit Mitglieder des Bewertungsbeirats die Erledigung der dem Bewertungsbeirate gemäß § 19 Abs. 1 übertragenen Aufgaben verweigern, entscheiden die übrigen Mitglieder allein; § 18 Abs. 1 Satz 2 findet keine Anwendung.

§ 21. Auf die Bewertung der im § 11 Abs. 3 bezeichneten Berechtigungen finden die §§ 16 bis 20 keine Anwendung.

II. Forstwirtschaftliches Vermögen

§ 22. (1) Zum forstwirtschaftlichen Vermögen gehören alle Teile einer wirtschaftlichen Einheit, die dauernd einem forstwirtschaftlichen Hauptzweck dient (forstwirtschaftlicher Betrieb).

(2) Auf die forstwirtschaftlichen Betriebe finden die §§ 11 bis 21 entsprechende Anwendung, soweit sich nicht aus Abs. 3 bis 5 etwas anderes ergibt.

(3) Bei aussetzenden Betrieben tritt an die Stelle des nachhaltigen jährlichen Reinertrags der Geldwert des durchschnittlichen jährlichen Bestandzuwachses.

(4) Bei Amtshandlungen des Bewertungsbeirats, die sich auf forstwirtschaftliche Betriebe beziehen, treten

an Stelle der im § 17 Abs. 2 Nr. 3 bezeichneten Landwirte ausübende Forstwirte, die über allgemeine Sachkunde auf dem Gebiete der Forstwirtschaft verfügen. § 17 Abs. 2 Nr. 3 Satz 2 findet entsprechend Anwendung;

an Stelle der im § 17 Abs. 2 Nr. 4 bezeichneten Mitglieder solche Mitglieder, die, ohne ausübende Forstwirte zu sein, über allgemeine Sachkunde auf dem Gebiete der Forstwirtschaft verfügen.

Die beiden gemäß § 17 Abs. 4 als ständige Vertreter bestimmten ausübenden Landwirte sind zugleich auch ständige Vertreter der im Satz 1 bezeichneten Mitglieder.

(5) Der Bewertungsbeirat kann für bestimmte Wirtschaftsgebiete Richtlinien darüber aufstellen, unter welchen Voraussetzungen bewaldete Flächen als selbständige forstwirtschaftliche Betriebe anzusehen sind; § 19 Abs. 2 findet entsprechende Anwendung.

III. Gärtnerisches Vermögen

§ 23. Zum gärtnerischen Vermögen gehören alle Teile einer wirtschaftlichen Einheit, die dauernd einem gärtnerischen Hauptzweck dient (gärtnerischer Betrieb).

§ 24. (1) Auf die gärtnerischen Betriebe, die dauernd dem Weinbau dienen, finden die §§ 11 bis 21 entsprechende Anwendung, soweit sich nicht aus Abs. 2 bis 4 etwas anderes ergibt.

(2) Zum normalen Bestand an umlaufenden Betriebsmitteln (§ 11 Abs. 2) gehören auch die Weinvorräte, die aus der letzten Ernte stammen.

(3) Für die Ermittlung der im § 16 Abs. 1 Nr. 1, 2 vorgesehenen Verhältniszahlen treten an die Stelle von Vergleichsbetrieben Vergleichslagen.

(4) Bei Amtshandlungen des Bewertungsbeirats, die sich auf Weinbaubetriebe beziehen, treten

an Stelle der beiden vom Reichsminister der Finanzen und an Stelle eines der beiden vom Reichsrat bestimmten Landwirte (§ 17 Abs. 2 Nr. 3) Weinbautreibende, die über allgemeine Sachkunde auf dem Gebiete des Weinbaues verfügen,

an Stelle des vom Reichsrat bestimmten Mitglieds, das über allgemeine Sachkunde auf dem Gebiete der Landwirtschaft verfügt (§ 17 Abs. 2 Nr. 4), ein Mitglied, das über allgemeine Sachkunde auf dem Gebiete des Weinbaues verfügt.

Die beiden gemäß § 17 Abs. 4 als ständige Vertreter bestimmten ausübenden Landwirte sind zugleich auch ständige Vertreter der im Satz 1 bezeichneten Mitglieder.

§ 25. Gärtnerische Betriebe, die nicht dauernd dem Weinbau dienen, sind gemäß § 152 Abs. 2 bis 4 der Reichsabgabenordnung zu bewerten. Die §§ 11, 12, 14, 15 Abs. 2 finden entsprechende Anwendung. Der Reichsminister der Finanzen (§ 86) kann mit Zustimmung des im § 17 vorgesehenen Bewertungsbeirats nach Anhörung gärtnerischer Sachverständigen Richtlinien über die Bewertung aufstellen.

B. Betriebsvermögen

§ 26. (1) Zum Betriebsvermögen gehören alle Teile einer wirtschaftlichen Einheit, die dem Betrieb eines Gewerbes oder der Ausübung eines nicht der reinen Kunst oder der reinen Wissenschaft gewidmeten freien Berufs als Hauptzweck dient, soweit die Gegenstände dem Betriebsinhaber oder demjenigen gehören, der den freien Beruf ausübt (gewerblicher Betrieb). Als Gewerbe im Sinne dieses Gesetzes gelten auch der Bergbau und die sonstige Ausbeutung von Grund und Boden (z. B. Steinbrüche, Kalkbrüche). Soweit der Wert sämtlicher Gegensätze, die dem Angehörigen eines der im Satz 1 bezeichneten freien Berufe oder einem diesem gleichstehenden Gewerbetreibenden (z. B. Zahntechniker) gehören und der Ausübung des freien Berufs oder des Gewerbes dienen, insgesamt nicht den Betrag von sechstausend Reichsmark übersteigt, ist der Wert der diesen Betrag nicht übersteigenden Gegenstände nicht als Betriebsvermögen anzusehen. Der Reichsminister der Finanzen (§ 86) bestimmt nach Anhörung von Sachverständigen, die der Vorläufige Reichswirtschaftsrat vorschlägt, unter welchen Voraussetzungen ein freier Beruf als der reinen Kunst oder der reinen Wissenschaft gewidmet anzusehen ist und welche Gruppen von Gewerbetreibenden den Angehörigen der im Satz 1 bezeichneten freien Berufe gleichzustellen sind.

(2) Einen gewerblichen Betrieb bilden insbesondere alle Gegenstände, die gehören:

1. Aktiengesellschaften, Kommanditgesellschaften auf Aktien, Kolonialgesellschaften, bergbautreibenden rechtsfähigen Vereinigungen und nichtrechtsfähigen Berggewerkschaften, Gesellschaften mit beschränkter Haftung, Genossenschaften, Versicherungsvereinen auf Gegenseitigkeit, Hypothekenbanken, Schiffbeleihungsbanken;
2. rechtsfähigen und nichtrechtsfähigen Vereinen, Anstalten, Stiftungen, anderen Zweckvermögen und sonstigen nicht unter Nr. 1 fallenden Körperschaften des bürgerlichen Rechts, sofern sie einen wirtschaftlichen Geschäftsbetrieb unterhalten und vorwiegend die Erzielung wirtschaftlicher Vorteile für sich oder zugunsten der in ihrer Satzung, Stiftung oder sonstigen Verfassung bestimmten Personen bezwecken;
3. offenen Handelsgesellschaften und Kommanditgesellschaften. Zu dem gewerblichen Betrieb einer solchen Gesellschaft gehören auch die Gegenstände, die im Eigentum eines oder mehrerer oder aller an der Gesellschaft beteiligten Gesellschafter stehen und dem Betriebe dieser Gesellschaft dienen.

(3) Als selbständiger gewerblicher Betrieb des Eigentümers gelten auch solche Gegenstände, die einem anderen als dem Eigentümer zum Betrieb eines Gewerbes dienen, wenn sich unter ihnen dauernd dem Betriebe gewidmete Gegenstände (Gegenstände des Anlagekapitals) befinden, die als solche nach Art und Menge im wesentlichen zur Ausübung eines selbständigen Gewerbebetriebs genügen

würden. Die Vorschrift des Satz 1 findet keine Anwendung auf unbebaute und bebaute Grundstücksflächen sowie Teile von diesen, die einem anderen als dem Eigentümer zum Betrieb seines Gewerbes dienen, sofern der Eigentümer lediglich diese Grundstücksflächen dem anderen zur Ausübung des Gewerbs überlassen hat. Die Vorschrift des Satz 1 findet jedoch Anwendung auf unbebaute Grundstücksflächen, die zur Ausbeutung des Grund und Bodens überlassen sind (z. B. Steinbrüche, Kalkbrüche), sowie auf bebaute Grundstücksflächen, wenn die Gebäude ihrer Bauart und Einrichtung nach gewerblichen Zwecken zu dienen bestimmt sind (z. B. Fabrikgebäude, Warenhäuser, Kontorhäuser).

(4) Zum Betriebsvermögen gehören nicht die Gegenstände, die nach § 38 Abs. 1 Nr. 1 Satz 2, 3, § 39 Nr. 6, 9 und 10 nicht zum sonstigen Vermögen gehören.

§ 27. Ist eine inländische Gesellschaft der im § 26 Abs. 2 Nr. 1 bezeichneten Art als Muttergesellschaft an dem Vermögen einer unter die gleiche Vorschrift fallenden inländischen Tochtergesellschaft mindestens zu einem Viertel beteiligt, so bleibt der Wert dieser Beteiligung bei der Muttergesellschaft außer Ansatz; der Reichsminister der Finanzen (§ 86) kann über die Ermittlung des Wertes der Beteiligung nähere Bestimmungen treffen.

§ 28. (1) Zur Ermittlung des Einheitswerts des gewerblichen Betriebs sind von dem Rohvermögen die Schulden abzuziehen, soweit sie mit der Gesamtheit oder mit einzelnen Teilen des gewerblichen Betriebs im wirtschaftlichen Zusammenhange stehen; nicht abzugsfähig sind die im § 47 Abs. 1 Nr. 1 a, b bezeichneten Schulden.

(2) Von dem Rohvermögen sind bei Versicherungsunternehmungen die nach dem Geschäftsplan erforderlichen Rücklagen für die Versicherungsverpflichtungen und für die dem Versicherungsnehmer oder Versicherten als Gewinnbeteiligung zu gewährenden Überschüsse abzuziehen. Von dem Rohvermögen sind ferner bei eingetragenen Genossenschaften sowie den in ihrer Hauptbestimmung als Zentralen der Genossenschaften wirkenden Gesellschaften mit beschränkter Haftung die Geschäftsguthaben der Genossen oder das Stammkapital der Gesellschaften sowie bei den Revisions- und ähnlichen Hauptverbänden das Verbandsvermögen abzuziehen.

§ 29. Für Betriebe, bei denen regelmäßige jährliche Abschlüsse auf einen anderen Zeitpunkt als den Hauptfeststellungszeitpunkt stattfinden, ist auf Antrag des Betriebsinhabers oder der zur Vertretung des Betriebs berechtigten Person an Stelle des Hauptfeststellungszeitpunkts (§ 5 Abs. 2) der Schluß des letzten Wirtschaftsjahrs zugrunde zu legen, das dem Hauptfeststellungszeitpunkt unmittelbar vorangeht. Der auf den zugrunde gelegten Abschlußzeitpunkt ermittelte Einheitswert gilt als Einheitswert am Hauptfeststellungszeitpunkt. An einen gemäß Satz 1 gestellten Antrag bleibt der Betrieb auch für künftige Hauptfeststellungszeiträume insofern gebunden, als stets der Schluß des letzten regelmäßigen Wirtschaftsjahrs zugrunde zu legen ist. Wird bei Verlegung des Wirtschaftsjahrs ein Antrag auf Zugrundelegung des neuen Abschlußzeitpunkts gestellt, so kann der Vorsitzende des Gewerbeausschusses (§ 65) für die nach der Umstellung erstmalig erfolgende Einheitswertfeststellung die Zugrundelegung des bisherigen Abschlußzeitpunkts verlangen.

§ 30. (1) Werden von einem gewerblichen Betriebe, der natürlichen Steuerpflichtigen gehört und gemäß § 29 einen vom Hauptfeststellungszeitpunkt abweichenden Abschlußzeitpunkt zugrunde legt, zwischen dem Abschlußzeitpunkt und dem Feststellungszeitpunkte Vermögensgegenstände aus dem gewerblichen Betrieb ausgeschieden und dem übrigen Vermögen des Betriebsinhabers zugeführt, so gelten diese Gegenstände als am Feststellungszeitpunkte noch zum gewerblichen Betriebe gehörig; entsprechend sind, wenn zwischen dem zugrunde gelegten Abschlußzeitpunkt und dem Feststellungszeitpunkte Gegenstände aus dem übrigen Vermögen ausgeschieden und dem gewerblichen Betriebe zugeführt worden sind, die Gegenstände als am Feststellungszeitpunkte noch zum übrigen Vermögen des Betriebsinhabers gehörig anzusehen.

(2) Sind innerhalb der letzten drei Monate vor dem für die Feststellung des Einheitswerts maßgebenden Feststellungszeitpunkte (§§ 5, 29) Vermögensgegenstände aus dem inländischen Teil eines gewerblichen Betriebs ausgeschieden, ohne daß diesem ein entsprechender Gegenwert zugeführt worden ist, so sind die ausgeschiedenen Gegenstände dem gewerblichen Betriebe zuzurechnen, sofern sie durch die Ausscheidung der inländischen Vermögens-

besteuerung entgehen würden und der Wert des am Feststellungszeitpunkte noch vorhandenen, der inländischen Vermögensbesteuerung unterliegenden Teiles des Betriebs in offenbarem Mißverhältnis zu dem Werte der ausgeschiedenen Gegenstände steht. Satz 1 gilt nicht für Gewinnausschüttungen oder für Fälle, in denen der Betriebsinhaber nachweist, daß die Ausscheidung der Gegenstände in der Absicht einer entsprechenden Einschränkung des Betriebs erfolgt ist oder die ausgeschiedenen Gegenstände oder ein entsprechender Gegenwert einem anderen inländischen Betriebe zugeführt worden sind.

§ 31. (1) Für die Bewertung der Gegenstände des Betriebsvermögens gelten die Vorschriften der Reichsabgabenordnung, insbesondere § 137 Abs. 1, § 138 über die Zugrundelegung des gemeinen Wertes; § 139 Abs. 2 der Reichsabgabenordnung findet keine Anwendung.

(2) Dem Gesichtspunkte der Gesamtbewertung gemäß § 137 Abs. 2, § 139 Abs. 1 der Reichsabgabenordnung ist bei der Ermittlung des gemeinen Wertes der einzelnen Gegenstände in der Weise Rechnung zu tragen, daß diese mit dem Werte angesetzt werden, den sie unter der Voraussetzung der Fortführung des Betriebs für den Betrieb haben.

(3) Vermögensgegenstände, die, unabhängig von ihrer Zugehörigkeit zu einem gewerblichen Betriebe betrachtet, nach ihrer Nutzungsart einen landwirtschaftlichen, forstwirtschaftlichen oder gärtnerischen Betrieb (§§ 11, 22, 23) bilden würden, sind nach den Vorschriften der §§ 11 bis 25 zu bewerten und mit den für sie festgestellten Einheitswerten bei der

Feststellung des Einheitswerts des gewerblichen Betriebs anzusetzen. Grundstücke, die, unabhängig von ihrer Zugehörigkeit zu einem gewerblichen Betriebe betrachtet, zum Grundvermögen (§ 34) gehören würden, sind nach den Vorschriften der §§ 34 bis 37 zu bewerten und mit den für sie festgestellten Einheitswerten bei der Feststellung des Einheitswerts des gewerblichen Betriebs anzusetzen; auf solche zu einem gewerblichen Betriebe gehörigen Berechtigungen, die ein gegenüber der allgemeinen Benutzung des Grund und Bodens (z. B. Erbbaurecht) besonderes Recht gewährleisten (z. B. Bergwerkseigentum), findet diese Vorschrift keine Anwendung. Satz 2 gilt nicht für das Zubehör des Grundstücks, insbesondere Maschinen, sowie sonstige Vorrichtungen aller Art, die zu einer Betriebsanlage des Grundstücks verwandt sind und als Zubehör des Grundstücks anzusehen sind.

(4) Wertpapiere und Anteile sowie Genußscheine an Gesellschaften der im § 26 Abs. 2 Nr. 1 bezeichneten Art sind ohne Rücksicht auf den zugrunde gelegten Abschlußzeitpunkt (§ 29) nach den Vorschriften der §§ 40 bis 43 zu bewerten und mit diesen Werten zur Feststellung des Einheitswerts des gewerblichen Betriebs anzusetzen.

(5) Der Gesamtwert des Betriebs darf nicht hinter der Summe der sich für die einzelnen Gegenstände aus Abs. 1 bis 4 ergebenden Werte, vermindert um die Schulden und Rücklagen (§ 28) des Betriebs, zurückbleiben.

§ 32. Der Reichsminister der Finanzen (§ 86) kann im Benehmen mit dem Reichswirtschaftsminister nach Anhörung von Sachverständigen Richtlinien über die Bewertung bestimmter Gruppen von Gegenständen des Betriebsvermögens aufstellen. Die Auswahl der Sachverständigen ist im Benehmen mit den beteiligten Wirtschaftskreisen zu treffen.

§ 33. Sind für die Anteile an einer inländischen Gesellschaft der im § 26 Abs. 2 Nr. 1 bezeichneten Art und für die von der Gesellschaft ausgegebenen Genußscheine Steuerkurswerte festgesetzt worden (§§ 40 bis 42), so ist der Einheitswert für den gewerblichen Betrieb mit der Summe der für die Anteile und Genußscheine der Gesellschaft festgesetzten Steuerkurswerte anzusetzen. Satz 1 findet keine Anwendung, wenn die Summe der Steuerkurswerte das nach den allgemeinen Bewertungsvorschriften, insbesondere gemäß § 31 berechnete Vermögen, um mindestens ein Zehntel der Summe der Steuerkurswerte übersteigt oder um mindestens ein Zehntel dieser Summe hinter diesem Vermögen zurückbleibt. Die Bewertung nach den allgemeinen Bewertungsvorschriften an Stelle der Bewertung nach der Summe der Steuerkurswerte kann nur bis zum Ablauf der Einspruchsfrist gegen den endgültigen Feststellungsbescheid über den Einheitswert des Betriebs verlangt werden. Führen die Ermittlungen über den Wert des Betriebs nach den allgemeinen Bewertungsvorschriften zu dem Ergebnis, daß die Voraussetzungen des Satz 2 nicht vorliegen, so verbleibt es bei der Zugrundelegung der Summe der Steuerkurswerte.

C. Grundvermögen

§ 34. (1) Zum Grundvermögen gehört der Grund und Boden einschließlich der Bestandteile (insbesondere Gebäude) und des Zubehörs, soweit er nicht zu einem landwirtschaftlichen, forstwirtschaftlichen, gärtnerischen Betrieb oder zu einem gewerblichen Betriebe gehört. Als Grundstück im Sinne dieses Gesetzes gilt die wirtschaftliche Einheit des Grundvermögens.

(2) Den Grundstücken stehen gleich die Berechtigungen, die den Vorschriften des bürgerlichen Rechtes über Grundstücke unterliegen, soweit sie nicht zum landwirtschaftlichen, forstwirtschaftlichen oder gärtnerischen Vermögen oder zum Betriebsvermögen gehören. Als Einheitswert der dem Eigentümer des Grund und Bodens gehörigen wirtschaftlichen Einheit gilt der Wert dieser Einheit abzüglich des Einheitswerts der Berechtigung.

(3) Den Grundstücken stehen ferner gleich Gebäude, die auf einem fremden Grund und Boden errichtet sind, und nicht dem Eigentümer des Grund und Bodens gehören.

§ 35. (1) Bebaute Grundstücke, die in ortsüblicher Weise bebaut sind oder gewerblichen Zwecken dienen, sind mit dem Ertragswert zu bewerten. Für die Ermittlung des Ertragswerts ist der jährlich durch Vermietung oder Verpachtung im Durchschnitt nachhaltig erzielbare Reinertrag zugrunde zu legen. Der Reichsminister der Finanzen (§ 86) kann Bestimmungen darüber treffen, welcher Teil des jährlich im Durchschnitt nachhaltig erzielbaren

Rohertrags von diesem zur Ermittlung des Reinertrags für die Grundstückslasten (Nebenleistungen, Instandhaltungskosten und sonstige Grundstückslasten) ohne Nachweis abgezogen werden darf; weist der Eigentümer für die jährlich im Durchschnitt nachhaltig erwachsenden Grundstückslasten einen höheren Betrag nach, so bleibt die Abzugsfähigkeit dieses Betrags unberührt. Die Bestimmung kann für einen Hauptfeststellungszeitraum oder mehrere Hauptfeststellungszeiträume getroffen werden.

(2) Bebaute Grundstücke, die nicht in ortsüblicher Weise bebaut sind und nicht gewerblichen Zwecken dienen, sowie Grundstücke, die sich im Zustand der Bebauung befinden, sind mit dem gemeinen Werte zu bewerten. Befinden sich auf einem im Zustand der Bebauung befindlichen Grundstück bereits baulich vollendete Gebäude, die in ortsüblicher Weise gebaut sind oder gewerblichen Zwecken dienen, so findet auf die Bewertung des Grundstücks einschließlich der baulich vollendeten Gebäude Abs. 1 Anwendung; zu diesem Werte tritt für die im Bau befindlichen Gebäude oder Gebäudeteile ein Zuschlag in Höhe des Betrags, der bis zum Feststellungszeitpunkte für die Baulichkeiten aufgewandt worden ist.

§ 36. (1) Grundstücke, die nach ihrer Lage und den sonstigen obwaltenden Verhältnissen, insbesondere mit Rücksicht auf die bestehenden Verwertungsmöglichkeiten, als Bauland oder als Land für Verkehrszwecke anzusehen sind oder bei denen anzunehmen ist, daß sie in absehbarer Zeit anderen als land- oder forstwirtschaftlichen oder gärtnerischen

Zwecken dienen werden, sind auch dann mit dem gemeinen Werte (§ 152 Abs. 1 der Reichsabgabenordnung) zu bewerten, wenn sie am Feststellungszeitpunkte landwirtschaftlich, forstwirtschaftlich oder gärtnerisch genutzt werden.

(2) Der für bebaute Grundstücke (§ 35) anzusetzende Wert darf nicht geringer sein als der Wert, mit dem der Grund und Boden allein nach Abs. 1 zu bewerten wäre.

§ 37. Der Reichsminister der Finanzen (§ 86) kann zur Durchführung der §§ 34 bis 36 Richtlinien über die Bewertung bestimmter Gruppen von Grundstücken aufstellen.

D. Sonstiges Vermögen

§ 38. (1) Als sonstiges Vermögen (§ 2 Nr. 4) kommen insbesondere, soweit die einzelnen Vermögensgegenstände nicht zum landwirtschaftlichen, forstwirtschaftlichen oder gärtnerischen Vermögen, zum Betriebsvermögen oder zum Grundvermögen gehören, in Betracht:

1. selbständige Rechte und Gerechtigkeiten. Werke der bildenden Kunst, des Schrifttums und der Tonkunst gehören nicht zum Vermögen im Sinne dieses Gesetzes, sofern sie im Eigentume des Urhebers selbst oder im Falle des Todes des Urhebers im Eigentume seiner Ehefrau oder seiner Kinder stehen. Das gleiche gilt für Urheberrechte an solchen Werken und für nichtpatentierte Erfindungen, es sei denn, daß die Urheberrechte oder Erfindungen einem

Dritten gegen die Verpflichtung zur einmaligen oder wiederholten Zahlung fester Beträge auf bestimmte oder unbestimmte Zeit zur Ausnutzung übertragen sind;

2. verzinsliche und unverzinsliche Kapitalforderungen jeder Art;
3. Aktien oder Anteilscheine, Kuxe, Geschäftsanteile und andere Gesellschaftseinlagen sowie Geschäftsguthaben bei Genossenschaften;
4. bares Geld deutscher Währung sowie sonstige deutsche Zahlungsmittel, fremde Geldsorten, Banknoten und Kassenscheine sowie Edelmetalle, Edelsteine und Perlen;
5. der Kapitalwert der Rechte auf Renten und andere wiederkehrende Nutzungen und Leistungen, die dem Berechtigten auf seine Lebenszeit oder auf die Lebenszeit eines anderen auf unbestimmte Zeit oder auf die Dauer von mindestens zehn Jahre entweder
   a) vertragsmäßig als Gegenleistung für die Hingabe von Vermögenswerten oder
   b) aus letztwilligen Verfügungen, Schenkungen oder Familienstiftungen oder
   c) vermöge hausgesetzlicher Bestimmungen

   zustehen, sofern der Wert der einjährigen Nutzungen oder Leistungen insgesamt eintausend Reichsmark übersteigt;
6. noch nicht fällige Ansprüche aus Lebens- und Kapitalversicherungen oder Rentenversicherungen, aus denen der Berechtigte noch nicht in den Rentenbezug eingetreten ist. Diese Vorschrift findet keine Anwendung auf

a) Versicherungen, deren Wert (§ 143 Abs. 4 der Reichsabgabenordnung) insgesamt fünftausend Reichsmark nicht übersteigt;
b) Rentenversicherungen, die mit Rücksicht auf ein Arbeits- oder Dienstverhältnis abgeschlossen worden sind;

7. der Überbestand an umlaufenden Betriebsmitteln eines landwirtschaftlichen, forstwirtschaftlichen oder gärtnerischen Betriebs (§ 11 Abs. 2, § 22 Abs. 2, § 24 Abs. 1, § 25);
8. Gegenstände, die einem landwirtschaftlichen, forstwirtschaftlichen, gärtnerischen Betrieb oder dem Betrieb eines Gewerbes oder der Ausübung eines freien Berufs zu dienen bestimmt sind, tatsächlich am Feststellungszeitpunkt aber einem derartigen Betriebe nicht dienen, es sei denn, daß der Wert dieser Gegenstände insgesamt eintausend Reichsmark nicht übersteigt;
9. Gegenstände aus edlem Metall, Schmuckgegenstände sowie solche Luxusgegenstände, die nicht zur Ausstattung der Wohnung des Steuerpflichtigen gehören, sofern der gemeine Wert für den einzelnen Gegenstand eintausend Reichsmark oder für alle Gegenstände dieser Art zehntausend Reichsmark übersteigt;
10. Kunstgegenstände und Sammlungen, sofern
    a) sie nach dem 31. Juli 1914 angeschafft sind und
    b) der gemeine Wert für den einzelnen Gegenstand zehntausend Reichsmark oder für mehrere gleichartige oder zusammengehörige

Gegenstände fünfzigtausend Reichsmark übersteigt und

c) sie von nichtdeutschen oder von solchen deutschen Künstlern geschaffen sind, die vor mehr als 15 Jahren verstorben sind.

(2) Beträge an Zahlungsmitteln, Bankguthaben sowie sonstigen laufenden Guthaben gehören bei natürlichen Personen nur dann zum sonstigen Vermögen, wenn sie insgesamt eintausend Reichsmark übersteigen.

§ 39. Zum sonstigen Vermögen gehören nicht:

1. Ansprüche an Witwen-, Waisen- und Pensionskassen;
2. Ansprüche aus einer reichsgesetzlichen Versicherung jeder Art sowie aus einer nicht reichsgesetzlichen Kranken- oder Unfallversicherung;
3. Ansprüche auf Renten und ähnliche Bezüge, die mit Rücksicht auf ein früheres Arbeits- oder Dienstverhältnis gewährt werden;
4. Ansprüche auf Renten, Pensionen und ähnliche Bezüge, die nach den Militärversorgungsgesetzen, dem Reichsversorgungsgesetze, dem Besatzungspersonenschädengesetze, dem Kapitulantenentschädigungsgesetze, dem Offiziersentschädigungsgesetz oder den Beamtenpensionsgesetzen gezahlt werden;
5. Hausrat und andere bewegliche körperliche Gegenstände, sofern sie nicht im § 38 besonders aufgezählt sind. Dies gilt insbesondere auch für die nach § 26 Abs. 1 nicht zum Betriebsvermögen gehörigen Gegenstände;

6. Vermögensbeträge, die für ausschließlich gemeinnützige oder Wohlfahrtszwecke zurückgelegt sind und deren Verwendung nach Substanz und Ertrag zu solchen Zwecken gesichert ist;
7. der Anspruch auf eine Kapitalabfindung, die als Entschädigung für den durch Körperverletzung oder Krankheit herbeigeführten gänzlichen oder teilweisen Verlust der Erwerbsfähigkeit dem Steuerpflichtigen zusteht. Das gleiche gilt für den Anspruch auf eine Kapitalabfindung, die den Hinterbliebenen eines im Sinne des vorhergehenden Satzes Geschädigten auf Grund dieser Schädigung gewährt wird;
8. der Anspruch auf Kapitalabfindungen, auf einmalige Abfindungssummen und auf einmalige Kapitalabfindungen nach den Militärversorgungsgesetzen, dem Reichsversorgungsgesetze, dem Besatzungspersonenschädengesetze, dem Kapitulantenentschädigungsgesetze, dem Offiziersentschädigungsgesetz oder den Beamtenpensionsgesetzen;
9. die im § 7 Abs. 1 des Reichsausgleichsgesetzes in der Fassung vom 20. November 1923 (Reichsgesetzbl. I S. 1135) bezeichneten Forderungen und die im Liquidationsschädengesetz in der Fassung vom 20. November 1923 (Reichsgesetzbl. I S. 1148) und in der Gewaltschädenverordnung vom 28. Oktober 1923 (Reichsgesetzbl. I S. 1018) geregelten Ansprüche sowie die auf diese Forderungen und Ansprüche ausgezahlten Beträge, soweit die Auszahlung

in dem vor dem Hauptfeststellungszeitpunkt endenden Kalenderjahr erfolgt ist;

10. die von ehemals feindlichen Mächten beschlagnahmten Vermögensteile, die am Hauptfeststellungszeitpunkte noch nicht freigegeben sind.

§ 40. (1) Für die Bewertung von Wertpapieren und Anteilen sowie Genußscheinen an Gesellschaften der im § 26 Abs. 2 Nr. 1 bezeichneten Art findet die Vorschrift des § 142 Abs. 3 der Reichsabgabenordnung keine Anwendung.

(2) Für die Bewertung der im Abs. 1 bezeichneten Wertpapiere, Anteile und Genußscheine können maßgebende Werte (Steuerkurswerte) festgesetzt werden. Für die Festsetzung der Steuerkurswerte und, soweit keine Steuerkurswerte festgesetzt werden, die Ermittlung der Verkaufswerte tritt an die Stelle des Hauptfeststellungszeitpunkts der 31. Dezember des unmittelbar vorausgehenden Kalenderjahrs; der Reichsminister der Finanzen (§ 86) kann einen abweichenden Stichtag bestimmen. An Stelle des § 142 Abs. 1, 2 der Reichsabgabenordnung finden für die Festsetzung der Steuerkurswerte die Vorschriften der §§ 41, 42 Anwendung.

§ 41. (1) Steuerkurswerte für Aktien, Kuxe, sonstige Anteile sowie Genußscheine an inländischen Gesellschaften der im § 26 Abs. 2 Nr. 1 bezeichneten Art werden nur festgesetzt, wenn sie an dem maßgebenden Stichtag (§ 40 Abs. 2) oder innerhalb eines vom Reichsminister der Finanzen (§ 86) zu bestimmenden Zeitraums tatsächlich umgesetzt worden sind; der vom Reichsminister der Finanzen zu bestimmende Zeitraum kann sowohl vor wie nach dem Stichtag liegen.

(2) Der Reichsminister der Finanzen (§ 86) kann im Benehmen mit dem Reichswirtschaftsminister Grundsätze für die Bewertung von Gattungen von Aktien, sonstigen Anteilen oder Genußscheinen einer Unternehmung aufstellen, in denen an dem maßgebenden Stichtag oder innerhalb des nach Abs. 1 maßgebenden Zeitraums ein Umsatz nicht stattgefunden hat, sofern in einer anderen Gattung von Aktien, sonstigen Anteilen oder Genußscheinen derselben Unternehmung am Stichtag oder innerhalb des bezeichneten Zeitraums ein Umsatz stattgefunden hat; die sich hiernach für die Aktien, sonstigen Anteile oder Genußscheine ergebenden Werte gelten als Steuerkurswerte im Sinne des § 33.

§ 42. (1) Die Kurswerte der zum Börsenhandel zugelassenen Wertpapiere werden von den Börsenvorständen, die Kurswerte anderer Wertpapiere, Gewerkschafts- und Gesellschaftsanteile und Genußscheine werden von Sachverständigenausschüssen ermittelt, die der Reichsminister der Finanzen beruft. Auf Grund dieser Ermittlungen setzt der Reichsminister der Finanzen die Steuerkurswerte fest und veröffentlicht sie im Deutschen Reichsanzeiger.

(2) Gegen die Festsetzung des Steuerkurswerts können Einspruch einlegen:

a) die Unternehmung, um deren Anteile oder Genußscheine es sich handelt,
b) der Schuldner hinsichtlich der von ihm ausgegebenen Schuldverschreibungen,

c) der Eigentümer der Anteile, Genußscheine oder Schuldverschreibungen.

Der Einspruch ist binnen einer Ausschlußfrist von einem Monat beim Reichsminister der Finanzen einzulegen. Die Frist beginnt mit Ablauf des Tages, an dem der Steuerkurswert im Deutschen Reichsanzeiger veröffentlicht worden ist. Soweit sich der Einspruch gegen die Festsetzung des Steuerkurswerts für die im § 41 Abs. 1 bezeichneten Aktien, Kuxe, sonstigen Anteile oder Genußscheine richtet, kann er nur damit begründet werden, daß an dem maßgebenden Stichtag oder innerhalb des maßgebenden Zeitraums (§ 41 Abs. 1) Umsätze nicht stattgefunden haben oder daß der festgesetzte Steuerkurswert unrichtig ermittelt worden ist. Über den Einspruch entscheidet der Reichsminister der Finanzen mit Zustimmung des Reichsrats endgültig; die Entscheidung wird im Reichsanzeiger veröffentlicht.

(3) Schreibfehler, Rechenfehler und ähnliche offenbare Unrichtigkeiten können auch hinsichtlich solcher Steuerkurswerte berichtigt werden, deren Festsetzung bereits unanfechtbar geworden ist.

§ 43. Aktien, Kuxe, sonstige Anteile sowie Genußscheine an inländischen Gesellschaften der im § 26 Abs. 2 Nr. 1 bezeichneten Art sind beim Eigentümer der Anteile oder Genußscheine nur mit der Hälfte des festgesetzten Steuerkurswerts oder ermittelten Verkaufswerts anzusetzen.

§ 44. (1) Der Reichsminister der Finanzen (§ 86) kann Richtlinien über die Bewertung bestimmter Gruppen von Gegenständen des sonstigen Vermögens aufstellen; dies gilt insbesondere für die

Bewertung von Ansprüchen und Schulden, die ausschließlich auf Mark lauten und für die eine Aufwertung in Betracht kommt.

(2) Der Reichsminister der Finanzen (§ 86) kann ferner für die Bewertung von Gegenständen, deren Erhaltung wegen ihrer Bedeutung für die Kunst, Geschichte oder Wissenschaft im öffentlichen Interesse liegt und die nach näherer behördlicher Anweisung den Zwecken der Forschung oder Volksbildung nutzbar gemacht werden, besondere Bestimmungen treffen.

E. Gesamtvermögen.

§ 45. (1) Zur Ermittlung des Wertes des Gesamtvermögens (§ 3 Nr. 2a, b) sind die wirtschaftlichen Einheiten der im § 2 Nr. 1 bis 3 bezeichneten Vermögensarten bei der Zusammenrechnung des Wertes der einzelnen Vermögensbestandteile mit den nach den Vorschriften dieses Gesetzes ermittelten Einheitswerten anzusetzen.

(2) Bei Steuerpflichtigen, die anderes als Betriebsvermögen nicht haben können (§ 26 Abs. 2 Nr. 1 bis 3), gilt der für den gewerblichen Betrieb festgestellte Einheitswert zugleich als Einheitswert für das Gesamtvermögen des Steuerpflichtigen, ohne daß es einer besonderen Feststellung bedarf.

§ 46. Anteile an inländischen offenen Handelsgesellschaften oder Kommanditgesellschaften gehören nicht zum Vermögen (§ 2) des Gesellschafters. Satz 1 findet auf die zum gewerblichen Betrieb einer offenen Handelsgesellschaft oder Kommanditgesellschaft gehörigen Gegenstände (§ 26 Abs. 2 Nr. 3) entsprechende Anwendung.

§ 47. (1) Zur Ermittlung des Gesamtvermögens sind von dem Rohvermögen abzuziehen:

1. Schulden, soweit sie nicht bereits beim Betriebsvermögen zu berücksichtigen sind (§ 28). Nicht abzugsfähig ist:
   a) die Belastung der dauernd landwirtschaftlichen, forstwirtschaftlichen oder gärtnerischen Zwecken dienenden Grundstücke auf Grund der §§ 6 bis 8, 10 der Rentenbankverordnung vom 15. Oktober 1923 (Reichsgesetzbl. I S. 963), § 4 des Gesetzes über die Liquidierung des Umlaufs an Rentenbankscheinen vom 30. August 1924 (Reichsgesetzbl. II S. 252),
   b) die Belastung der Unternehmer auf Grund des Industriebelastungsgesetzes und des Aufbringungsgesetzes vom 30. August 1924 (Reichsgesetzbl. II S. 257, 269);

   die Abzugsfähigkeit rückständiger Leistungen bleibt unberührt;
2. der Wert der dem Steuerpflichtigen obliegenden oder auf einem Fideikommiß, Lehen, Stammgut, Hausgut oder einem sonstigen gebundenen Vermögen ruhenden Leistungen der im § 38 Abs. 1 Nr. 5 bezeichneten Art ohne Rücksicht auf die Höhe der jährlichen Leistung;
3. als Dreimonatsabzug bei natürlichen Personen: Beträge an Zahlungsmitteln, Bankguthaben sowie sonstigen laufenden Guthaben, soweit in

ihnen Gehälter, Löhne, Zinsen und ähnliche Bezüge enthalten sind, die in den letzten, dem Feststellungszeitpunkte vorausgehenden drei Monaten bezogen sind; das gleiche gilt für fällige Ansprüche auf Bezüge solcher Art. Der Abzug darf insoweit nicht vorgenommen werden, als die Beträge an Zahlungsmitteln, Bankguthaben sowie sonstigen laufenden Guthaben nach § 38 Abs. 2 nicht zum sonstigen Vermögen gehören. Der Abzug ist bei beschränkt Steuerpflichtigen im Sinne des Vermögensteuergesetzes nicht zulässig;

4. bei Inhabern landwirtschaftlicher, forstwirtschaftlicher und gärtnerischer Betriebe der Betrag der Betriebseinnahmen abzüglich Betriebsausgaben, die in der Zeit zwischen dem für Umfang und Bewertung der umlaufenden Betriebsmittel maßgebenden Tage (§ 14, § 22 Abs. 2, § 24 Abs. 1, § 25 Satz 2) und dem für das Gesamtvermögen maßgebenden Feststellungszeitpunkt entstanden sind.

(2) Nicht abzugsfähig sind Schulden und Lasten, soweit sie in wirtschaftlicher Beziehung zu Gegenständen stehen, die nicht zum Vermögen im Sinne dieses Gesetzes gehören.

(3) Beschränkt sich die Besteuerung auf das inländische landwirtschaftliche, forstwirtschaftliche, gärtnerische Vermögen, Betriebsvermögen und Grundvermögen, so sind nur die in wirtschaftlicher Beziehung zu diesen Vermögensteilen stehenden Schulden und Lasten abzuziehen.

§ 48. (1) Das Vermögen von Ehegatten, die nach den Vorschriften des Vermögensteuergesetzes unbeschränkt steuerpflichtig sind und nicht dauernd voneinander getrennt leben, wird für die Feststellung des Einheitswerts für das Gesamtvermögen zusammengerechnet.

(2) Bei fortgesetzter Gütergemeinschaft wird das ganze Gesamtgut dem Vermögen des überlebenden Ehegatten zugerechnet; bei der Feststellung des Einheitswerts für das Gesamtvermögen des überlebenden Ehegatten wird der Wert des Gesamtguts gesondert festgestellt (§ 73 Abs. 2). Die an der fortgesetzten Gütergemeinschaft beteiligten Abkömmlinge werden durch den überlebenden Ehegatten vertreten.

Dritter Abschnitt

Verfahren

§ 49. (1) Erstreckt sich eine wirtschaftliche Einheit der in § 2 Nr. 1 bis 3 bezeichneten Vermögensarten oder ein Vermögensgegenstand der im § 31 Abs. 3 bezeichneten Art sowohl auf das Inland als auch auf das Ausland (§ 3 Nr. 1 Abs. 2), so ist bei unbeschränkt Steuerpflichtigen im Sinne des Vermögensteuergesetzes in dem Bescheid über den Einheitswert für die Einheit oder den Gegenstand der auf das Inlandsvermögen entfallende Teilbetrag des Einheitswerts gesondert anzugeben. Die Feststellung des Teilbetrags unterliegt denselben Rechtsmitteln wie die Feststellung des Einheitswerts selbst.

(2) Beschränkt sich die Einheit oder der Gegenstand ausschließlich auf das Ausland, so wird ein Einheitswert für die Einheit oder den Gegenstand nicht festgestellt (§ 3 Nr. 1 Abs. 3). Bei unbeschränkt Steuerpflichtigen im Sinne des Vermögensteuergesetzes wird der Wert derartiger wirtschaftlichen Einheiten nur zum Zwecke der Feststellung des Einheitswerts des Gesamtvermögens von dem Finanzamt ermittelt (§ 73) der Wert derartiger Gegenstände nur zum Zwecke der Feststellung des Einheitswerts des gewerblichen Betriebs von dem Gewerbeausschuß ermittelt (§§ 65 bis 68).

A. Landwirtschaftliches, forstwirtschaftliches, gärtnerisches Vermögen sowie Grundvermögen

I. Feststellungsbehörden

§ 50. (1) Für die Feststellung des Einheitswerts von landwirtschaftlichen, forstwirtschaftlichen, gärtnerischen Betrieben (§§ 11, 22, 23) und von Grundstücken (§ 34) wird für den Bezirk eines jeden Finanzamts am Sitze des Finanzamts ein Ausschuß gebildet (Grundwertausschuß).

(2) Die Grundwertausschüsse sind Reichsfinanzbehörden im Sinne des § 8 der Reichsabgabenordnung. Vorsitzender des Grundwertausschusses ist der Vorsteher des Finanzamts. Dieser führt die Geschäfte des Ausschusses und trifft die, abgesehen von der Feststellung der Einheitswerte (Abs. 1), erforderlichen Verfügungen; er bedient sich dabei

der Beamten und Einrichtungen des Finanzamts. Die Dienstaufsicht über die Grundwertausschüsse steht dem Präsidenten des Landesfinanzamts zu, in dessen Bezirk der Ausschuß gebildet ist.

(3) Bei den Grundwertausschüssen können für örtlich abgegrenzte Bezirke Abteilungen gebildet werden.

§ 51. (1) Den einzelnen Abteilungen der Grundwertausschüsse gehören an:

1. ein Beamter des Finanzamts. Ist der an der Sitzung teilnehmende Beamte der Vorsteher des Finanzamts oder der mit seiner ständigen Vertretung beauftragte Beamte, so führt er den Vorsitz;
2. ein von der Regierung des Landes, in dessen Gebiet der landwirtschaftliche, forstwirtschaftliche, gärtnerische Betrieb oder das Grundstück belegen ist, benannter Beamter, der tunlichst mit den Aufgaben der Wertermittlung vertraut oder sachkundig in der Bewertung von Grundstücken sein soll. Dieser ist, sofern das Land oder die Gemeinde eine Grund- und Gebäudesteuer nach dem Merkmal des Wertes erhebt (§ 1 Abs. 2), gleichzeitig stellvertretender Vorsitzender; erhebt das Land oder die Gemeinde nicht eine Grund- und Gebäudesteuer nach dem Merkmal des Wertes, so führt der Beamte des Finanzamts (Nr. 1), stets den Vorsitz. Besteht in dem Lande eine Behörde, zu deren Aufgaben die Wertermittlung von Grundstücken gehört (z. B. Katasteramt), so soll

die Regierung des Landes in erster Linie einen Beamten dieser Behörde benennen;

3. ein von dem Vorstand der Gemeinde, in deren Gebiet der Betrieb oder das Grundstück belegen ist, benannter Beamter. Bei Gemeinden, deren Einwohnerzahl am Tage der letzten im Deutschen Reiche vorgenommenen Volkszählung nicht mehr als eintausend betrug, tritt an die Stelle des Vorstandes der Gemeinde ein von der Vertretung des übergeordneten Gemeindeverbandes gewählter Vorsteher einer Gemeinde, die dem Gemeindeverband und dem Finanzamtsbezirk angehört und nicht mehr als eintausend Einwohner hat; an die Stelle der Vertretung des übergeordneten Gemeindeverbandes tritt für Länder, in denen ein solcher nicht besteht, die Staatsaufsichtsbehörde;
4. von Organen der Selbstverwaltung einerseits und von öffentlich-rechtlichen berufsständischen Vertretungen anderseits in gleicher Zahl gewählte Mitglieder;
5. vom Präsidenten des Landesfinanzamts, in dessen Bezirk der Betrieb oder das Grundstück belegen ist, und der Regierung des Landes, in dessen Bezirk der Betrieb oder das Grundstück belegen ist, je zur Hälfte ernannte Mitglieder; die Gesamtzahl dieser Mitglieder darf nicht größer sein als die Hälfte der Zahl der nach Nr. 4 gewählten Mitglieder.

(2) Die Mitglieder der Grundwertausschüsse sind als solche unabhängig; sie sind an Gesetz und Ausführungsbestimmungen gebunden. Bei den im Abs. 1

Nr. 1 bis 3 bezeichneten Mitgliedern bleibt die Anweisungsbefugnis der diesen Mitgliedern vorgesetzten Behörde unberührt.

(3) § 26 Abs. 1, 4, §§ 27 bis 31 der Reichsabgabenordnung finden mit der Maßgabe entsprechende Anwendung, daß die näheren Bestimmungen über die Bildung der Ausschüsse von dem Reichsminister der Finanzen (§ 86) im Benehmen mit den zuständigen Reichsministern erlassen werden; § 30 Abs. 1 Satz 2 der Reichsabgabenordnung gilt nicht für die im Abs. 1 Nr. 2, 3 bezeichneten Mitglieder.

(4) In den Fällen des Abs. 1 Nr. 2 bis 5 findet § 53 Abs. 1 Satz 2, 3 entsprechende Anwendung.

§ 52. (1) Der Vorsitzende des Grundwertausschusses (§ 50 Abs. 2 Satz 2) hat sich wegen der Geschäftsführung in grundsätzlichen Fragen mit dem stellvertretenden Vorsitzenden (§ 51 Abs. 1 Nr. 2) ständig in Verbindung zu halten; beide Beamte haben gemeinsam dafür Sorge zu tragen, daß die Unterlagen, die bei Reichs-, Landes- oder Gemeindebehörden über die Bewertung und Vermessung von Grundstücken vorhanden sind, bei der Vorbereitung der Entscheidung des Grundwertausschusses verwertet und bei der Entscheidung berücksichtigt werden.

(2) Bestehen in einem Lande Behörden, zu deren Aufgabe die Wertermittlung von Grundstücken gehört (z. B. Katasterämter), so hat der Reichsminister der Finanzen im Einvernehmen mit der Landes-

regierung diesen Behörden die Vorbereitung der Einzelbewertung zu übertragen. Die Vorbereitung hat im laufenden Einvernehmen mit dem Vorsteher des Finanzamts zu erfolgen; die Befugnis des Vorstehers des Finanzamts zur Führung der Geschäfte des Grundwertausschusses (§ 50 Abs. 2 Satz 3) und die Befugnis des Präsidenten des Landesfinanzamts zur Leitung des gesamten Bewertungsgeschäfts in seinem Bezirke bleiben unberührt.

§ 53. (1) Zuständig für die Feststellung des Einheitswerts ist der Grundwertausschuß des Finanzamts, in dessen Bezirk der Betrieb oder das Grundstück belegen ist. Liegt der Betrieb oder das Grundstück in dem Bezirke mehrerer Finanzämter, so ist der Grundwertausschuß des Finanzamts zuständig, in dessen Bezirk sich die Gebäude befinden, von denen aus der Betrieb oder das Grundstück bewirtschaftet wird; liegen die Gebäude in den Bezirken mehrerer Finanzämter, so ist der Grundwertausschuß des Finanzamts zuständig, in dessen Bezirk sich der wertvollste Teil der Gebäude befindet. Der Reichsminister der Finanzen kann von Satz 1, 2 abweichende Bestimmungen treffen.

(2) Meinungsverschiedenheiten und Zweifel über die Zuständigkeit verschiedener Grundwertausschüsse entscheidet die nächste gemeinschaftliche, den Vorsitzenden der Grundwertausschüsse übergeordnete Behörde. Bei mehrfacher Feststellung des Einheitswerts bestimmt sie, welche Wertfeststellung außer Kraft zu setzen ist.

(3) Handlungen eines Grundwertausschusses oder des Vorsitzenden eines Grundwertausschusses sind nicht deshalb unwirksam, weil der Grundwertausschuß örtlich unzuständig war. Daß ein Grundwertausschuß örtlich unzuständig sei, kann nur bis zum Ablauf der Einspruchs- oder Beschwerdefrist geltend gemacht werden.

§ 54. (1) Über die Höhe des vom Grundwertausschusse festgestellten Einheitswerts erteilt das Finanzamt einen schriftlichen Bescheid (Feststellungsbescheid):

1. dem Eigentümer des Betriebs oder des Grundstücks;
2. der Grund- und Gebäudesteuerbehörde, die unter entsprechender Anwendung des § 53 und der zur Durchführung des § 53 erlassenen Bestimmungen zuständig sein würde. Hat ein Land keine eigene Grund- und Gebäudesteuerbehörde, so tritt an die Stelle dieser Behörde die Regierung des Landes oder die von ihr beauftragte Behörde.

(2) Der Feststellungsbescheid soll eine Belehrung enthalten, welches Rechtsmittel zulässig ist und binnen welcher Frist und bei welcher Behörde es einzulegen ist.

(3) Der Feststellungsbescheid ist dem Eigentümer (Abs. 1 Nr. 1) zuzustellen und der im Abs. 1 Nr. 2 bezeichneten Behörde mitzuteilen.

§ 55. Die festgestellten Einheitswerte werden nach näherer Bestimmung des Reichsministers der Finanzen offengelegt.

II. Rechtsmittel, Rechtsmittelbehörden

§ 56. (1) Gegen den Feststellungsbescheid ist das Rechtsmittel des Einspruchs gegeben. Über den Einspruch entscheidet der Grundwertausschuß. Gegen die Einspruchsentscheidung des Grundwertausschusses ist das Rechtsmittel der Berufung gegeben. Über die Berufung entscheidet der Oberbewertungsausschuß (§ 57). Gegen die Berufungsentscheidung ist die Rechtsbeschwerde gegeben; über die Rechtsbeschwerde entscheidet der Reichsfinanzhof. Im übrigen finden hinsichtlich des Rechtsmittelverfahrens, vorbehaltlich der §§ 59 bis 64, die Vorschriften der Reichsabgabenordnung mit der Maßgabe entsprechende Anwendung, daß an die Stelle des Finanzgerichts der Oberbewertungsausschuß tritt.

(2) Auf die Rechtsmittel gegen andere Verfügungen als Feststellungsbescheide (§ 50 Abs. 2 Satz 3) finden die §§ 281 bis 283 der Reichsabgabenordnung Anwendung; über die Beschwerde entscheidet das Landesfinanzamt.

§ 57. (1) Für den Bezirk eines jeden Landesfinanzamts wird am Sitze des Landesfinanzamts ein Oberbewertungsausschuß gebildet.

(2) Die Oberbewertungsausschüsse sind Reichsfinanzbehörden im Sinne des § 8 der Reichsabgabenordnung; die Dienstaufsicht steht dem Präsidenten des Landesfinanzamts zu, in dessen Bezirk der Ausschuß gebildet ist.

(3) Bei den Oberbewertungsausschüssen werden Kammern gebildet. Die Kammern entscheiden in

der Besetzung von fünf Mitgliedern, von denen drei im Ehrenamte tätig sind.

(4) Die Mitglieder der Oberbewertungsausschüsse sind als solche unabhängig und nur dem Gesetz unterworfen.

§ 58. (1) Der Vorsitzende des dem Landesfinanzamt angegliederten Finanzgerichts ist zugleich Vorsitzender des Oberbewertungsausschusses; er führt die Geschäfte des Oberbewertungsausschusses und bedient sich dabei der Beamten und Einrichtungen des Finanzgerichts.

(2) Der Vorsitzende des Oberbewertungsausschusses ist zugleich Vorsitzender der einzelnen Kammern des Oberbewertungsausschusses. Seine Vertreter im Vorsitz der Kammern werden von dem Reichsminister der Finanzen für die Dauer ihres Hauptamts aus den Mitgliedern des Landesfinanzamts bestellt.

(3) Als ständige Mitglieder der Kammern und als ihre Vertreter, soweit sie nicht unter Abs. 2 fallen, werden von der Regierung des Landes, in dessen Gebiet der Betrieb oder das Grundstück belegen ist, Beamte bestellt, die tunlichst mit den Aufgaben der Wertermittlung vertraut sein sollen.

(4) Auf die ehrenamtlichen Mitglieder finden die §§ 16 bis 18 der Reichsabgabenordnung mit der Maßgabe entsprechende Anwendung, daß die näheren Bestimmungen über die Wahl der Mitglieder und über Zahl und Einberufung der Vertreter und ihre Verteilung auf die einzelnen Kammern der Reichsminister der Finanzen (§ 86)

im Benehmen mit den zuständigen Reichsministern erläßt.

§ 59. (1) Zur Einlegung der Rechtsmittel sind befugt:

1. der Eigentümer des Betriebs oder des Grundstücks;
2. das Finanzamt, dessen Bezirk sich mit dem des zuständigen Grundwertausschusses (§ 53) deckt;
3. die im § 54 Abs. 1 Nr. 2 bezeichnete Behörde.

(2) Legt eine Behörde ein Rechtsmittel ein, so hat der Vorsitzende der Rechtsmittelbehörde dies dem Eigentümer mitzuteilen.

§ 60. Rechtsmittel, die wegen der Feststellung des Einheitswerts eines landwirtschaftlichen oder forstwirtschaftlichen Betriebs oder eines Weinbaubetriebs eingelegt werden, können, soweit sie sich gegen die Bewertung des Betriebs richten, nur darauf gestützt werden,

1. daß der Betrieb unter Berücksichtigung der von dem Bewertungsbeirat ermittelten Verhältniszahlen (§ 16 Abs. 1, Nr. 1, 2) oder im Vergleiche zu den vom Bewertungsbeirat eingereihten Betrieben (§ 19 Abs. 1 Nr. 3) zu hoch oder zu niedrig eingereiht sei (§ 16 Abs. 3), oder
2. daß die Abschläge oder Zuschläge (§ 16 Abs. 4) zu hoch oder zu niedrig bemessen seien.

III. Beteiligung am Verfahren

§ 61. (1) Steht ein landwirtschaftlicher, forstwirtschaftlicher oder gärtnerischer Betrieb oder ein

Grundstück mehreren zur gesamten Hand oder zu Bruchteilen zu, so kann der Einheitswert nach Maßgabe der Abs. 2 bis 5 auch im Rechtsmittelverfahren allen Beteiligten gegenüber nur einheitlich festgestellt werden. Mehrere Rechtsmittel gleicher Art, die denselben Betrieb oder dasselbe Grundstück betreffen, sind zu verbinden.

(2) Eine zur Einlegung eines Rechtsmittels befugte Behörde kann durch das Rechtsmittel nur die gegenüber allen beteiligten Eigentümern getroffene Feststellung des Einheitswerts anfechten.

(3) Hat einer der beteiligten Eigentümer ein Rechtsmittel eingelegt, so hat die Rechtsmittelentscheidung Wirksamkeit für und gegen alle beteiligten Eigentümer.

(4) Hat einer der beteiligten Eigentümer ein Rechtsmittel eingelegt, so sind die anderen beteiligten Eigentümer, soweit sich nicht dasselbe Rechtsmittel mit demselben Antrag und derselben Begründung eingelegt haben, von der Einlegung zu benachrichtigen. Die anderen beteiligten Eigentümer sind berechtigt, sich dem Rechtsmittel anzuschließen. Die Frist für die Erklärung des Anschlusses beträgt zwei Wochen. Die Frist beginnt mit Ablauf des Tages, an dem die Benachrichtigung dem beteiligten Eigentümer zugestellt oder, wenn keine Zustellung erfolgt, bekanntgeworden ist oder als bekanntgemacht gilt; die Frist endigt nicht vor Ablauf der für den beteiligten Eigentümer selbst laufenden Rechtsmittelfrist.

(5) Die Benachrichtigung (Abs. 4) muß enthalten:

1. eine Belehrung darüber, daß die gegenüber einem beteiligten Eigentümer ergehende Rechtsmittelentscheidung für und gegen alle beteiligten Eigentümer Wirksamkeit hat;
2. eine Belehrung darüber, daß der Empfänger der Benachrichtigung sich dem eingelegten Rechtsmittel innerhalb der im Abs. 4 bezeichneten Frist anzuschließen berechtigt ist.

(6) Wird von einer Behörde ein Rechtsmittel eingelegt, so finden die Abs. 3 bis 5 entsprechende Anwendung.

§ 62. Gehören die Gebäude oder Betriebsmittel eines landwirtschaftlichen, forstwirtschaftlichen oder gärtnerischen Betriebs nicht sämtlich dem Eigentümer des Grund und Bodens (§ 12 Abs. 2), so gelten die Vorschriften der §§ 49 bis 61 nach Maßgabe der §§ 63, 64.

§ 63. (1) Der Feststellungsbescheid über die Höhe des festgestellten Einheitswerts des Betriebs ist außer den im § 54 bezeichneten Personen und Behörden auch dem Eigentümer der Gebäude und Betriebsmittel zu erteilen.

(2) Zur Einlegung eines Rechtsmittels gegen die Feststellung des Einheitswerts ist außer den im § 59 bezeichneten Personen und Behörden auch der Eigentümer der Gebäude und Betriebsmittel befugt.

(3) Wird von einer Behörde oder dem Eigentümer des Grund und Bodens oder dem Eigentümer der Gebäude oder Betriebsmittel ein Rechtsmittel gegen die Feststellung des Einheitswerts eingelegt, so gelten der Eigentümer des Grund und Bodens

und der Eigentümer der Gebäude und Betriebsmittel als beteiligte Eigentümer im Sinne des § 61 Abs. 2 bis 6.

§ 64. (1) Wegen der Beteiligung des für den Betrieb festgestellten Einheitswerts auf die beteiligten Eigentümer (§ 12 Abs. 2) können diese sowie die im § 59 bezeichneten Behörden ein Rechtsmittel einlegen, ohne die Feststellung des Einheitswerts selbst anzufechten.

(2) Die Verteilung des für den Betrieb festgestellten Einheitswerts auf die beteiligten Eigentümer ist auch im Rechtsmittelverfahren in der Weise einheitlich vorzunehmen, daß in jedem Falle der gesamte Einheitswert voll auf die beteiligten Eigentümer aufgeteilt wird. Wird eine Ermäßigung (oder Erhöhung) des für einen beteiligten Eigentümer festgestellten Anteils vorgenommen, so ist gleichzeitig eine entsprechende Erhöhung (oder Ermäßigung) des bei dem anderen beteiligten Eigentümer anzusetzenden Anteils auszusprechen. Legt eine zur Einlegung eines Rechtsmittels befugte Behörde wegen der Verteilung ein Rechtsmittel ein, so kann durch dieses nur die gegenüber beiden beteiligten Eigentümern getroffene Verteilung angefochten werden. Mehrere Rechtsmittel gleicher Art, die die Verteilung des für denselben Betrieb festgestellten Einheitswerts betreffen, sind zu verbinden.

(3) Hat wegen der Verteilung des für den Betrieb festgestellten Einheitswerts auf die beteiligten Eigentümer nur einer der beteiligten Eigentümer ein Rechtsmittel eingelegt, so ist der andere beteiligte Eigentümer von der Einlegung zu benach-

richtigen. Der andere beteiligte Eigentümer ist berechtigt, sich dem Rechtsmittel anzuschließen. Die Frist für die Erklärung des Anschlusses beträgt zwei Wochen. Die Frist beginnt mit Ablauf des Tages, an dem die Benachrichtigung dem beteiligten Eigentümer zugestellt oder, wenn keine Zustellung erfolgt, bekanntgeworden ist oder als bekanntgemacht gilt; die Frist endigt nicht vor Ablauf der für den beteiligten Eigentümer selbst laufenden Rechtsmittelfrist.

(4) Die Benachrichtigung (Abs. 3) muß enthalten:

1. eine Belehrung darüber, daß eine Ermäßigung (oder Erhöhung) des für einen beteiligten Eigentümer festgestellten Anteils eine entsprechende Erhöhung (oder Ermäßigung) des bei dem anderen beteiligten Eigentümer anzusetzenden Anteils am Einheitswerte zur Folge hat;
2. eine Belehrung darüber, daß der Empfänger der Benachrichtigung sich dem eingelegten Rechtsmittel innerhalb der im Abs. 3 bezeichneten Frist anzuschließen berechtigt ist.

B. Betriebsvermögen

I. Feststellungsbehörden.

§ 65. (1) Für die Feststellung des Einheitswerts gewerblicher Betriebe (§ 26) wird für den Bezirk eines jeden Finanzamts am Sitze des Finanzamts ein Ausschuß gebildet (Gewerbeausschuß).

(2) Durch den Gewerbeausschuß erfolgt auch die Feststellung des Einheitswerts

1. der im § 31 Abs. 3 bezeichneten Vermögensgegenstände eines gewerblichen Betriebs, wenn die Gegenstände ganz oder zum weitaus überwiegenden Teil zu eigenen gewerblichen Zwecken unmittelbar genutzt werden,
2. der Vermögensgegenstände, die nur zu einem Teil zum Betriebsvermögen gehören, sofern der zum Betriebsvermögen gehörige Teil der weitaus überwiegende ist.

Für solche Vermögensgegenstände, deren Wert nach Satz 1 nicht vom Gewerbeausschusse festgestellt wird, wird der Einheitswert vom Grundwertausschuß unter entsprechender Anwendung der §§ 50 bis 64 festgestellt.

§ 66. (1) Für die Feststellung des Einheitswerts gewerblicher Betriebe ist der Gewerbeausschuß des Finanzamts zuständig, in dessen Bezirk der Ort der Leitung des Betriebs liegt; der Reichsminister der Finanzen (§ 86) kann abweichende Bestimmungen treffen. § 53 Abs. 2, 3 findet entsprechende Anwendung.

(2) Für die Feststellung des Einheitswerts der im § 65 Abs. 2 Satz 1 bezeichneten Vermögensgegenstände ist der Gewerbeausschuß des Finanzamts zuständig, in dessen Bezirk der Vermögensgegenstand belegen ist; § 53 findet entsprechende Anwendung.

§ 67. (1) Soweit der Einheitswert gewerblicher Betriebe festzustellen ist, finden vorbehaltlich Abs. 2, 3 auf die Gewerbeausschüsse und das Feststellungsverfahren die §§ 50, 51, 52 Abs. 1, § 54 entsprechende Anwendung.

(2) Der gemäß Abs. 1 in Verbindung mit § 51 Abs. 1 Nr. 2 benannte Beamte soll tunlichst mit den Aufgaben der Bewertung von Betriebsvermögen vertraut sein; die Benennung erfolgt von der Regierung des Landes, in dessen Gebiet der zuständige Gewerbeausschuß (§ 66 Abs. 1) seinen Sitz hat.

(3) Der Feststellungsbescheid über die Höhe des festgestellten Einheitswert ist zu erteilen:

1. dem Betriebsinhaber oder bei Betrieben der im § 26 Abs. 2 bezeichneten Art einer zur Vertretung des Betriebs berechtigten Person;
2. der Gewerbesteuerbehörde, die unter entsprechender Anwendung der Vorschrift des § 66 Abs. 1 und der zur Durchführung dieser Vorschrift erlassenen Bestimmungen zuständig sein würde. Hat ein Land keine eigene Gewerbesteuerbehörde, so tritt an die Stelle dieser Behörde die Regierung des Landes oder die von ihr beauftragte Behörde.

§ 68. (1) Soweit der Einheitswert der im § 65 Abs. 2 Satz 1 bezeichneten Vermögensgegenstände eines gewerblichen Betriebs festzustellen ist, finden vorbehaltlich Abs. 2, 3 auf die Gewerbeausschüsse und das Feststellungsverfahren die §§ 50, 51, 52, 54 entsprechende Anwendung.

(2) Für die Zusammensetzung des Gewerbeausschusses gilt § 67 Abs. 2. Neben dem im § 67 Abs. 2 bezeichneten Mitglied kann nach näherer Be-

stimmung der Regierung des Landes, in dessen Gebiet der zuständige Gewerbeausschuß (§ 66 Abs. 2) seinen Sitz hat, der Landes- oder Gemeindebeamte, der gemäß § 51 Abs. 1 Nr. 2 oder 3 für den Grundwertausschuß benannt ist, mit beratender Stimme an der Sitzung des Gewerbeausschusses teilnehmen.

(3) Der Feststellungsbescheid über die Höhe des festgestellten Einheitswerts ist zu erteilen:

1. dem Betriebsinhaber oder bei Betrieben der im § 26 Abs. 2 bezeichneten Art einer zur Vertretung des Betriebs berechtigten Person. Wenn der zu bewertende Gegenstand zu dem gewerblichen Betrieb einer offenen Handelsgesellschaft oder Kommanditgesellschaft gehört und im Eigentum eines oder mehrerer Gesellschafter steht (§ 26 Abs. 2 Nr. 3 Satz 2), ist der Feststellungsbescheid statt dem Betriebsinhaber oder der vertretungsberechtigten Person dem Eigentümer des Gegenstandes zu erteilen;
2. der Gewerbesteuerbehörde; § 67 Abs. 3 Nr. 2 findet entsprechende Anwendung.

(4) Bestehen die Vermögensgegenstände, für die der Einheitswert festgestellt ist, in Grundstücksflächen der im § 31 Abs. 3 Satz 1 bezeichneten Art, die landwirtschaftlichen, forstwirtschaftlichen oder gärtnerischen Zwecken dienen, oder in Grundstücksflächen der im § 31 Abs. 3 Satz 2 bezeichneten Art, die Wohnzwecken dienen, so findet hinsichtlich der Offenlegung der festgestellten Einheitswerte § 55 entsprechende Anwendung.

II. Rechtsmittel und Rechtsmittelbehörden

§ 69. (1) Auf die Rechtsmittelbehörden und das Rechtsmittelverfahren finden die §§ 56 bis 59 entsprechende Anwendung, soweit sich nicht aus Abs. 2, 3 etwas anderes ergibt.

(2) Bildet die Bewertung gewerblicher Betriebe den Gegenstand des Rechtsmittelverfahrens, so treten an die Stelle der im § 58 Abs. 3 bezeichneten ständigen Mitglieder der Kammern des Oberbewertungsausschusses und ihrer Vertreter solche Beamte, die tunlichst mit der Bewertung von Betriebsvermögen vertraut sein sollen. Bildet die Bewertung der im § 65 Abs. 2 Satz 1 bezeichneten Vermögensgegenstände den Gegenstand des Rechtsmittelverfahrens, so kann die Regierung des Landes (§ 68 Abs. 2) bestimmen, daß an die Stelle der im Satz 1 bezeichneten Beamten die im § 58 Abs. 3 bezeichneten Beamten treten.

(3) Zur Einlegung der Rechtsmittel sind befugt:

1. der Betriebsinhaber oder bei Betrieben der im § 26 Abs. 2 bezeichneten Art eine zur Vertretung des Betriebs berechtigte Person. Soweit die Zustellung des Feststellungsbescheids an den Eigentümer des Gegenstandes zu erfolgen hat (§ 68 Abs. 3 Nr. 1), ist dieser zur Einlegung des Rechtsmittels befugt;
2. das Finanzamt, dessen Bezirk sich mit dem des zuständigen Gewerbeausschusses (§ 66) deckt;
3. die im § 67 Abs. 3 Nr. 2 oder im § 68 Abs. 3 Nr. 2 bezeichnete Behörde.

(4) Bestehen die Vermögensgegenstände, für die der Einheitswert festgestellt ist, in Grundstücks-

flächen der im § 31 Abs. 3 Satz 1 bezeichneten Art, die landwirtschaftlichen oder forstwirtschaftlichen Zwecken oder Weinbauzwecken dienen, so findet hinsichtlich der Begründung von Rechtsmitteln gegen die Feststellung des Einheitswerts § 60 entsprechende Anwendung.

§ 70. (1) Gehören zu einem gewerblichen Betriebe Vermögensgegenstände der im § 65 Abs. 2 Satz 1 bezeichneten Art und sind diese Gegenstände bei der Feststellung des Einheitswerts für den gewerblichen Betrieb gemäß § 65 Abs. 2 Satz 1 mit den für sie festgestellten Einheitswerten angesetzt worden, so können Rechtsmittel, die die Feststellung des Einheitswerts für den gewerblichen Betrieb betreffen, nicht darauf gestützt werden, daß die Gegenstände unzutreffend bewertet seien.

(2) Wird der Einheitswert für einen Gegenstand der im § 65 Abs. 2 Satz 1 bezeichneten Art nachträglich durch Rechtsmittelentscheidungen oder Berichtigungen geändert, so ist, sobald die Änderung des Einheitswerts für den Gegenstand unanfechtbar geworden ist,

1. wenn hinsichtlich der Feststellung des Einheitswerts für den gewerblichen Betrieb ein Rechtsmittelverfahren anhängig ist, die Veränderung in der Rechtsmittelentscheidung zu berücksichtigen,
2. wenn der Einheitswert für den gewerblichen Betrieb bereits unanfechtbar feststeht, der Einheitswert von Amts wegen entsprechend zu berichtigen.

III. Beteiligung am Verfahren

§ 71. (1) Die Vorschriften des § 61 über die Beteiligung finden entsprechende Anwendung,

1. wenn, abgesehen von den Fällen des § 26 Abs. 2 Nr. 3 Satz 1, ein gewerblicher Betrieb mehreren zur gesamten Hand oder zu Bruchteilen zusteht,
2. wenn, abgesehen von den Fällen des § 26 Abs. 2 Nr. 3 Satz 2 ein Vermögensgegenstand der im § 65 Abs. 2, Satz 1 bezeichneten Art mehreren zur gesamten Hand oder zu Bruchteilen zusteht,
3. wenn in den Fällen des § 26 Abs. 2 Nr. 3 Satz 2 ein Vermögensgegenstand der im § 65 Abs. 2 Satz 1 bezeichneten Art mehreren Gesellschaftern zur gesamten Hand oder zu Bruchteilen zusteht.

(2) Hinsichtlich der im § 31 Abs. 3 Satz 1 bezeichneten Vermögensgegenstände finden, wenn die Gebäude oder Betriebsmittel nicht sämtlich dem Eigentümer des Grund und Bodens gehören, die Vorschriften der §§ 62 bis 64 entsprechende Anwendung.

C. Sonstiges Vermögen

§ 72. Der Wert der Gegenstände, die zum sonstigen Vermögen gehören, wird nur zum Zwecke der Feststellung des Einheitswerts des Gesamvermögens von dem Finanzamt ermittelt (§ 73).

D. Gesamtvermögen

§ 73. (1) Der Einheitswert des Gesamtvermögens (§§ 45 bis 48) wird vorbehaltlich der Vorschrift des § 45 Abs. 2 bei der Veranlagung zur Vermögensteuer von dem nach §§ 51 bis 63 der Reichsabgabenordnung zuständigen Finanzamt ohne Mitwirkung eines Ausschusses festgestellt; der Reichsminister der Finanzen (§ 86) kann über die Zuständigkeit abweichende Bestimmungen treffen. Die Feststellung erfolgt bei den Steuerpflichtigen, von denen eine Vermögensteuer erhoben wird, im Vermögensteuerbescheide.

(2) Bei fortgesetzter Gütergemeinschaft ist in dem Bescheid über den Einheitswert für das Gesamtvermögen des überlebenden Ehegatten (§ 48 Abs. 2) der Wert des Gesamtguts gesondert anzugeben. Die Feststellung des Wertes des Gesamtguts unterliegt denselben Rechtsmitteln wie die Feststellung des Einheitswerts für das Gesamtvermögen (§ 74).

§ 74. (1) Die Feststellung des Einheitswerts für das Gesamtvermögen kann mit den gegen den Vermögensteuerbescheid zulässigen Rechtsmitteln angefochten werden.

(2) Gehören zum Gesamtvermögen wirtschaftliche Einheiten der im § 2 Nr. 1 bis 3 bezeichneten Vermögensarten und sind diese Einheiten bei der Feststellung des Einheitswerts für das Gesamtvermögen gemäß § 45 Abs. 1 mit den für sie festgestellten Einheitswerten angesetzt worden, so können Rechtsmittel, die die Feststellung des Einheitswerts für das Gesamtvermögen betreffen, nicht darauf ge-

stützt werden, daß die wirtschaftlichen Einheiten unzutreffend bewertet seien.

(3) § 70 Abs. 2 findet entsprechende Anwendung.

E. Neufeststellung, Nachfeststellung

§ 75. (1) Verändert sich innerhalb eines Hauptfeststellungszeitraums (§ 6 Abs. 2) der nach den Vorschriften dieses Gesetzes ermittelte Wert einer wirtschaftlichen Einheit der im § 2 Nr. 1 bis 3 bezeichneten Vermögensarten oder der im § 31 Abs. 3 bezeichneten Vermögensgegenstände infolge besonderer Umstände um mehr als den fünften Teil oder um mehr als einhunderttausend Reichsmark, so ist der Einheitswert auf Antrag neu festzustellen (Neufeststellung). Satz 1 findet auf das Gesamtvermögen (§ 3 Nr. 2a, b) entsprechende Anwendung, wenn sich der nach den Vorschriften dieses Gesetzes ermittelte Wert des Vermögens infolge besonderer Umstände innerhalb eines Hauptfeststellungszeitraums um mehr als den fünften Teil oder um mehr als einhunderttausend Reichsmark verändert. Soweit für die Hauptfeststellung ein vom Hauptfeststellungszeitpunkt abweichender Abschlußzeitpunkt zugrunde gelegt ist (§§ 14, 22 Abs. 2, § 24 Abs. 1, § 25 Satz 2, § 29), kommt an Stelle des Hauptfeststellungszeitraums der Zeitraum zwischen den beiden maßgebenden Abschlußzeitpunkten in Betracht. Wertveränderungen, die auf allgemeiner Veränderung der Wirtschaftsverhältnisse beruhen, kommen nicht in Betracht.

(2) Feststellungszeitpunkt (§ 5 Abs. 1) ist bei Neufeststellungen der Zeitpunkt, an dem das die

Neufeststellung begründete Ereignis eingetreten ist. Wertpapiere und Anteile sowie Genußscheine an Gesellschaften der im § 26 Abs. 2 Nr. 1 bezeichneten Art sind bei der Neufeststellung des Einheitswerts für gewerbliche Betriebe oder für das Gesamtvermögen, ohne Rücksicht auf den Feststellungszeitpunkt nach den Vorschriften der §§ 40 bis 43 zu bewerten.

(3) Zur Stellung eines Antrags auf Neufeststellung eines Einheitswerts (Abs. 1) ist berechtigt, wer gegen die Feststellung des Einheitswerts ein Rechtsmittel einzulegen berechtigt ist (§§ 59, 62, 63 Abs. 2, § 64 Abs. 1, § 69 Abs. 3, § 74 Abs. 1). Der Antrag ist schriftlich beim Finanzamt einzureichen oder zu Protokoll zu erklären; er kann bis zur Entscheidung der für die Feststellung des Einheitswerts zuständigen Behörde (Grundwertausschuß, Gewerbeausschuß, Finanzamt) zurückgenommen werden. Die Rücknahme ist schriftlich beim Finanzamt einzureichen oder zu Protokoll zu erklären. Nach der Rücknahme kann ein neuer Antrag auf Neufeststellung des Einheitswerts nicht mehr auf die Tatsachen gestützt werden, mit denen der zurückgenommene Antrag begründet war. Auf die Neufeststellung finden die Vorschriften der §§ 49 bis 54, §§ 56 bis 74 entsprechende Anwendung.

(4) Die Neufeststellung gilt für den Feststellungszeitraum, der mit dem Feststellungszeitpunkt (Abs. 2) beginnt und mit dem nächstfolgenden Hauptfeststellungszeitpunkt endigt. Ist für die Hauptfeststellung des Einheitswerts einen wirtschaftlichen Einheit ein vom Hauptfeststellungszeitpunkt abweichender

Abschlußzeitpunkt zugrunde gelegt worden und liegt der für die Neufeststellung maßgebende Feststellungszeitpunkt (Abs. 2) vor dem Hauptfeststellungszeitpunkte, so gilt die Neufeststellung für den Hauptfeststellungszeitraum (§ 6 Abs. 2).

(5) Werden während des Hauptfeststellungszeitraums Grundstücksteile, die zum inländischen landwirtschaftlichen, forstwirtschaftlichen, gärtnerischen Vermögen, Grundvermögen oder zu den inländischen Vermögensgegenstände der im § 31 Abs. 3 bezeichneten Art gehören, veräußert, ohne daß die Voraussetzungen für eine Neufeststellung nach Abs. 1 vorliegen, so hat der Erwerber den Veräußerer für den auf diesen Grundstücksteil entfallenden Grund- und Gebäudesteuerbetrag der Länder oder Gemeinden schadlos zu halten; eine abweichende Vereinbarung zwischen Erwerber und Veräußerer bleibt unberührt.

§ 76. (1) Wird innerhalb eines Hauptfeststellungszeitraums (§ 6 Abs. 2) eine wirtschaftliche Einheit der im § 2 Nr. 1 bis 3 bezeichneten Vermögensarten neu gegründet, so ist der Einheitswert für die Einheit nachträglich festzustellen (Nachfeststellung). Wird innerhalb eines Hauptfeststellungszeitraums eine wirtschaftliche Einheit verkleinert oder vergrößert, so findet nicht eine Nachfeststellung, sondern unter den Voraussetzungen des § 75 Abs. 1 eine Neufeststellung der Einheitswerte für die durch die Veränderung betroffenen Einheiten statt.

(2) Wird innerhalb eines Hauptfeststellungszeit-

raums nach den Vorschriften des Vermögensteuergesetzes

1. die unbeschränkte oder beschränkte Steuerpflicht neu begründet oder
2. ein beschränkt Steuerpflichtiger unbeschränkt steuerpflichtig oder ein unbeschränkt Steuerpflichtiger beschränkt steuerpflichtig,

so findet für das Gesamtvermögen (§ 3 Nr. 2 a, b) eine Nachfeststellung statt.

(3) Auf die Nachfeststellung finden die §§ 49 bis 54, 56 bis 74, 75 Abs. 2, Abs. 4 Satz 1 entsprechende Anwendung.

F. Anwendung der Einheitswerte bei der Veranlagung der Einheitswertsteuern

§ 77. (1) Ist bei der Veranlagung der Vermögensteuer das Gesamtvermögen mit dem Einheitswert angesetzt worden, der für das Gesamtvermögen festgestellt und nach § 7 der Veranlagung zugrunde zu legen ist, so können Rechtsmittel, die die Veranlagung der Vermögensteuer betreffen, nicht darauf gestützt werden, daß das Gesamtvermögen bei der Veranlagung mit einem unzutreffenden Betrag angesetzt sei.

(2) § 70 Abs. 2 findet entsprechende Anwendung.

§ 78. Soweit nach der für die Grund- und Gebäudesteuer oder die Gewerbesteuer maßgebenden landesrechtlichen Vorschrift gemäß § 4 Abs. 2 zur Feststellung des der Steuer unterliegenden Wertes Beträge vom Einheitswert abzuziehen oder zum Einheitswerte hinzuzurechnen sind, wird die

Feststellung des abzuziehenden oder hinzuzurechnenden Betrags sowie der Abzug oder die Hinzurechnung durch die für die Veranlagung der Steuer zuständige Behörde vorgenommen. Sofern für die Steuer eines Landes und für die Steuern seiner Gemeinden über den Abzug oder die Hinzurechnung sowie über die Ermittlung des abzuziehenden oder hinzuzurechnenden Betrags einheitliche Grundsätze gelten, hat der Reichsminister der Finanzen auf Antrag des Landes die Feststellung des abzuziehenden oder hinzuzurechnenden Betrags den für die Feststellung des Einheitswerts zuständigen Behörden (Grundwertausschüssen, Gewerbeausschüssen) zu übertragen; der Reichsminister der Finanzen trifft im Einvernehmen mit der betreffenden Landesregierung die zur Durchführung dieser Vorschrift erforderlichen Bestimmungen.

§ 79. (1) Bei der Veranlagung der Grund- und Gebäudesteuer sowie der Gewerbesteuer findet vorbehaltlich der Vorschrift des Abs. 2 auf die Zugrundelegung des Einheitswerts, der für die der Steuer unterliegende wirtschaftliche Einheit festgestellt ist, § 77 entsprechende Anwendung.

(2) Rechtsmittel, die in den Fällen des § 4 Abs. 2 gegen die Veranlagung zur Grund- und Gebäudesteuer oder zur Gewerbesteuer eingelegt werden, können, soweit sie sich gegen die Bewertung des der Steuer unterliegenden Vermögensgegenstandes richten, nur darauf gestützt werden, daß ein nicht zutreffender Betrag vom Einheitswert abgezogen oder zum Einheitswerte hinzugerechnet worden ist; war zur Feststellung des der Steuer unterliegen-

den Wertes der Wert solcher Gegenstände abzuziehen oder hinzuzurechnen, für die selbst nach den Vorschriften dieses Gesetzes ein Einheitswert festgestellt worden ist, so können die Rechtsmittel, wenn die Gegenstände mit dem festgestellten Einheitswert angesetzt sind (§ 4 Abs. 3), nicht darauf gestützt werden, daß ein nichtzutreffender Betrag abgezogen oder hinzugerechnet worden ist.

(3) Im Falle von Meinungsverschiedenheiten zwischen dem Reichsminister der Finanzen und einer Landesregierung über die Frage, ob eine landesrechtliche Steuervorschrift mit § 4 vereinbar ist, entscheidet auf Antrag des Reichsministers der Finanzen oder der Landesregierung der Reichsfinanzhof. Die Entscheidung ist im Reichsgesetzblatt zu veröffentlichen. Vor der Veröffentlichung können Rechtsmittel, die gegen die Veranlagung zur Grund- und Gebäudesteuer oder zur Gewerbesteuer eingelegt werden, nicht darauf gestützt werden, daß die für die Steuer maßgebende Vorschrift mit § 4 nicht vereinbar ist.

Vierter Abschnitt

Straf-, Übergangs- und Schlußvorschriften

§ 80. (1) Auf Zuwiderhandlungen, die sich gegen die Vorschriften dieses Gesetzes richten, finden die Vorschriften der Reichsabgabenordnung über das Strafrecht auch insoweit Anwendung, als nicht Reichssteuern, sondern Steuern der Länder oder Gemeinden durch die Zuwiderhandlungen betroffen werden.

(2) Wer in dem Bewußtsein, daß infolge seines Verhaltens eine Verkürzung von Einnahmen an Einheitswertsteuern eintreten kann, es unternimmt, die mit der Wertermittlung befaßten Behörden irrezuführen, wird bestraft, wie wenn er den Versuch einer Hinterziehung von Reichssteuern begangen hätte.

(3) Die Vorschriften der Reichsabgabenordnung über das Strafverfahren finden bei allen Zuwiderhandlungen, die sich gegen die Vorschriften dieses Gesetzes richten, Anwendung. Sachlich zuständig zur Untersuchung und Entscheidung sind die Finanzämter.

§ 81. (1) Dieses Gesetz tritt mit Wirkung vom 1. Januar 1925 in Kraft.

(2) Die Hauptfeststellung der Einheitswerte (§ 5 Abs. 2) erfolgt zum ersten Male nach dem Hauptfeststellungszeitpunkte vom Beginn des 1. Januar 1925.

(3) Für die erste Hauptfeststellung der Einheitswerte kann der Reichsminister der Finanzen (§ 86) auf Antrag des Bewertungsbeirats diesem einen gegenüber dem im § 19 Abs. 1 Nr. 1, § 22 Abs. 2, § 24 Abs. 1 vorgesehenen Aufgabenkreis beschränkteren Aufgabenkreis zuweisen.

§ 82. (1) Für die nach dem Merkmal des Wertes bemessenen Grund- und Gebäudesteuern sowie Gewerbesteuern, die die Länder und Gemeinden für das Kalenderjahr 1925 oder für ein in diesem Jahre beginnendes Rechnungsjahr erheben, besteht eine Bindung an die Vorschriften dieses Gesetzes nicht; die Länder und nach Maßgabe der Landesgesetzgebung die Gemeinden können insbesondere für die Steuerbemessung die bisher von ihnen angewandten Merkmale oder die bei der Vermögensteuerveranlagung für das Kalenderjahr 1924 festgestellten Werte zugrunde legen oder die auf Grund dieses Gesetzes auf den 1. Januar 1925 festgestellten Einheitswerte mit der Maßgabe anwenden, daß bis zur Feststellung der Einheitswerte Vorauszahlungen nach anderen Merkmalen erhoben werden. Die nach den Vorschriften dieses Gesetzes festgestellten Einheitswerte sind zum ersten Male für die Steuern zugrunde zu legen, die für das Kalenderjahr 1926 oder für ein in diesem Jahre beginnendes Rechnungsjahr erhoben werden; bis zur Feststellung der Einheitswerte nach dem Hauptfeststellungszeitpunkte vom Beginne des 1. Januar 1926 können auf Grund anderweit festgestellter Werte Vorauszahlungen erhoben werden.

(2) Der Reichsminister der Finanzen (§ 86) wird den Zeitpunkt, von dem ab die Länder und Gemeinden für die Grund- und Gebäudesteuern sowie Gewerbesteuern nach Maßgabe des § 1 Abs. 2, § 4 an die Vorschriften dieses Gesetzes gebunden sind (Abs. 1), um ein Jahr hinausschieben, wenn die Feststellung der Einheitswerte nach dem Hauptfeststellungszeitpunkte vom 1. Januar 1925 nicht so zeitig beendigt ist, daß sich vor dem Beginne des Kalenderjahrs 1926 durch Vergleichung zwischen den in den verschiedenen Ländern festgestellten Einheitswerten zuverlässig übersehen läßt, ob die festgestellten Werte den tatsächlichen Verhältnissen entsprechen und als gleichmäßig gelten können,

§ 83. (1) Der Reichsminister der Finanzen (§ 86) bestimmt den Zeitpunkt, von dem ab die für Grundstücke (§ 34) und für die im § 31 Abs. 3 bezeichneten Gegenstände festgestellten Einheitswerte den Grund- und Gebäudesteuern der Länder und Gemeinden nach Maßgabe des § 1 Abs. 2, § 4 zugrunde zu legen sind.

(2) Die Länder sind berechtigt, beim Geldentwertungsausgleiche bei bebauten Grundstücken, soweit die Besteuerung nicht in Form einer besonderen Aufwertungssteuer oder eines Zuschlags zur Grund- und Gebäudesteuer erfolgt, für die Bewertung von landwirtschaftlichen, forstwirtschaftlichen und gärtnerischen Betrieben, von Grundstücken (§ 34) sowie von Vermögensgegenständen der im § 31 Abs. 3 bezeichneten Art statt der Einheitswerte Vorkriegswerte zugrunde zu legen.

§ 84. (1) Solange der übliche Zinssatz für gesicherte langfristige Kredite von dem für derartige Kredite in der letzten Vorkriegszeit üblich gewesenen Zinssatz erheblich abweicht, kann durch eine vom Reichsminister der Finanzen mit Zustimmung des Reichsrats nach Anhörung des Bewertungsbeirats erlassene Rechtsverordnung bestimmt werden

1. mit welcher Zahl abweichend von der Vorschrift des § 152 Abs. 3, 5 der Reichsabgabenordnung bei landwirtschaftlichen, forstwirtschaftlichen oder gärtnerischen Betrieben und bei bebauten Grundstücken, soweit sie sich auf das Inland erstrecken, zur Ermittlung des Ertragswerts der Reinertrag zu vervielfältigen ist;

2. mit welchen Zahlen abweichend von § 145 Abs. 2 der Reichsabgabenordnung zur Ermittlung des Wertes von Renten oder anderen auf die Lebenszeit einer Person beschränkten Nutzungen und Leistungen der Wert der einjährigen Nutzung zu vervielfältigen ist.

Bei der Bestimmung der Zahlen ist auf die Verschiedenheit der im Satz 1 bezeichneten Zinssätze, auf die Verrentung des angelegten Kapitals und auf sonstige in der Wirtschaftslage begründete Umstände Rücksicht zu nehmen; die Rechtsverordnung kann für einen oder mehrere Hauptfeststellungszeiträume erlassen werden.

(2) Bei Erlaß der Verordnung über die Ertragswertklassen und Rahmensätze (§ 16 Abs. 1 Nr. 3, § 22 Abs. 2, § 24 Abs. 1) ist die gemäß Abs. 1 Nr. 1 festgesetzte Zahl zu berücksichtigen.

§ 85. Der Reichsminister der Finanzen kann über die Bewertung von Grundstücken (§ 34), die am Feststellungszeitpunkte ganz oder teilweise der staatlichen Wohnungszwangswirtschaft unterliegen, von den §§ 35, 36 abweichende Bestimmungen (§ 86) erlassen.

§ 86. (1) Wo in diesem Gesetze der Reichsminister der Finanzen ermächtigt wird, Bestimmungen zu treffen, kann er diese nur mit Zustimmung des Reichsrats treffen.

(2) Die zur Durchführung dieses Gesetzes im übrigen erforderlichen Bestimmungen trifft der Reichsminister der Finanzen mit Zustimmung des Reichsrats. Die Vorschrift des Satz 1 gilt insbesondere für Bestimmungen darüber,

1. unter welchen Voraussetzungen die Abgabe von Erklärungen über die Zusammensetzung des Vermögens oder einzelner Vermögensarten und über sonstige Tatsachen, die für die Wertermittlung von Bedeutung sind, sowie eine Schätzung des Wertes verlangt werden kann. Eine solche Erklärung gilt als Steuererklärung im Sinne der Reichsabgabenordnung;
2. nach welchem Maßstab und nach welchem Verfahren die Zerlegung der Einheitswerte für die Einheitswertsteuern der Länder und Gemeinden vorzunehmen ist;
3. unter welchen Voraussetzungen Kosten und Gebühren zu erheben und auf welcher Grundlage sie zu bemessen sind.
   Die allgemeinen Kosten, die durch die Ausführung dieses Gesetzes entstehen, trägt das Reich. Die Verpflichtung zur Tragung der Rechtsmittelkosten nach Maßgabe der Reichsabgabenordnung bleibt auch insoweit unberührt, als Landes- oder Gemeindebehörden durch sie betroffen sind. Satz 1 findet keine Anwendung auf die Kosten, die durch die Mitwirkung von Landes- oder Gemeindebeamten am Bewertungsgeschäft erwachsen. Satz 1 findet ferner keine Anwendung auf die Kosten, die durch eine vom Reiche übernommene Zerlegung der Einheitswerte oder Teile von diesen auf die Gemeinden eines Landes entstehen, wenn das Land das Zerlegungsverfahren abweichend von dem gemäß Nr. 2 erlassenen Bestimmungen

geregelt hat und die Anwendung dieser landesrechtlichen Vorschriften einen besonderen Aufwand zur Folge hat.

Berlin, den 10. August 1925.

Der Reichspräsident
von Hindenburg
Der Reichsminister der Finanzen
von Schlieben

Gesetz über Vermögen- und Erbschaftsteuer

Vom 10. August 1925 (RGBl. I, 233).

Der Reichstag hat das folgende Gesetz beschlossen, das mit Zustimmung des Reichsrats hiermit verkündet wird:

Artikel I

Vermögensteuer

§ 1. Von dem Vermögen wird eine Vermögensteuer nach den Vorschriften dieses Gesetzes erhoben.

A. Steuerpflicht, Vermögen

§ 2. Mit dem gesamten Vermögen (§ 3 Nr. 2a des Reichsbewertungsgesetzes) sind steuerpflichtig (unbeschränkt vermögensteuerpflichtig):

1. a) alle natürlichen Personen, solange sie im Deutschen Reiche ihren Wohnsitz oder ihren gewöhnlichen Aufenthalt haben. Als gewöhnlich gilt ein Aufenthalt von mehr als sechs Monaten; beträgt der Aufenthalt mehr als sechs Monate, so erstreckt sich die Steuerpflicht auch auf die ersten sechs Monate;

   b) Beamte des Reichs, Beamte der Länder und Angehörige der Wehrmacht (Reichswehr und Reichsmarine), die ihren dienstlichen Wohnsitz im Ausland haben. Wahlkonsuln gelten nicht als Beamte im Sinne dieser Vorschrift. Den Beamten des Reichs stehen die Beamten der Deutschen Reichsbahn-Gesellschaft und der Reichsbank gleich;

2. a) Aktiengesellschaften, Kommanditgesellschaften auf Aktien, Kolonialgesellschaften, bergbautreibende rechtsfähige Vereinigungen und nichtrechtsfähige Berggewerkschaften, Gesellschaften mit beschränkter Haftung, Genossenschaften, Versicherungsvereine auf Gegenseitigkeit, Hypothekenbanken, Schiffsbeleihungsbanken,
   b) rechtsfähige und nichtrechtsfähige Vereine, Anstalten, Stiftungen, andere Zweckvermögen und sonstige nicht unter a fallende Körperschaften des bürgerlichen Rechtes,
   c) offene Handelsgesellschaften und Kommanditgesellschaften,
   d) Kreditanstalten des öffentlichen Rechtes,

unter der Voraussetzung, daß der Sitz oder der Ort der Leitung im Inland liegt.

§ 3. Mit dem inländischen landwirtschaftlichen, forstwirtschaftlichen, gärtnerischen Vermögen, Betriebsvermögen und Grundvermögen (dem gesamten Inlandsvermögen im Sinne des § 3 Nr. 2b des Reichsbewertungsgesetzes) sind steuerpflichtig (beschränkt vermögensteuerpflichtig):

1. alle natürlichen Personen, soweit sie nicht schon nach § 2 Nr. 1 unbeschränkt steuerpflichtig sind;

2. alle Körperschaften, Personenvereinigungen, Vermögensmassen, Gesellschaften und Anstalten, wenn der Sitz und der Ort der Leitung im Ausland liegt.

§ 4. (1) Von der Vermögensteuer sind befreit:

1. die Reichsbank, die Rentenbank, die Deutsche Golddiskontbank und die Bank für deutsche Industrieobligationen;
2. Staatsbanken, die nach ihrer Bestimmung in der Hauptsache staatswirtschaftlichen oder allgemein wirtschaftlichen Geschäften dienen;
3. Unternehmungen, deren Erträge ausschließlich dem Reiche, den Ländern oder den Gemeinden (Gemeindeverbänden) zufließen, sofern es sich nicht um Kreditunternehmungen handelt;
4. die öffentlichen oder dem öffentlichen Verkehre dienenden Sparkassen, die sich auf die Pflege des eigentlichen Sparkassenverkehrs beschränken. Der Reichsminister der Finanzen bestimmt mit Zustimmung des Reichsrats, was als eigentlicher Sparkassenverkehr im Sinne dieser Vorschrift anzusehen ist;
5. Hauberg-, Wald-, Forst- und Laubgenossenschaften und ähnliche Realgemeinden, sofern sie nicht einen über einen Nebenbetrieb hinausgehenden Gewerbebetrieb unterhalten;
6. Personenvereinigungen, Anstalten, Stiftungen und andere Zweckvermögen, die nach der Satzung, Stiftung oder sonstigen Verfassung ausschließlich kirchlichen, gemeinnützigen oder mildtätigen Zwecken dienen. Der Reichsminister der Finanzen trifft mit Zustimmung des Reichs-

rats nähere Bestimmungen über die Voraussetzungen, unter denen eine Personenvereinigung, ein Zweckvermögen oder ein Zweck als gemeinnützig oder mildtätig im Sinne dieser Vorschrift anzusehen ist;

7. Berufsverbände ohne öffentlich-rechtlichen Charakter, deren Zweck nicht auf einen wirtschaftlichen Geschäftsbetrieb gerichtet ist;

8. Gesellschaften mit beschränkter Haftung und Aktiengesellschaften, deren Hauptzweck die Verwaltung des Vermögens für einen nichtrechtsfähigen Berufsverband der in Nr. 7 bezeichneten Art ist, sofern ihre Erträge im wesentlichen aus dieser Vermögensverwaltung herrühren und ausschließlich dem Berufsverbande zufließen;

9. rechtsfähige Pensions-, Witwen-, Waisen-, Sterbe-, Kranken-, Unterstützungs- und sonstige Hilfskassen für Fälle der Not oder der Arbeitslosigkeit. Das gleiche gilt für nichtrechtsfähige Kassen dieser Art, wenn die dauernde Verwendung der Einkünfte für die Zwecke der Kassen und für den Fall der Auflösung einer Kasse die Verwendung ihres Kapitals für entsprechende Zwecke gesichert ist;

10. natürliche und juristische Personen, nichtrechtsfähige Personenvereinigungen, Anstalten, Stiftungen und andere Zweckvermögen, soweit ihnen unter Wahrung der Gegenseitigkeit nach allgemeinen völkerrechtlichen Grundsätzen oder soweit ihnen nach besonderen mit anderen Staaten getroffenen Vereinbarungen ein Anspruch auf Befreiung von den persönlichen Steuern zusteht.

(2) Die Befreiungen nach Abs. 1 Nr. 2 bis 9 finden auf beschränkt Steuerpflichtige keine Anwendung.

§ 5. (1) Als Vermögen im Sinne des Vermögensteuergesetzes gilt das Vermögen im Sinne des Reichsbewertungsgesetzes (§ 2 des Reichsbewertungsgesetzes).

(2) Das Vermögen ist bei der Veranlagung zur Vermögensteuer mit dem Einheitswert anzusetzen, der bei unbeschränkt Steuerpflichtigen für das gesamte Vermögen, bei beschränkt Steuerpflichtigen für das gesamte Inlandsvermögen festgestellt worden ist (§ 3 Nr. 2 des Reichsbewertungsgesetzes).

(3) Der für die Veranlagung der Vermögensteuer maßgebende Zeitpunkt (§ 7 des Reichsbewertungsgesetzes) ist

für Hauptveranlagungen der jeweilige Hauptfeststellungszeitpunkt im Sinne des § 5 Abs. 2 des Reichsbewertungsgesetzes,

für Neu- und Nachveranlagungen der für die Neu- und Nachveranlagung gemäß § 75 Abs. 2, § 76 Abs. 3 des Reichsbewertungsgesetzes maßgebende Feststellungszeitpunkt.

B. Tarif

§ 6. Zur Berechnung der Vermögensteuer wird das Vermögen (§ 5) auf volle Hunderte nach unten abgerundet.

§ 7. (1) Die Vermögensteuer beträgt jährlich 5 vom Tausend des abgerundeten Vermögens.

(2) Die Vermögensteuer ermäßigt sich, wenn das abgerundete Vermögen

10 000 Reichsmark nicht übersteigt, auf	2 v. Tausend,
10 000 Reichsmark, aber nicht 25 000 Reichsmark übersteigt, auf	3 „ „
25 000 Reichsmark, aber nicht 50 000 Reichsmark übersteigt, auf	4 „ „

(3) Die Vermögensteuer erhöht sich, wenn das abgerundete Vermögen

250 000 Reichsmark, aber nicht 500 000 Reichsmark übersteigt, auf	5,5 v. Tausend.
500 000 Reichsmark, aber nicht 1 000 000 Reichsmark übersteigt, auf	6 „ „
1 000 000 Reichsmark, aber nicht 2 500 000 Reichsmark übersteigt, auf	6,5 „ „
2 500 000 Reichsmark, aber nicht 5 000 000 Reichsmark übersteigt, auf	7 „ „
5 000 000 Reichsmark übersteigt, auf	7,5 „ „

Jedoch beträgt der Höchstsatz für Vermögen, das der Ertragsbesteuerung durch Länder und Gemeinden unterliegt, 5 vom Tausend.

§ 8. (1) Die Vermögensteuer wird bei unbeschränkt Steuerpflichtigen nicht erhoben, wenn das abgerundete Vermögen 5 000 Reichsmark nicht übersteigt.

(2) Die Vermögensteuer wird bei natürlichen unbeschränkt steuerpflichtigen Personen nicht erhoben:

1. wenn das abgerundete Vermögen 10 000 Reichsmark und das letzte Jahreseinkommen 3000 Reichsmark nicht überstiegen hat; die Einkommensgrenze erhöht sich bei Steuerpflichtigen, zu deren Haushalt mehr als ein minderjähriges Kind im Sinne des § 23 des Einkommensteuergesetzes gehören,
   a) bei zwei Kindern auf 4000 Reichsmark,
   b) bei drei und vier Kindern auf 5000 Reichsmark,
   c) bei mehr als vier Kindern auf 6000 Reichsmark.

   Als letztes Jahreseinkommen gilt das Einkommen, mit dem der Steuerpflichtige für das Kalenderjahr oder für das vom Kalenderjahr abweichende Wirtschaftsjahr veranlagt worden ist, das dem Feststellungszeitpunkt unmittelbar vorangeht; hat eine Veranlagung zur Einkommensteuer nicht stattgefunden, so tritt an die Stelle des veranlagten Einkommens das nach den Vorschriften des Einkommensteuergesetzes zu berechnende Einkommen;
2. wenn das abgerundete Vermögen
   a) 20 000 Reichsmark und das letzte Jahreseinkommen (Nr. 1) 5000 Reichsmark oder
   b) 30 000 Reichsmark und das letzte Jahreseinkommen 4000 Reichsmark

   nicht überstiegen hat, sofern der Steuerpflichtige über 60 Jahre alt oder erwerbsunfähig oder nicht nur vorübergehend behindert ist, seinen Lebensunterhalt durch eigenen Erwerb zu bestreiten. Die Einkommensgrenzen erhöhen sich bei Steuerpflichtigen, zu deren Haushalt mehr als zwei minderjährige Kinder im Sinne des § 23 des Einkommensteuergesetzes gehören, beim Vorliegen der Voraussetzungen zu a auf 6000 Reichsmark, beim Vorliegen der Voraussetzungen zu b auf 5000 Reichsmark. Bei Ehegatten, die zusammen zur Vermögensteuer veranlagt werden, tritt die Befreiung nach Satz 1 nur ein, wenn die Voraussetzungen hinsichtlich des Alters, der Erwerbsunfähigkeit oder der Erwerbsbehinderung in der Person des Ehemanns oder sofern sie in der Person der Ehefrau vorliegen, wenn diese für den Erwerb des Vermögens wesentlich beiträgt oder beigetragen hat.

§ 9. Bei fortgesetzter Gütergemeinschaft (§ 48 Abs. 2 des Reichsbewertungsgesetzes) ist die Steuer von dem Vermögen des überlebenden Ehegatten einschließlich des ganzen Gesamtguts nach dem Steuersatze zu bemessen, der zur Anwendung kommen würde, wenn dem Vermögen des überlebenden Ehegatten lediglich der bei der Auseinandersetzung auf ihn entfallende Anteil am Gesamtgut zuzurechnen wäre.

C. Veranlagung und Erhebung

§ 10. (1) Ehegatten werden zur Vermögensteuer zusammen veranlagt, wenn ihr Vermögen nach den Vorschriften des Reichsbewertungsgesetzes zur Feststellung des Einheitswerts zusammenzurechnen ist (§ 48 Abs. 1 des Reichsbewertungsgesetzes).

(2) Die Haftung eines Ehegatten für die Vermögensteuer gemäß § 95 Abs. 2 der Reichsabgabenordnung wird nicht dadurch ausgeschlossen, daß er Vermögen im Sinne dieses Gesetzes am Feststellungszeitpunkt nicht besessen hat.

§ 11. Die allgemeine Veranlagung der Vermögensteuer (Hauptveranlagung) wird für den Hauptfeststellungszeitraum vorgenommen, der gemäß § 6 Abs. 2 Satz 1, 2 des Reichsbewertungsgesetzes für die Einheitswerte des Gesamtvermögens maßgebend ist (Hauptveranlagungszeitraum).

§ 12. (1) Eine Neuveranlagung innerhalb des Hauptveranlagungszeitraums wird in den Fällen vorgenommen, in denen gemäß § 75 Abs. 1 des Reichsbewertungsgesetzes eine Neufeststellung des Einheitswerts für das Gesamtvermögen des Steuerpflichtigen erfolgt. Die Neuveranlagung hat Wirkung für die Zeit vom Beginne des Kalendermonats, der dem für die Neufeststellung maßgebenden Feststellungszeitpunkt (§ 75 Abs. 2 Satz 1 des Reichsbewertungsgesetzes) unmittelbar folgt, bis zum Schlusse des laufenden Hauptveranlagungszeitraums. Die ursprüngliche Veranlagung gilt bis zum Ende des Kalendermonats, in den der für die Neufeststellung maßgebende Feststellungszeitpunkt fällt.

(2) Eine Nachveranlagung wird in den Fällen vorgenommen; in denen gemäß § 76 Abs. 2 des Reichsbewertungsgesetzes eine Nachfeststellung des Einheitswerts für das Gesamtvermögen des Steuer-

pflichtigen erfolgt. Auf die Nachveranlagung finden Abs. 1 Satz 2, 3 entsprechende Anwendung.

§ 13. Erlischt die Steuerpflicht im Laufe eines Veranlagungszeitraums, so wird die Steuer nur bis zum Schlusse des Kalendermonats erhoben, in dem die Steuerpflicht wegfällt.

§ 14. (1) Auf die Feststellung der Vermögensteuer findet § 73 Abs. 1 Satz 1 des Reichsbewertungsgesetzes entsprechende Anwendung.

(2) Über die Höhe der Vermögensteuer erteilt das Finanzamt dem Steuerpflichtigen einen schriftlichen Bescheid (Vermögensteuerbescheid).

§ 15. (1) Die Vermögensteuer wird mit je einem Viertel ihres Jahresbetrags am 15. Februar, 15. Mai, 15. August und 15. November fällig. Steuerpflichtige, deren Vermögen hauptsächlich aus landwirtschaftlichem Vermögen besteht, haben an Stelle der Zahlungen am 15. August und 15. November in Höhe eines Viertels des Jahresbetrags eine Zahlung am 15. November in Höhe der Hälfte des Jahresbetrags zu leisten.

(2) Bis zur Zustellung eines Vermögensteuerbescheids für einen neuen Hauptveranlagungszeitraum hat der Steuerpflichtige zu den im Abs. 1 bezeichneten Zeitpunkten Vorauszahlungen in Höhe von je einem Viertel der zuletzt festgesetzten Jahressteuerschuld zu entrichten; Abs. 1 Satz 2 findet entsprechende Anwendung.

(3) Soweit die nach Abs. 1 bis zur Zustellung des Vermögensteuerbescheids sich ergebenden Vierteljahrsbeträge die nach Abs. 2 bis zur Zustellung des Vermögensteuerbescheids zu leistenden Voraus-

zahlungen übersteigen, ist der Unterschiedsbetrag mit der nächsten nach Zustellung des Vermögensteuerbescheids fällig werdenden Vierteljahrszahlung zu entrichten. Soweit die nach Abs. 1 bis zur Zustellung des Vermögensteuerbescheids sich ergebenden Vierteljahrsbeträge hinter den nach Abs. 2 bis zur Zustellung des Vermögensteuerbescheids geleisteten Vorauszahlungen zurückbleiben, ist der Unterschiedsbetrag auf die nächste nach Zustellung des Vermögensteuerbescheids fällig werdende Vierteljahrszahlung anzurechnen.

(4) Macht der Steuerpflichtige glaubhaft, daß der bei der neuen Hauptveranlagung voraussichtlich festzusetzende Jahressteuerbetrag erheblich hinter der zuletzt festgesetzten, für die Vorauszahlungen nach Abs. 2 maßgebenden Jahressteuerschuld zurückbleiben wird, so ist ihm der auf die einzelnen Vorauszahlungsraten (Abs. 2) entfallende Unterschiedsbetrag auf Antrag bis zur Zustellung des Vermögensteuerbescheids für den neuen Hauptveranlagungszeitraum zu stunden.

§ 16. Übersteigen die Schulden eines unbeschränkt vermögensteuerpflichtigen Gesellschafters einer offenen Handelsgesellschaft oder Kommanditgesellschaft das Gesamtvermögen im Sinne des § 3 Nr. 2a des Reichsbewertungsgesetzes, so hat der Gesellschafter einen Anspruch auf Erstattung des Unterschiedsbetrags, der sich zwischen der von der Gesellschaft entrichteten Vermögensteuer und der Vermögensteuer ergibt, die von der Gesellschaft zu entrichten sein würde, wenn die Schulden des Gesellschafters vom Vermögen der Gesellschaft abgezogen worden wären; dabei sind Schulden des Gesellschafters nur insoweit, als sie sein Gesamtvermögen übersteigen, und nur bis zur Höhe des Wertes seines Anteils am Vermögen der Gesellschaft zu berücksichtigen. Der Reichsminister der Finanzen trifft die näheren Bestimmungen über die Erstattung.

§ 17. (1) Werden Ehegatten zusammen zur Vermögensteuer veranlagt (§ 10 Abs. 1), so gilt für die vermögensrechtlichen Beziehungen der Ehegatten untereinander jeder Ehegatte als Schuldner des Steuerteils, der nach den Verhältniszahlen berechnet wird, die sich ergeben, wenn jeder Ehegatte getrennt mit seinem Vermögen veranlagt worden und hierbei § 8 nicht zu berücksichtigen gewesen wäre.

(2) Abs. 1 gilt entsprechend für die fortgesetzte Gütergemeinschaft hinsichtlich der vermögensrechtlichen Beziehungen zwischen dem überlebenden Ehegatten und den an der fortgesetzten Gütergemeinschaft beteiligten Abkömmlingen.

§ 18. (1) Der Inhaber eines Fideikommisses, Lehens oder Stammguts, eines Hausguts oder eines sonstigen nach landesgesetzlichen Vorschriften (Artikel 57 bis 59 des Einführungsgesetzes zum Bürgerlichen Gesetzbuch) gebundenen Vermögens ist mit Genehmigung der Aufsichtsbehörde befugt, den nach Abs. 4 auf das gebundene Vermögen entfallenden Teil der Vermögensteuer aus dem gebundenen Vermögen zu entnehmen und zu diesem Zwecke über die zu dem Vermögen gehörenden Gegenstände zu verfügen.

(2) Durch die Vorschrift des Abs. 1 wird die Befugnis des Inhabers nicht berührt, auf Grund

solcher gesetzlichen oder stiftungsmäßigen Vorschriften, welche die Verfügungen unter anderen Voraussetzungen zulassen, über das gebundene Vermögen zu verfügen.

(3) Fehlt eine Aufsichtsbehörde oder ist ungewiß, welche Behörde zur Aufsicht berufen ist, so gilt als Aufsichtsbehörde im Sinne des Abs. 1 das Oberlandesgericht, in dessen Bezirk das gebundene Vermögen sich seinem Hauptbestande nach befindet. Ist die Genehmigung von einem Oberlandesgericht erteilt, so kann nicht geltend gemacht werden, daß das Oberlandesgericht für die Genehmigung nicht zuständig gewesen sei. Die Landeszentralbehörde kann bestimmen, daß an Stelle des Oberlandesgerichts eine andere Behörde tritt.

(4) Gehört zum Gesamtvermögen außer dem gebundenen Vermögen noch freies Vermögen, so findet auf die Ermittlung der auf das gebundene und das freie Vermögen entfallenden Steuerteile die Vorschrift des § 17 Abs. 1 über die Ermittlung der auf zusammenveranlagte Ehegatten entfallenden Steuerteile entsprechende Anwendung.

§ 19. Der Vorerbe ist berechtigt, den auf die Vorerbschaft entfallenden Teil der Vermögensteuer aus dem Vermögen der Vorerbschaft zu entnehmen. Auf die Ermittlung der auf die Vorerbschaft und das übrige Vermögen des Vorerben entfallenden Steuerteile findet die Vorschrift des § 17 Abs. 1 über die Ermittlung der auf zusammenveranlagte Ehegatten entfallenden Steuerteile entsprechende Anwendung.

§ 20. Bei Steuerpflichtigen, die durch Zuzug aus dem Ausland unbeschränkt steuerpflichtig werden, kann der Reichsminister der Finanzen anordnen, daß in einzelnen Fällen oder in bestimmten Gruppen von Fällen für die Dauer von fünf Jahren seit Begründung der unbeschränkten Steuerpflicht von der Heranziehung des Vermögens oder einzelner Vermögensgegenstände, insbesondere von der Heranziehung des ausländischen landwirtschaftlichen, forstwirtschaftlichen oder gärtnerischen Vermögens, Betriebsvermögens oder Grundvermögens, ganz oder teilweise abgesehen wird; der Reichsminister der Finanzen kann in solchen Fällen im Einvernehmen mit dem Steuerpflichtigen die Vermögensteuer auch in einem Pauschbetrage festsetzen.

D. Übergangs- und Schlußvorschriften.

§ 21. Die Vorschriften der §§ 1 bis 20 finden erstmalig auf die Veranlagung zur Vermögensteuer für das Kalenderjahr 1925 Anwendung. Die Vorschriften des § 12 Abs. 2 Nr. 6, §§ 15, 18 Abs. 4 des Reichsentlastungsgesetzes vom 4. Juni 1923 (Reichsgesetzbl. I S. 305), § 1 Nr. 3, § 3 der Verordnung vom 2. Juli 1923 (Reichsgesetzbl. I S. 613) finden auf die Veranlagung für das Kalenderjahr 1925 und die späteren Kalenderjahre keine Anwendung.

§ 22. Bis zur Zustellung des Vermögensteuerbescheids für das Kalenderjahr 1925 sind die Vorauszahlungen auf Grund des Vermögensteuerbescheids für das Kalenderjahr 1924 zu leisten. Auf die Vermögensteuer für das Kalenderjahr 1925 sind jedoch Vorauszahlungen lediglich am 15. Februar und 15. November 1925 in Höhe von je einem Viertel des im Vermögensteuerbescheide für das Kalenderjahr 1924 festgesetzten Jahressteuerbetrags zu entrichten; § 15 Abs. 4 findet auf diese Vorauszahlungen keine Anwendung.

§ 23. Für die Veranlagung zur Vermögensteuer für das Kalenderjahr 1925 gilt die Vorschrift des § 8 Abs. 2 Nr. 1, 2 mit der Maßgabe, daß an die Stelle des letzten Jahreseinkommens das Einkommen des Kalenderjahrs 1925 oder des in diesem Jahre ablaufenden Wirtschaftsjahrs tritt. Steht bei der Veranlagung zur Vermögensteuer das im Satz 1 bezeichnete Einkommen noch nicht fest, so genügt es, wenn der Steuerpflichtige glaubhaft macht, daß das Einkommen des Kalenderjahrs 1925 oder des in diesem Jahre ablaufenden Wirtschaftsjahrs die im § 8 Abs. 2 Nr. 1, 2 bezeichneten Einkommensgrenzen voraussichtlich nicht übersteigen wird.

§ 24. Für die Vermögensteuerveranlagungen für die Kalenderjahre 1925 und 1926 findet § 7 Abs. 3 keine Anwendung.

§ 25. Die zur Durchführung der §§ 1 bis 24 erforderlichen Bestimmungen erläßt der Reichsminister der Finanzen mit Zustimmung des Reichsrats; er bestimmt insbesondere, unter welchen Voraussetzungen Vermögensteuerpflichtige zur Abgabe einer Vermögensteuererklärung verpflichtet sind.

§ 26. Die Vermögenzuwachssteuer wird bis zum 31. Dezember 1928 außer Hebung gesetzt.

Art. II des Gesetzes über Vermögen- und Erbschaftsteuer bezieht sich auf die Erbschaftsteuer, deren Regelung dann erneut erfolgte durch:

Erbschaftsteuergesetz

Bekanntmachung der neuen Fassung des Erbschaftsteuergesetzes vom 22. August 1925 (RGBl. I, 320).

I. Teil

Steuerpflicht

1. Gegenstand der Erbschaftsteuer

§ 1. (1) Der Erbschaftsteuer unterliegen

1. der Erwerb von Todes wegen,
2. Schenkungen unter Lebenden,
3. Zweckzuwendungen.

(2) Soweit nichts Besonderes bestimmt ist, gelten die Vorschriften dieses Gesetzes über den Erwerb von Todes wegen auch für Schenkungen und Zweckzuwendungen, die Vorschriften über Schenkungen auch für Zweckzuwendungen unter Lebenden.

§ 2. (1) Als Erwerb von Todes wegen gilt

1. der Erwerb durch Erbanfall, durch Vermächtnis (§§ 2147 ff. des Bürgerlichen Gesetzbuchs) oder auf Grund eines geltend gemachten Pflichtteilsanspruchs;
2. der Erwerb auf Grund einer Nachfolge in ein Hausgut, Lehen, Fideikommiß oder Stammgut oder in ein sonstiges gebundenes Vermögen;

3. der Erwerb durch Schenkung auf den Todesfall (§ 2301 des Bürgerlichen Gesetzbuchs) sowie jeder andere Erwerb, auf den die für Vermächtnisse geltenden Vorschriften des bürgerlichen Rechtes Anwendung finden;
4. der Erwerb von Vermögensvorteilen, der auf Grund eines vom Erblasser geschlossenen Vertrags unter Lebenden von einem Dritten mit dem Tode des Erblassers unmittelbar gemacht wird.

(2) Als vom Erblasser zugewendet gilt auch

1. der Übergang von Vermögen auf eine vom Erblasser angeordnete Stiftung;
2. was jemand infolge Vollziehung einer vom Erblasser angeordneten Auflage oder infolge Erfüllung einer vom Erblasser gesetzten Bedingung erwirbt, es sei denn, daß eine einheitliche Zweckzuwendung vorliegt;
3. was jemand dadurch erlangt, daß bei Genehmigung einer Zuwendung des Erblassers Leistungen an andere Personen angeordnet oder zur Erlangung der Genehmigung freiwillig übernommen werden;
4. was als Abfindung für einen Verzicht auf den entstandenen Pflichtteilsanspruch oder für die Ausschlagung einer Erbschaft oder eines Vermächtnisses von dritter Seite gewährt wird;
5. was als Entgelt für die Übertragung der Anwartschaft eines Nacherben gewährt wird.

(3) Das Erlöschen von Leibrenten und anderen von dem Leben einer Person abhängigen Lasten gilt nicht als Erwerb von Todes wegen.

§ 3. (1) Als Schenkung im Sinne des Gesetzes gilt

1. jede Schenkung im Sinne des bürgerlichen Rechtes;
2. jede andere freigebige Zuwendung unter Lebenden, soweit der Bedachte durch sie auf Kosten des Zuwendenden bereichert wird;
3. was infolge Vollziehung einer von dem Schenker angeordneten Auflage oder infolge Erfüllung einer einem Rechtsgeschäft unter Lebenden beigefügten Bedingung ohne entsprechende Gegenleistung erlangt wird, es sei denn, daß eine einheitliche Zweckzuwendung vorliegt;
4. was jemand dadurch erlangt, daß bei Genehmigung einer Schenkung Leistungen an andere Personen angeordnet oder zur Erlangung der Genehmigung freiwillig übernommen werden;
5. was als Abfindung für einen Erbverzicht (§§ 2346, 2352 des Bürgerlichen Gesetzbuchs) gewährt wird;
6. was ein Vorerbe dem Nacherben mit Rücksicht auf die angeordnete Nacherbschaft vor ihrem Eintritt herausgibt;
7. der Übergang von Vermögen auf Grund eines Stiftungsgeschäfts unter Lebenden;
8. eine freigebige Zuwendung bei Auflösung eines Fideikommisses oder anderweitiger Aufhebung der Bindung von Vermögen;
9. was bei Aufhebung einer Stiftung erworben wird.

(2) Im Falle des Abs. 1 Nr. 6 ist der Versteuerung auf Antrag das Verhältnis des Nacherben zum Erblasser zugrunde zu legen.

(3) Gegenleistungen, die nicht in Geld veranschlagt werden können, werden bei der Feststellung, ob eine Bereicherung vorliegt, nicht berücksichtigt.

(4) Die Steuerpflicht einer Schenkung wird nicht dadurch ausgeschlossen, daß sie zur Belohnung oder unter einer Auflage gemacht oder in die Form eines lästigen Vertrags gekleidet wird.

(5) Ausstattungen, die Abkömmlingen zur Einrichtung eines den Vermögensverhältnissen und der Lebensstellung der Beteiligten angemessenen Haushalts gewährt werden, gelten nicht als Schenkung, sofern zur Zeit der Zuwendung ein Anlaß zur Ausstattung gegeben ist und der Zweck der Zuwendung innerhalb zweier Jahre erfüllt wird. Ausstattungen, die über das angegebene Maß hinausgehen, sind insoweit steuerpflichtig.

§ 4. Als Zweckzuwendung gilt

1. bei einer Zuwendung von Todes wegen
   a) eine der Zuwendung beigefügte Auflage zugunsten eines Zweckes,
   b) eine Leistung zugunsten eines Zweckes, von der die Zuwendung abhängig gemacht ist,

   soweit die Bereicherung des Erwerbers durch die Anordnung gemindert wird;
2. bei einer freigebigen Zuwendung unter Lebenden
   a) eine der Zuwendung beigefügte Auflage zugunsten eines Zweckes oder eine Leistung zugunsten eines Zweckes, von der

die Zuwendung oder ein gegenseitiger Vertrag abhängig gemacht ist,

b) eine in einem entgeltlichen Vertrage vereinbarte Leistung zugunsten eines Zweckes, sofern das Entgelt nicht der Umsatzsteuer unterliegt.

§ 5. (1) Im Falle der Fortsetzung der ehelichen Gütergemeinschaft (§§ 1483 ff., 1557 des Bürgerlichen Gesetzbuchs, Artikel 200 des Einführungsgesetzes zum Bürgerlichen Gesetzbuch) wird der Anteil des verstorbenen Ehegatten am Gesamtgut so behandelt, wie wenn er ausschließlich den anteilsberechtigten Abkömmlingen angefallen wäre.

(2) Im Falle des Todes eines anteilsberechtigten Abkömmlings gehört dessen Anteil am Gesamtgut zu seinem Nachlaß. Als Erwerber des Anteils gelten diejenigen, denen der Anteil nach § 1490 Satz 2, 3 des Bürgerlichen Gesetzbuchs zufällt.

§ 6. Der Erwerber auf Grund einer Nachfolge in ein Hausgut, Lehen, Fideikommiß oder Stammgut oder in ein sonstiges gebundenes Vermögen wird als Nießbraucher behandelt.

§ 7. (1) Der Vorerbe gilt als Erbe.

(2) Beim Eintritt des Falles der Nacherbfolge haben diejenigen, auf die das Vermögen übergeht, den Erwerb als vom Vorerben stammend zu versteuern. Auf Antrag ist der Versteuerung das Verhältnis des Nacherben zum Erblasser zugrunde zu legen.

(3) Tritt der Fall der Nacherbfolge nicht durch den Tod des Vorerben ein, so gilt die Vorerbfolge als auflösend bedingter, die Nacherbfolge als auf-

schiebend bedingter Anfall. In diesem Falle ist dem Nacherben die vom Vorerben entrichtete Steuer abzüglich desjenigen Steuerbetrags anzurechnen, welcher der tatsächlichen Bereicherung des Vorerben entspricht.

(4) Nachvermächtnisse und beim Tode des Beschwerten fällige Vermächtnisse stehen den Nacherbschaften gleich.

(5) Wenn bei einem bäuerlichen Anerbengute zunächst eine ungeteilte Erbengemeinschaft eintritt, so gilt als Erwerb für die einzelnen Erben der Erbanfall mit der Maßgabe, daß es so angesehen wird, als wenn die Erbauseinandersetzung zugleich mit diesem stattgefunden hätte.

2. Persönliche Steuerpflicht

§ 8. (1) Die Steuerpflicht tritt ein

I. für den gesamten Erbanfall, wenn der Erblasser zur Zeit seines Todes oder der Erwerber zur Zeit des Eintritts der Steuerpflicht ein Inländer ist.

Als Inländer gelten

1. Deutsche, es sei denn, daß sie sich seit länger als 2 Jahren dauernd im Ausland aufgehalten haben, ohne einen Wohnsitz im Inlande zu haben. Diese Ausnahme findet keine Anwendung auf Reichs- oder Staatsbeamte und Militärpersonen, die im Ausland ihren dienstlichen Wohnsitz haben. Wahlkonsuln gelten nicht als Beamte im Sinne dieser Vorschrift;

2. Ausländer, die im Inland einen Wohnsitz oder in Ermangelung eines solchen ihren dauernden Aufenthalt haben;
3. juristische Personen des öffentlichen und des bürgerlichen Rechtes, alle Berggewerkschaften, nichtrechtsfähige Personenvereinigungen, Anstalten, Stiftungen und andere Zweckvermögen, sofern sie den Sitz oder den Ort der Leitung im Inlande haben;

II. für den Erbanfall, soweit er in inländischem landwirtschaftlichen, forstwirtschaftlichen oder gärtnerischen Vermögen, inländischem Betriebsvermögen oder inländischem Grundvermögen, in einem Nutzungsrecht an einem solchen Vermögen oder in solchen Rechten besteht, deren Übertragung an eine Eintragung in inländische Bücher geknüpft ist, in allen anderen Fällen.

(2) Soweit die Steuerpflicht im Auslande befindliche Grundstücke, Sachen, Forderungen gegen ausländische Schuldner oder Rechte, deren Übertragung an eine Eintragung in ausländische Bücher geknüpft ist, betrifft, ist auf Antrag die von dem ausländischen Staate aus Anlaß des Erbfalls erhobene Steuer bei Berechnung der Erbschaftsteuer als Nachlaßverbindlichkeit abzuziehen. Inwieweit statt dessen bei Gewährung der Gegenseitigkeit eine Anrechnung der ausländischen Steuer auf die inländische Steuer erfolgt, bestimmt der Reichsminister der Finanzen.

(3) Ist im Falle des Abs. 1 I ein Teil des Vermögens der inländischen Besteuerung auf Grund von Staatsverträgen entzogen, so ist die Steuer nach

dem Steuersatze zu erheben, der dem ganzen Erwerb entspricht.

§ 9. (1) Die Erbschaftsteuer wird nach dem persönlichen Verhältnis des Erwerbers zu dem Erblasser in folgenden 5 Klassen erhoben.

I. Klasse:

1. Der Ehegatte,
2. die Kinder,
3. die Personen, denen die rechtliche Stellung ehelicher Kinder zukommt,
4. die eingekindschafteten Personen, denen die rechtliche Stellung ehelicher Kinder zukommt,
5. die an Kindes Statt angenommenen Personen,
6. die Stiefkinder,
7. die vom Vater anerkannten unehelichen Kinder.

Der Erwerb des Ehegatten ist steuerfrei, wenn im Zeitpunkt des Entstehens der Steuerschuld leben

a) Personen der in Abs. 1 Nr. 2 bis 5 genannten Art oder
b) Abkömmlinge von Personen der in Abs. 1 Nr. 2 bis 4 genannten Art oder
c) Abkömmlinge von Personen der in Abs. 1 Nr. 5 genannten Art, sofern sich die Annahme an Kindes Statt auf die Abkömmlinge erstreckt.

Die Steuerfreiheit tritt auch ein, wenn Personen der unter a bis c genannten Art im Zeitpunkt des Entstehens der Steuerschuld zwar nicht mehr leben, aber im Weltkriege gefallen oder in der Zeit bis zum 31. Dezember 1922 infolge einer Kriegsverwundung oder Kriegsdienstbeschädigung verstorben sind und der Erwerb des Ehegatten 100 000 Reichsmark nicht übersteigt; die Vorschriften des § 18 Abs. 4, 5 finden entsprechende Anwendung.

II. Klasse:

Die Abkömmlinge der zu I Abs. 1 Nr. 2 bis 7 genannten Personen, der an Kindes Statt angenommenen Personen (I Abs. 1 Nr. 5) jedoch nur dann, wenn sich die Annahme an Kindes Statt auf die Abkömmlinge erstreckt.

III. Klasse:

1. Die Eltern und Stiefeltern,
2. die voll- und halbbürtigen Geschwister.

IV. Klasse:

1. Die Großeltern und die entfernteren Voreltern,
2. die Abkömmlinge ersten Grades von Geschwistern,
3. die Schwiegereltern,
4. die Schwiegerkinder.

V. Klasse:

Alle übrigen Erwerber und die Zweckzuwendungen, soweit nichts anderes vorgeschrieben ist.

(2) Im Falle des § 2 Abs. 1 Nr. 2 gilt als Erblasser, in den Fällen des § 3 Abs. 1 Nr. 8 und 9 als Schenker der zuletzt Berechtigte; in den Fällen des § 2 Abs. 2 Nr. 1 und § 3 Abs. 1 Nr. 7 ist der Besteuerung das Verwandtschaftsverhältnis des nach der Stiftungsurkunde ent-

fernteſt Berechtigten zu dem Erblaſſer oder Schenker zugrunde zu legen, ſofern die Stiftung weſentlich im Intereſſe einer Familie oder beſtimmter Familien gemacht iſt.

(3) Im Falle des § 2269 des Bürgerlichen Geſetzbuchs und ſoweit der überlebende Ehegatte an die Verfügung gebunden iſt, ſind die mit dem verſtorbenen Ehegatten näher verwandten Erben und Vermächtnisnehmer als ſeine Erben anzuſehen, ſoweit ſein Vermögen beim Tode des überlebenden Ehegatten noch vorhanden iſt.

3. Berechnung der Steuer

§ 10. (1) Die Erbſchaftſteuer beträgt bei Erwerben

bis einſchließlich Reichsmark	in der Steuerklaſſe I	II	III	IV	V
	vom Hundert				
10 000	2	4	6	8	14
20 000	2,5	5	7,5	10	16
30 000	3	6	9	12	18
40 000	3,5	7	10,5	14	20
50 000	4	8	12	16	22
100 000	4,5	9	13,5	18	24
150 000	5	10	15	20	26
200 000	5,5	11	16,5	22	28
300 000	6	12	18	24	30
400 000	6,5	13	19,5	26	32
500 000	7	14	21	28	34
600 000	7,5	15	22,5	30	36
700 000	8	16	24	32	38
800 000	8,5	17	25,5	34	40
900 000	9	18	27	36	42
1 000 000	9,5	19	28,5	38	44
2 000 000	10	20	30	40	46
4 000 000	11	21	32	42	48
6 000 000	12	22	34	44	51
8 000 000	13	23	36	46	54
10 000 000	14	24	38	48	57
darüber	15	25	40	50	60

(2) Der Unterschied zwischen der Steuer, die sich bei Anwendung des Abs. 1 ergibt, und der Steuer, die sich berechnen würde, wenn der Erwerb die letztvorhergehende Wertgrenze nicht überstiegen hätte, wird nur insoweit erhoben, als er

a) bei einem Steuersatze bis zu 30 vom Hundert aus der Hälfte,
b) bei einem Steuersatz über 30 bis zu 50 vom Hundert aus drei Vierteln,
c) bei einem Steuersatz über 50 vom Hundert aus neun Zehnteln

des die Wertgrenze übersteigenden Erwerbes gedeckt werden kann.

(3) Als Erwerb im Sinne der Abs. 1, 2 gilt, unbeschadet der Vorschrift des § 8 Abs. 3, die Bereicherung des Erwerbers, soweit sie nicht steuerfrei bleibt.

§ 11. Erfüllt der Erbe eine wegen Formmangels nichtige Verfügung von Todes wegen, so ist nur die Steuer zu erheben, die bei Gültigkeit der Verfügung des Erblassers zu entrichten gewesen wäre.

§ 12. Hat der Erblasser die Entrichtung der von dem Erwerber geschuldeten Steuer einem anderen auferlegt, so sind die Steuern so zu berechnen, wie wenn die Auflage nicht erfolgt wäre. Dies gilt nicht für Schenkungen, bei denen der Schenker die Zahlung der Steuer übernimmt.

§ 13. (1) Mehrere innerhalb 10 Jahren von derselben Person anfallende Vermögensvorteile werden in der Weise zusammengerechnet, daß dem letzten Erwerbe die früheren Erwerbe nach ihrem früheren Werte zugerechnet werden und von der

Steuer für den Gesamtbetrag die Steuer abgezogen wird, welche für die früheren Erwerbe zur Zeit des letzten zu erheben gewesen wäre.

(2) Die durch jeden weiteren Erwerb veranlaßte Steuer darf nicht mehr betragen als 60 vom Hundert dieses Erwerbes.

4. Steuerschuld und Steuerschuldner

§ 14. (1) Die Steuerschuld entsteht

1. bei Erwerben von Todes wegen
   mit dem Tode des Erblassers, jedoch
   - a) für den Erwerb des unter einer aufschiebenden Bedingung, unter einer Betagung oder Befristung Bedachten mit dem Zeitpunkt des Eintritts der Bedingung oder des Ereignisses;
   - b) für den Erwerb eines geltend gemachten Pflichtteilsanspruchs mit dem Zeitpunkt der Geltendmachung;
   - c) im Falle des § 2 Abs. 2 Nr. 1 mit dem Zeitpunkt der Genehmigung der Stiftung;
   - d) in den Fällen des § 2 Abs. 2 Nr. 2 mit dem Zeitpunkt der Vollziehung der Auflage oder der Erfüllung der Bedingung;
   - e) in den Fällen des § 2 Abs. 2 Nr. 3 mit dem Zeitpunkt der Genehmigung;
   - f) in den Fällen des § 2 Abs. 2 Nr. 4 mit dem Zeitpunkt des Verzichts oder der Ausschlagung;
   - g) im Falle des § 2 Abs. 2 Nr. 5 mit dem Zeitpunkt der Übertragung der Anwartschaft;

h) für den Erwerb des Nacherben mit dem Zeitpunkt des Eintritts der Nacherbfolge;

2. bei Schenkungen unter Lebenden mit dem Zeitpunkt der Ausführung der Zuwendung;

3. bei Zweckzuwendungen mit dem Zeitpunkt des Eintritts der Verpflichtung des Beschwerten.

(2) Im Falle der Aussetzung der Versteuerung nach § 34 gilt die Steuerschuld für den Erwerb des mit dem Nutzungsrechte belasteten Vermögens als mit dem Zeitpunkt des Erlöschens des Nutzungsrechts entstanden.

(3) In den Fällen des Abs. 1 Nr. 1 unter a kann das Finanzamt vor Entstehung der Steuerschuld Sicherheitsleistung aus dem Nachlaß verlangen.

§ 15. (1) Steuerschuldner ist der Erwerber, bei einer Schenkung auch der Schenker und bei einer Zweckzuwendung der mit der Ausführung der Zuwendung Beschwerte.

(2) Im Falle des § 5 sind die Abkömmlinge im Verhältnis der auf sie entfallenden Anteile, der überlebende Ehegatte für den gesamten Steuerbetrag Steuerschuldner.

(3) Neben den in Abs. 1, 2 Genannten haftet der Nachlaß sowie jeder Erbe in Höhe des Wertes des aus der Erbschaft Empfangenen für die Steuer der am Erbfall Beteiligten als Gesamtschuldner.

(4) Der Vorerbe hat die durch die Vorerbschaft veranlaßte Steuer aus den Mitteln der Vorerbschaft zu entrichten.

(5) Haben Erben, gesetzliche Vertreter, Bevollmächtigte der Erben, Erbschaftsbesitzer (§ 2018 des Bürgerlichen Gesetzbuchs), Testamentsvollstrecker, Nachlaßpfleger oder Nachlaßverwalter den Nachlaß oder Teile desselben vor der Berichtigung oder Sicherstellung der Steuer anderen ausgeantwortet, so haften diese in Höhe des aus der Erbschaft Empfangenen persönlich für die Steuer, es sei denn, daß sie zur Zeit der Ausantwortung in gutem Glauben sind. Sie sind nicht in gutem Glauben, wenn ihnen bekannt oder infolge grober Fahrlässigkeit unbekannt ist, daß die Steuer weder entrichtet noch sichergestellt ist.

(6) Versicherungsunternehmungen, die vor Berichtigung oder Sicherstellung der Steuer die von ihnen zu zahlende Versicherungssumme oder Leibrente in das Ausland zahlen oder ausländischen Berechtigten zur Verfügung stellen, haften in Höhe des ausgeantworteten Betrags für die Steuer. Das gleiche gilt für Personen, in deren Gewahrsam sich Vermögen des Erblassers befindet, soweit sie das Vermögen vorsätzlich oder fahrlässig vor Berichtigung oder Sicherstellung der Steuer in das Ausland bringen oder ausländischen Berechtigten zur Verfügung stellen.

(7) Ob und inwieweit die Finanzämter in Fällen des Abs. 6 Erleichterung gewähren können, bestimmt der Reichsminister der Finanzen.

§ 16. (1) Bei einem Erwerb im Sinne des § 2 Abs. 1 Nr. 2 ist der Erwerber mit Genehmigung der Aufsichtsbehörde befugt, den Betrag der Steuer dem gebundenen Vermögen zu entnehmen und zu diesem Zwecke über die zu dem Vermögen gehörenden Gegenstände zu verfügen.

(2) Durch die Vorschrift des Abs. 1 wird die Befugnis des Inhabers nicht berührt, auf Grund solcher gesetzlicher, hausgesetzlicher oder stiftungsmäßiger Vorschriften, welche die Verfügung unter anderen Voraussetzungen zulassen, über das gebundene Vermögen zu verfügen.

(3) Fehlt eine Aufsichtsbehörde oder ist ungewiß, welche Behörde zur Aufsicht berufen ist, so gilt als Aufsichtsbehörde im Sinne des Abs. 1 das Oberlandesgericht, in dessen Bezirke das gebundene Vermögen sich seinem Hauptbestande nach befindet. Ist die Genehmigung von einem Oberlandesgericht erteilt, so kann nicht geltend gemacht werden, daß das Oberlandesgericht für die Genehmigung nicht zuständig gewesen wäre. Die Landeszentralbehörde kann bestimmen, daß an Stelle des Oberlandesgerichts eine andere Behörde tritt.

§ 17. Die Verjährung des Steueranspruchs beginnt nicht vor dem Tode des Schenkers, bei einer Zweckzuwendung unter Lebenden nicht vor Erfüllung der Verpflichtung.

5. Befreiungen und Ermäßigungen

§ 18. (1) Steuerfrei bleiben

1. bei den Steuerklassen I, II ein Erwerb von nicht mehr als 5000 Reichsmark;
2. bei den Steuerklassen III, IV ein Erwerb von nicht mehr als 2000 Reichsmark;
3. bei der Steuerklasse V ein Erwerb von nicht mehr als 500 Reichsmark;

4. a) Hausrat, einschließlich Wäsche und Kleidungsstücke, sofern er Personen der Steuerklassen I, II anfällt,
   b) Hausrat, einschließlich Wäsche und Kleidungsstücke, soweit der Wert bei einem Anfall an Personen der Steuerklassen III, IV den Betrag von 5000 Reichsmark nicht übersteigt,
   c) andere bewegliche körperliche Gegenstände einschließlich derjenigen der in § 38 Abs. 1 Nr. 9 des Reichsbewertungsgesetzes genannten Art, sofern sie Personen der Steuerklassen I bis IV anfallen und soweit ihr Wert bei einem Anfall an Personen der Steuerklassen I, II den Betrag von insgesamt 5000 Reichsmark, bei einem Anfall an Personen der Steuerklassen III, IV den Betrag von insgesamt 2000 Reichsmark nicht übersteigt; sonstige im § 38 des Reichsbewertungsgesetzes aufgezählte bewegliche körperliche Gegenstände sowie solche, die zum landwirtschaftlichen, forstwirtschaftlichen oder gärtnerischen Vermögen, zum Betriebsvermögen oder zum Grundvermögen gehören, sind von der Befreiung ausgenommen;
5. Kunstgegenstände und Sammlungen, die Personen der Steuerklassen I, II, III anfallen, sofern sie von lebenden oder seit nicht mehr als 15 Jahren verstorbenen deutschen Künstlern geschaffen sind oder sofern der Anschaffungspreis

a) für den einzelnen Gegenstand nicht mehr als 10 000 Mark,

b) für mehrere gleichartige oder zusammengehörige Gegenstände nicht mehr als 100 000 Mk.

betragen hat. An Stelle des Anschaffungspreises tritt, wenn die Anschaffung in der Zeit vom 1. Januar 1919 bis zum 31. Dezember 1923 liegt, der gemeine Wert. Werden solche Gegenstände innerhalb 10 Jahren nach dem Erbfall veräußert und wird dabei für den einzelnen Gegenstand mehr als 2000 Reichsmark und für mehrere gleichartige oder zusammengehörige Gegenstände mehr als 10 000 Reichsmark erlöst, so tritt die Steuerbefreiung außer Kraft.

Kunstgegenstände und Sammlungen, die zum Betriebsvermögen gehören, sind von der Befreiung ausgenommen;

6. nicht zur Veräußerung bestimmte bewegliche körperliche Gegenstände, die geschichtlichen oder kunstgeschichtlichen oder wissenschaftlichen Wert haben und sich seit mindestens 20 Jahren im Besitze der Familie des Erblassers befinden, sofern sie Personen der Steuerklassen I, II, III anfallen und nach näherer behördlicher Anweisung den Zwecken der Forschung oder Volksbildung nutzbar gemacht werden. Werden solche Gegenstände innerhalb 10 Jahren nach dem Erbfall veräußert, so tritt die Steuerbefreiung außer Kraft;

7. ein Erwerb nach § 1969 des Bürgerlichen Gesetzbuchs;

8. die Befreiung eines Steuerpflichtigen der Steuerklassen I, II von einer Schuld gegenüber dem Erblasser, soweit durch den Anfall lediglich die Beseitigung einer Überschuldung erreicht wird;
9. die Befreiung von einer Schuld gegenüber dem Erblasser, sofern die Schuld durch Gewährung von Mitteln zum Zwecke des angemessenen Unterhalts oder zur Ausbildung des Bedachten begründet worden ist oder der Erblasser die Befreiung mit Rücksicht auf die Notlage des Schuldners angeordnet hat und diese auch durch die Zuwendung nicht beseitigt wird. Die Steuerbefreiung entfällt, soweit die Steuer aus der Hälfte einer neben der erlassenen Schuld dem Bedachten anfallenden Zuwendung gedeckt werden kann;
10. ein Erwerb, der einem Steuerpflichtigen der Steuerklassen I, II, Eltern, Stiefeltern oder Großeltern des Erblassers anfällt, sofern der Erwerb zusammen mit dem sonstigen Vermögen des Erwerbers 10 000 Reichsmark nicht übersteigt und der Erwerber infolge körperlicher oder geistiger Gebrechen und unter Berücksichtigung seiner bisherigen Lebensstellung als erwerbsunfähig anzusehen ist oder durch die Führung eines gemeinsamen Hausstandes mit erwerbsunfähigen oder in der Ausbildung zu einem Lebensberufe begriffenen Abkömmlingen an der Ausübung einer Erwerbstätigkeit gehindert ist;

11. ein Erwerb, der Personen anfällt, die dem Erblasser in Erwartung einer letztwilligen Zuwendung unentgeltlich oder gegen unzureichendes Entgelt Pflege oder Unterhalt gewährt haben, soweit das Zugewendete als angemessenes Entgelt anzusehen ist;
12. Vermögen, das Eltern, Großeltern oder entferntere Voreltern ihren Abkömmlingen durch Schenkung oder Übergabevertrag zugewandt hatten und das an diese Personen zurückfällt;
13. der Verzicht auf den Pflichtteilsanspruch;
14. Zuwendungen unter Lebenden zum Zwecke des angemessenen Unterhalts oder zur Ausbildung des Bedachten;
15. Ruhegehalte und ähnliche Zuwendungen, die ohne rechtliche Verpflichtung früheren oder jetzigen Angestellten oder Bediensteten gewährt werden, sowie Zuwendungen von Pensions- oder Unterstützungskassen des eigenen Betriebs;
16. die üblichen Gelegenheitsgeschenke;
17. Anfälle an das Reich, ein Land oder eine inländische Gemeinde (Gemeindeverband) sowie solche Anfälle, die ausschließlich Zwecken des Reichs, eines Landes oder einer inländischen Gemeinde (Gemeindeverband) dienen;
18. Zuwendungen an inländische Kirchen, an inländische Stiftungen, Gesellschaften, Vereine oder Anstalten, die ausschließlich kirchliche Zwecke verfolgen, sofern ihnen die Rechte juristischer Personen zustehen, sowie Zuwendungen zu ausschließlich kirchlichen Zwecken innerhalb des Deutschen Reichs oder seiner

Schutzgebiete oder zugunsten deutscher Reichsangehöriger im Ausland, sofern die Verwendung zu diesem Zwecke gesichert ist.

Unter Kirchen sind alle inländischen Religionsgesellschaften, denen die Rechte juristischer Personen zustehen, unter kirchlichen Zwecken sind die Zwecke solcher Religionsgesellschaften zu verstehen. Den Religionsgesellschaften sind gleichgestellt inländische Vereinigungen, die sich die gemeinschaftliche Pflege einer Weltanschauung zur Aufgabe machen und denen die Rechte juristischer Personen zustehen; kirchlichen Zwecken sind die Zwecke solcher Vereinigungen gleichgestellt;

19. Zuwendungen
    a) an solche inländische Stiftungen, Gesellschaften, Vereine oder Anstalten, die ausschließlich mildtätige oder gemeinnützige Zwecke verfolgen, sofern ihnen die Rechte juristischer Personen zustehen,
    b) die ausschließlich mildtätigen oder gemeinnützigen Zwecken innerhalb des Deutschen Reichs oder seiner Schutzgebiete oder deutschen Reichsangehörigen im Auslande gewidmet sind, sofern die Verwendung zu dem bestimmten Zwecke gesichert und die Zuwendung nicht auf einzelne Familien oder bestimmte Personen beschränkt ist;
20. Zuwendungen an politische Parteien und Vereine, sofern die Verwendung der Zuwendung zu politischen Zwecken gesichert ist;

21. Zuwendungen, die der Pflege des Andenkens oder dem Seelenheile des Zuwendenden oder seiner Angehörigen dienen.

(2) Angemessen im Sinne des Abs. 1 Nr. 14 ist eine den Vermögensverhältnissen und der Lebensstellung des Bedachten entsprechende Zuwendung. Eine dieses Maß übersteigende Zuwendung ist in vollem Umfang steuerpflichtig.

(3) Steuerbefreiung kann zugunsten ausländischer Kirchen, Stiftungen, Gesellschaften, Vereine oder Anstalten der im Abs. 1 Nr. 18, 19 bezeichneten Art sowie zugunsten solcher Zuwendungen, die den im Abs. 1 Nr. 18, 19 bezeichneten Zwecken im Auslande zu dienen bestimmt sind, zugestanden werden, sofern der ausländische Staat Gegenseitigkeit gewährt. Die Entscheidung darüber, ob diese Voraussetzungen vorliegen, trifft der Reichsminister der Finanzen.

(4) Jede Befreiungsvorschrift ist für sich anzuwenden.

(5) Übersteigt der Wert des Erwerbes einen der im Abs. 1 Nr. 1 bis 3 genannten Beträge oder der Wert des Erwerbes zusammen mit dem sonstigen Vermögen des Erwerbers den im Abs. 1 Nr. 10 genannten Betrag, so wird die Steuer nur insoweit erhoben, als sie aus der Hälfte des die Wertgrenze übersteigenden Betrags gedeckt werden kann.

§ 19. Beiträge an Personenvereinigungen, die nicht lediglich die Förderung ihrer Mitglieder zum Zwecke haben, sind steuerfrei, soweit die von einem Mitglied in einem Kalenderjahre der Vereinigung geleisteten Beiträge 500 Reichsmark nicht übersteigen. Auf Beiträge an Personenvereinigungen, die ausschließlich kirchliche, mildtätige oder gemeinnützige Zwecke verfolgen, sowie an politische Parteien und Vereine finden die Vorschriften des § 18 Abs. 1 Nr. 18 bis 20 Anwendung.

§ 20. Wenn Personen der Steuerklassen I oder II Vermögen anfällt, das in den letzten 5 Jahren vor dem Anfall von Personen der gleichen Steuerklassen erworben worden ist und der Besteuerung nach diesem Gesetz unterlegen hat, so bleibt der auf dieses Vermögen entfallende Steuerbetrag zur Hälfte und, wenn der frühere Steuerfall mehr als 5 Jahre, aber nicht mehr als 10 Jahre hinter dem späteren zurückliegt, zu einem Viertel unerhoben.

II. Teil

Wertermittlung

§ 21. Für die Wertermittlung ist, soweit in diesem Gesetze nichts anderes bestimmt ist, der Zeitpunkt des Entstehens der Steuerschuld maßgebend.

§ 22. (1) Auf die Bewertung von Vermögen finden die Grundsätze des Reichsbewertungsgesetzes über die Bewertung mit folgender Maßgabe entsprechende Anwendung:

1. § 26 Abs. 2 Nr. 3, § 46 des Reichsbewertungsgesetzes finden keine Anwendung. Anteile des Erblassers an offenen Handelsgesellschaften und Kommanditgesellschaften gelten nach Maßgabe des § 80 Abs. 2 der Reichsabgabenordnung als Betriebsvermögen des Erblassers; entsprechendes gilt für Gegen-

stände oder Anteile an Gegenständen, die im Eigentume des Erblassers stehen und dem Betrieb einer Gesellschaft dienen.

2. In Abweichung von § 26 Abs. 1 Satz 3 sind Gegenstände der dort genannten Art ohne Rücksicht auf den Gesamtwert zum Betriebsvermögen zu rechnen.
3. § 38 Abs. 1 Nr. 1 Satz 2, 3 finden keine Anwendung.
4. In Abweichung von § 38 Abs. 1 Nr. 5, 6 unter a, 8, 9, Abs. 2 gelten die dort genannten Gegenstände ohne Rücksicht auf die Dauer der Rechte, auf den Wert oder den Betrag als sonstiges Vermögen.
5. In Abweichung von § 38 Abs. 1 Nr. 10 gelten Kunstgegenstände und Sammlungen ohne Rücksicht auf Anschaffungszeit, Wert und Herkunft als sonstiges Vermögen.
6. In Abweichung von § 39 Nr. 3, 5, 6, 9, 10, § 26 Abs. 4 gelten die dort genannten Gegenstände als sonstiges Vermögen, sofern sie nicht wegen ihrer Zugehörigkeit zu landwirtschaftlichem, forstwirtschaftlichem oder gärtnerischem Vermögen, zu Betriebsvermögen oder zu Grundvermögen diesen Vermögensarten zuzurechnen sind.
7. In Abweichung von § 40 Abs. 2 unterbleibt die Festsetzung von Steuerkurswerten für die in § 40 Abs. 1 bezeichneten Wertpapiere, Anteile und Genußscheine.
8. In Abweichung von § 43 werden Gegen-

stände der dort genannten Art mit dem vollen Kurswert oder Verkaufswert angesetzt.

9. In Abweichung von § 47 Abs. 1 Nr. 3 ist ein Dreimonatsabzug nicht zulässig. Werden jedoch an den Erblasser vorausbezahlte Gehälter, Löhne und sonstige Bezüge nachträglich mit Ansprüchen der Erben auf Gnadengeld verrechnet, so ist der verrechnete Betrag vom Nachlaß abzuziehen.

10. In Abweichung von § 48 findet eine Zusammenrechnung von Vermögen nicht statt.

(2) Für landwirtschaftliches, forstwirtschaftliches und gärtnerisches Vermögen sowie für Grundvermögen ist der nach den Vorschriften des Reichsbewertungsgesetzes auf den dem Zeitpunkt des Entstehens der Steuerschuld unmittelbar vorausgehenden Feststellungszeitpunkt ermittelte Einheitswert zugrunde zu legen. Hat sich in der Zeit zwischen dem Feststellungszeitpunkt und dem Zeitpunkt des Entstehens der Steuerschuld der nach den Vorschriften des Reichsbewertungsgesetzes ermittelte Wert einer wirtschaftlichen Einheit infolge besonderer Umstände um mehr als den zehnten Teil oder um mehr als 20000 Reichsmark verändert, so ist der Wert nach den Verhältnissen im Zeitpunkt des Entstehens der Steuerschuld unter entsprechender Anwendung der Grundsätze des Reichsbewertungsgesetzes festzustellen; solange die allgemeine Feststellung der Einheitswerte gemäß § 5 Abs. 2 des Reichsbewertungsgesetzes in Zeitabständen von je einem Jahre vorgenommen wird, kommen Wertänderungen, die auf allgemeiner Veränderung der

Wirtschaftsverhältnisse beruhen, nicht in Betracht. Bildet nur ein Teil einer wirtschaftlichen Einheit den Gegenstand der Bewertung, so gilt als sein Wert der Teilbetrag des Einheitswerts, welcher der wirtschaftlichen Bedeutung des Teils für die Einheit entspricht. Die Feststellungen nach Satz 2, 3 erfolgen durch den Grundwertausschuß, den Oberbewertungsausschuß und den Reichsfinanzhof unter entsprechender Anwendung der Grundsätze des Reichsbewertungsgesetzes.

(3) Der Reichsminister der Finanzen erläßt mit Zustimmung des Reichsrats nähere Bestimmungen.

§ 23. (1) Als Erwerb gilt, soweit nichts anderes vorgeschrieben ist, der gesamte Vermögensanfall an den Erwerber. Bei der Zweckzuwendung tritt an die Stelle des Anfalls die Verpflichtung des Beschwerten.

(2) Die infolge des Anfalls durch Vereinigung von Recht und Verbindlichkeit oder von Recht und Belastung erloschenen Rechtsverhältnisse gelten als nicht erloschen.

(3) Die Anwartschaft eines Nacherben gehört nicht zu seinem Nachlaß.

(4) Von dem Erwerbe sind insbesondere abzuziehen

1. die Kosten der Bestattung des Erblassers einschließlich der Kosten der landesüblichen kirchlichen und bürgerlichen Leichenfeierlichkeiten und der Kosten eines angemessenen Grabdenkmals;
2. die im Falle der Todeserklärung des Erb-

lassers dem Nachlaß zur Last fallenden Kosten des Verfahrens;

3. die Kosten der Eröffnung einer Verfügung des Erblassers von Todes wegen, die gerichtlichen und außergerichtlichen Kosten der Regelung des Nachlasses, die Kosten der gerichtlichen Sicherung des Nachlasses, einer Nachlaßpflegschaft, des Aufgebots der Nachlaßgläubiger und der Inventarerrichtung;

4. die Kosten eines für den Nachlaß oder wegen des Erwerbes geführten Rechtsstreits.

(5) Schulden und Lasten, die in wirtschaftlicher Beziehung zu nichtsteuerbaren Teilen des Erwerbes stehen, sind nicht abzuziehen. Beschränkt sich die Besteuerung auf einzelne Vermögensgegenstände (§ 8 Abs. 1 II, Abs. 3), so sind nur die in einer wirtschaftlichen Beziehung zu diesem Teile des Erwerbes stehenden Schulden und Lasten abzugsfähig.

(6) Verbindlichkeiten aus Pflichtteilsrechten können nur insoweit abgezogen werden, als der Anspruch auf den Pflichtteil geltend gemacht wird.

(7) Die Erbschaftsteuer wird nicht abgezogen.

(8) Ist eine Zuwendung unter einer Auflage gemacht, die in Geld veranschlagt werden kann, so ist die Zuwendung nur insoweit steuerpflichtig, als sie den Wert der Leistung des Beschwerten übersteigt, es sei denn, daß die Leistung dem Zwecke der Zuwendung dient.

§ 24. Hat der Erwerber nach Vollendung des 15. Lebensjahres im Haushalt oder im Betriebe des Erblassers ohne Barlohn Dienste geleistet und dadurch eine fremde Arbeitskraft erspart, so wird auf Antrag ein der Arbeit und der Dienstzeit angemessener Betrag von dem Anfall abgezogen.

III. Teil

Veranlagung und Erhebung

1. Steuererklärung.

§ 25. (1) Jeder der Erbschaftsteuer unterliegende Erwerb ist vom Erwerber, bei einer Zweckzuwendung vom Beschwerten binnen einer Frist von drei Monaten nach erlangter Kenntnis von dem Anfall oder von dem Eintritt der Verpflichtung dem Finanzamt anzumelden.

(2) Erfolgt der steuerpflichtige Erwerb durch ein Rechtsgeschäft unter Lebenden, so ist zur Anmeldung auch derjenige verpflichtet, aus dessen Vermögen der Erwerb stammt.

(3) Einer Anmeldung bedarf es nicht, wenn der Erwerb auf einer von einem deutschen Gericht oder einem deutschen Notar eröffneten Verfügung von Todes wegen beruht und sich aus der Verfügung das Verhältnis des Erwerbers zum Erblasser unzweifelhaft ergibt. Das gleiche gilt, wenn eine Schenkung unter Lebenden oder eine Zweckzuwendung gerichtlich oder notariell beurkundet ist.

§ 26. (1) In den Fällen des § 25 kann das Finanzamt von den zur Anmeldung Verpflichteten innerhalb einer von ihm zu bestimmenden Frist die Abgabe einer Erklärung verlangen. Die Frist muß mindestens einen Monat betragen.

(2) Die Erklärung hat ein Verzeichnis der zum Nachlaß gehörenden Gegenstände und die sonstigen für die Feststellung des Gegenstandes und des Wertes des Erwerbes erforderlichen Angaben nach näherer Bestimmung des Reichsministers der Finanzen zu enthalten.

2. Pflichten Dritter

§ 27. (1) Dem Finanzamt haben von Amts wegen mitzuteilen

1. die Standesämter: die Sterbefälle;
2. die Gerichte: Erbscheine, Todeserklärungen, die sie ausgesprochen haben, und die von ihnen angeordneten Nachlaßpflegschaften;
3. die Gerichte und die Notare: die Vornahme von Erbauseinandersetzungen.

(2) Gerichte, Notare und andere zur Beurkundung von Grundstücksverträgen zuständige Beamte haben beglaubigte Abschriften der von ihnen eröffneten Verfügungen von Todes wegen und beurkundeten Schenkungen und Zweckzuwendungen zu übersenden. Die Verpflichtung bezieht sich auch auf Geschäfte, die sachlich eine Schenkung enthalten.

§ 28. (1) Wer sich geschäftsmäßig mit der Verwahrung oder Verwaltung fremden Vermögens befaßt, ist verpflichtet, Vermögen des Erblassers, das sich in seinem Gewahrsam befindet, und Vermögen, das bei ihm zur Verfügung des Erblassers hinterlegt ist, binnen einem Monat, nachdem er von dem Eintritt des Erbfalls Kenntnis erlangt hat, dem Finanzamt nach näherer Bestimmung des Reichsministers der Finanzen anzumelden. Soweit nach der mit einem ausländischen Staate getroffenen Vereinbarung die zum Nachlaß eines Angehörigen dieses Staates gehörenden Vermögensgegenstände seinem konsularischen Vertreter auszuantworten sind, hat die Anmeldung spätestens gleichzeitig mit der Ausantwortung zu erfolgen.

(2) Dem Finanzamt ist ferner seitens derjenigen, die auf den Namen lautende Aktien oder Schuldverschreibungen ausgegeben haben, bevor sie die auf den Namen des Erblassers gestellten Wertpapiere nach Eintritt des ihnen bekanntgewordenen Erbfalls in ihren Büchern auf den Namen einer anderen Person umschreiben, von der beantragten Umschreibung schriftlich oder zu Protokoll Mitteilung zu machen.

§ 29. Versicherungsunternehmungen sind verpflichtet, bevor sie Versicherungssummen oder Leibrenten an einen anderen als den Versicherungsnehmer auszahlen, dem Finanzamt den wesentlichen Inhalt des Versicherungsvertrags und die Person des Empfangsberechtigten nach Name, Stand und Wohnung mitzuteilen.

3. Steuerfestsetzung

§ 30. Das Finanzamt stellt die Steuer fest und erteilt einen schriftlichen Steuerbescheid.

§ 31. Auf Grund der Steuererklärung ist der ihr entsprechende Betrag der Steuer als vorläufige Zahlung zu entrichten. Das Finanzamt setzt die vorläufige Zahlung fest; sie ist binnen einem Monat nach der Zustellung des Steuerbescheids fällig.

§ 32. Für die Berechnung der Steuer wird der steuerpflichtige Betrag auf volle 10 Reichsmark nach unten abgerundet.

§ 33. Steuern, die von dem Kapitalwerte von Renten oder anderen wiederkehrenden Nutzungen oder Leistungen zu entrichten sind, können nach Wahl des Steuerpflichtigen statt vom Kapitalwerte jährlich im voraus von dem Jahreswert entrichtet werden. Die Steuer wird in diesem Falle nach dem Hundertsatz erhoben, der sich nach § 10 für den gesamten Kapitalbetrag ergibt.

§ 34. (1) Beim Erwerbe von Vermögen, dessen Nutzung einem anderen als dem Steuerpflichtigen zusteht, kann der Pflichtige verlangen, daß die Versteuerung bis zum Erlöschen des Nutzungsrechts ausgesetzt bleibt. Auf Verlangen des Finanzamts hat der Steuerpflichtige für die Steuer Sicherheit zu leisten.

(2) Geht in dem Falle des Abs. 1 das mit dem Nutzungsrechte belastete Vermögen vor dem Erlöschen des Nutzungsrechts durch Erbfolge auf einen anderen über, so wird die Steuer für diesen Übergang nicht erhoben, vielmehr tritt die gleiche Behandlung ein, wie wenn derjenige, dem das Vermögen zur Zeit des Erlöschens gehört, das Vermögen unmittelbar von dem ursprünglichen Erblasser erworben hätte.

§ 35. Das Landesfinanzamt ist ermächtigt, auf Antrag der Steuerpflichtigen von der genauen Ermittlung des steuerpflichtigen Vermögens und der Vorlegung eines Verzeichnisses ganz oder zum Teil abzusehen und einen Pauschbetrag für die Steuer anzunehmen, auch die Pauschversteuerung in solchen Fällen, in denen die Versteuerung andernfalls noch ausgesetzt sein müßte, zu gestatten.

§ 36. Sind bei der Erteilung des Steuerbescheids abzugsfähige Verbindlichkeiten nicht berücksichtigt worden, weil sie dem Steuerpflichtigen unbekannt waren, so kann er bis zum Ablauf von 5 Jahren seit der Veranlagung Berichtigung des Steuerbescheids beantragen.

4. Stundung

§ 37. (1) Ist die sofortige Einziehung der Steuer für den Erwerb von inländischem landwirtschaftlichen, forstwirtschaftlichen oder gärtnerischen Vermögen, inländischem Grundvermögen oder inländischen zum Betriebsvermögen gehörigen Grundstücken mit erheblichen Härten für den Steuerpflichtigen verbunden, so sind ihm auf Antrag Teilzahlungen in höchstens 10 Jahresbeträgen zu bewilligen, sofern der Anspruch durch die Stundung nicht gefährdet wird. Die Bewilligung ist zurückzunehmen, wenn die Voraussetzungen der Stundung wegfallen.

(2) Die Stundung ist in der Regel nur gegen Sicherheitsleistung und Verzinsung zu gewähren. Als ausreichende Sicherheitsleistung gilt die Eintragung einer Sicherungshypothek auf die Grundstücke, sofern der Hypothek andere als die zur Zeit des Anfalls bestehenden Rechte nicht vorgehen; sind mehrere Grundstücke angefallen, so kann die Bestellung der Sicherungshypothek auf einen Teil von ihnen beschränkt werden, wenn dadurch der Steueranspruch nicht gefährdet wird. Soweit die Bestellung

einer Hypothek an einem Grundstück in der Art zulässig ist, daß Befriedigung aus dem Grundstück lediglich im Wege der Zwangsverwaltung gesucht werden kann, genügt die Bestellung einer solchen Hypothek.

(3) Zur Bewilligung von Stundung über ein Jahr ist die Zustimmung des Landesfinanzamts erforderlich.

§ 38. (1) Beim Vorliegen der Voraussetzungen des § 37 Abs. 1 ist dem Steuerpflichtigen auf Antrag zu gestatten, daß zum Zwecke der Befriedigung während eines Zeitraums von höchstens 20 Jahren jährlich ein gleicher Geldbetrag (Tilgungsrente) entrichtet und hierfür an den Grundstücken eine Grundschuld bestellt wird. § 37 Abs. 2 Satz 2 Halbsatz 2 findet entsprechende Anwendung.

(2) Die Tilgungsrente ist so zu bemessen, daß die Steuerschuld bei einer Verzinsung von 8 v. H. in dem vereinbarten Zeitraum getilgt wird. Als Kapital der Grundschuld ist der Steuerbetrag nebst Zinsen mit 8 v. H. einzutragen mit der Bestimmung, daß die Zahlung durch die während des vereinbarten Zeitraums zu entrichtende Tilgungsrente erfolgt. Der Reichsminister der Finanzen wird ermächtigt, den Zinssatz bei Veränderung der wirtschaftlichen Verhältnisse entsprechend herabzusetzen.

(3) Ist der Vermögenswert nach Nutzungen oder Leistungen berechnet, so ist die Tilgungsrente durch so viele Jahre zu entrichten, als dem bei der Berechnung der Steuer angenommenen Vielfachen des Wertes der einjährigen Nutzung oder Leistung entspricht.

(4) Diese Vorschriften finden keine Anwendung, sofern der Grundschuld andere als die zur Zeit des Entstehens der Steuerschuld bestehenden Rechte vorgehen würden.

(5) Zur Bewilligung der Tilgungsrente ist die Zustimmung des Landesfinanzamts erforderlich.

§ 39. (1) Unterliegen die Grundstücke innerhalb des Zeitraums, während dessen die Tilgungsrente zu zahlen ist, von neuem einer Veranlagung, so kann zum Zwecke der Befriedigung wegen der infolge des weiteren Steuerfalls geschuldeten Steuer auf Antrag des Steuerpflichtigen eine neue, den Vorschriften des § 38 entsprechend, Grundschuld in der Art bestellt werden, daß die Verpflichtung zur Zahlung der Rente der späteren Grundschuld nicht vor Ablauf eines Jahres nach Fälligkeit der letzten Rentenzahlung aus der vorhergehenden Grundschuld beginnt.

(2) Die Vorschrift des Abs. 1 findet keine Anwendung, wenn die Grundstücke innerhalb des bezeichneten Zeitraums gegen Entgelt an andere Personen als solche der Steuerklassen I, II veräußert worden sind.

§ 40. (1) Der noch nicht getilgte Betrag des Kapitals der Grundschuld kann von dem Eigentümer der Grundstücke jederzeit gezahlt werden. Dem Finanzamt steht eine Kündigung nicht zu.

(2) Die Zahlung des Kapitals und der anderen Leistungen (§§ 38, 39) hat an die von dem Landesfinanzamt bestimmte Stelle zu erfolgen.

§ 41. Ist das Grundbuch noch nicht als angelegt anzusehen, so ist in den Fällen des § 38 auf Antrag des Steuerpflichtigen zu gestatten, daß die Steuerschuld durch die dort bezeichneten Geldleistungen getilgt wird, sofern hierfür an den Grundstücken eine Sicherungshypothek bestellt wird, der andere als die zur Zeit des Anfalls bestehenden Rechte nicht vorgehen. Die Vorschrift des § 39 findet sinngemäße Anwendung.

5. Erstattung

§ 42. Die Steuer ist zu erstatten,

1. soweit ein Geschenk wegen eines Rückforderungsrechts hat herausgegeben werden müssen;
2. wenn die Herausgabe gemäß § 528 Abs. 1 Satz 2 des Bürgerlichen Gesetzbuchs abgewendet worden ist.

IV. Teil

Übergangs- und Schlußvorschriften

§ 43. (1) Dieses Gesetz findet auf Erwerbe Anwendung, für welche die Steuerschuld nach dem 31. Dezember 1924 entsteht. Für die Frage, wann die Steuerschuld entsteht, sind die Grundsätze des § 14 auch dann maßgebend, wenn der Erblasser vor dem 1. Januar 1925 verstorben ist, es sei denn, daß der Erwerb bereits der Besteuerung nach den bisherigen Vorschriften unterworfen worden ist. Auf Zuwendungen und Beiträge an politische Parteien und Vereine (§ 18 Abs. 1 Nr. 20, § 19 Satz 2) finden Satz 1, 2 mit der Maßgabe Anwendung, daß an die Stelle des 31. Dezember 1924 der

31. Dezember 1923 und an die Stelle des 1. Januar 1925 der 1. Januar 1924 tritt.

(2) Soweit auf Grund des Abs. 1 Reichserbschaftsteuer zu erheben ist für Erwerbe, für die unter Anwendung der bisherigen Vorschriften Erbschaftsteuer eines Landes zu erheben gewesen wäre, wird die Reichserbschaftsteuer für Rechnung dieses Landes erhoben.

(3) Der Reichsminister der Finanzen erläßt mit Zustimmung des Reichsrats nähere Überleitungsbestimmungen.

§ 44. Die Ausführungsbestimmungen zu diesem Gesetz erläßt der Reichsminister der Finanzen mit Zustimmung des Reichsrats.

Sachregister.

(Die Zahlen verweisen auf die Seiten.)

A.

F.

G.

H.

T.

U.

V.

W.

II. 26. — 15 000.

Nr. 13. Konkurs-O. u. Anfechtungs-G. Von R. Sydow. Fortges. v. L. Busch u. O. Krieg. 13. Aufl. 1923. Mit Nachtr. 1924. Rm 4,—

Nr. 14. Gerichtsverfassungsgesetz. Von R. Sydow. Fortgeführt von L. Busch. 10. Auflage. 1925. Rm 6,—

Nr. 15. Das deutsche Gerichtskostengesetz. Von R. Sydow. Fortgeführt von L. Busch und F. Koehler. 11. Auflage. In Bearbeitung.

Nr. 16. Rechtsanwaltordnung. Von R. Sydow. 5. Auflage von M. Jacobsohn. Mit Nachtrag von 1910. — 1907. Rm 1,20

Nr. 17. Gebührenordn. f. Rechtsanw. u. d. Preuß. Gebührengesetz. Von R. Sydow. Fortges. v. L. Busch u. O. Krieg. 12. Aufl. 1922. Mit Nachtrag, enth. alle Änderungen und Neuerungen bis Mai 1925. Rm 5,— (Nachtrag allein Rm 2,50)

Nr. 18. Reichsstempelgesetz. Von P. Loeck. Vergriffen. Wird durch Kapitalverkehrssteuergesetz ersetzt. Erläuterte Ausgabe in Bearbeitung.

Nr. 19. Die Seegesetzgebung. Von W. E. Knitschky. 5. Auflage von O. Rudorff. — 1913. Rm 8,—

Nr. 20. Krankenversicherungsgesetz siehe Nr. **107, 161.**

Nr. 21. Die Konsulargesetzgebung. Von Ph. Zorn. 3. Auflage von A. Zorn. — 1911. Rm 4,50

Nr. 22. Patentgesetz. Von R. Lutter. 8. Auflage. — 1920. Mit Nachtrag. — 1924. Rm 4,—. Nachtrag apart Rm 0,40

Nr. 23. Gewerbe-Unfallversicherungsgesetz siehe Nr. **108, 161.**

Nr. 24. Aktiengesellschaft u. Kommanditgesellschaften auf Aktien. Von H. Keyßner und H. Veit Simon. 7. Aufl. In Bearbeitung.

Nr. 25. Brausteuergesetz. Von A. Düffe. 2. Aufl. — 1910. Rm 2,—

Nr. 26. Münz- und Notenbankwesen. Von R. Koch. 7. Aufl. von Reichsbankpräsident Schacht. 1925. Rm 14,—

Nr. 27. Gesundheitswesen im Deutschen Reich. Von C. Goesch und J. Karsten. — 1888. Vergriffen.

Nr. 28. Bau-Unfallversicherungsgesetz siehe Nr. **108.**

Nr. 29. Erwerbs- und Wirtschaftsgenossenschaften. Von L. Parisius und H. Crüger. 18. Auflage. — 1925. Rm 4,—

Nr. 30. Invalidenversicherungsgesetz siehe Nr. **109, 161.**

Nr. 31. Gewerbegerichtsgesetz. Von W. Cuno. Vergriffen. Siehe auch Nr. **112, 112a.**

Nr. 32. Gesellschaften mit beschränkter Haftung. Von L. Parisius und H. Crüger. 17. Aufl. — 1926.

Nr. 33. Vereins- und Versammlungsrecht. Von E. Ball. 3. Auflage von F. Friedenthal. — 1907. Rm 2,—

Reichs-Vereinsgesetz vom 19. April 1908 siehe Nr. **88.**

Nr. 34. Die Abzahlungsgeschäfte. 3. Auflage von E. Wilke. — 1910. Rm 1,20

Nr. 35. **Die Reichs-Eisenbahngesetzgebung.** Von W. Coermann. — 1895. (Siehe auch Nr. 66.) Rm 2,—

Nr. 36. **Privatrechtliche Verhältnisse der Binnenschiffahrt und Flößerei.** Von E. Löwe. 6. Auflage. — 1923. Rm 4,—

Nr. 37. **Unlauterer Wettbewerb.** Von A. Pinner. 7. Auflage von A. Elster. — 1921. Rm 1,40

Nr. 38/39. **Bürgerliches Gesetzbuch nebst Einführungsgesetz.** Von A. Achilles. In Verbindung mit F. André, O. Meyer, O. Strecker, K. v. Unzner herausgegeben von M. Greiff. 11. Aufl. — 1923. Mit Nachtrag 1924. Rm 13,—

Nr. 40. Gesetz, betr. die **Pflichten der Kaufleute bei Aufbewahrung fremder Wertpapiere [Depotgesetz].** Von F. Lusensky. 3. Auflage. — 1916. Mit Nachtrag 1924. Rm 1,—

Nr. 41. **Börsengesetz.** Von Th. Hemptenmacher. 3. Auflage von O. Meyer. — 1915. Rm 3,50

Nr. 42. **Grundbuchordnung.** Von O. Fischer. 8. Auflage. — 1924. Rm 3,—

Nr. 43. **Zwangsvollstreckung.** Von J. Krech und O. Fischer. 9. Auflage von O. Fischer. — 1922. Rm 3,50

Nr. 44. **Auswanderungswesen.** Von F. Stoerk. — 1899. Rm 2,—

Nr. 45. **Entmündigungsrecht.** Von P. Koll. — 1900. Rm 1,20

Nr. 46. **Freiwillige Gerichtsbarkeit.** Von H. Jastrow. 6. Auflage von Herm. Günther. — 1921. Rm 4,50

Nr. 47. **Deutsches Vormundschaftsrecht.** Von M. Schultzenstein und P. Köhne. 2. Auflage. — 1901. Rm 2,50

Nr. 48. Gesetze, betr. den **Drogen-, Gift- und Farbenhandel** außerhalb der Apotheken. Von J. Broh. — 1899. Rm 1,20

Nr. 49. **Deutsche Kolonialgesetzgebung.** Von Ph. Zorn. 2. Auflage von Sassen. — 1913. Rm 5,—

Nr. 50. **Der Viehkauf [Viehgewährschaft].** Von H. Stölzle und H. Weiskopf. 6. Auflage. — 1926.

Nr. 51. **Hypothekenbankgesetz.** Von H. Göppert. 2. Auflage von Seidel. — 1911. Mit Nachtrag. 1926. Rm 2,20

Nr. 52. **Rechte der Besitzer v. Schuldverschreibungen.** Von H. Göppert. 2. Aufl. v. E. Trendelenburg. — 1915. Rm 1,50

Nr. 53. **Reichspreßgesetz.** Von A. Born. 3. Auflage. — 1924. Rm 4,—

Nr. 54. Verkehr mit **Nahrungsmitteln, Genußmitteln und Gebrauchsgegenständen.** Von G. Lebbin. — 2. Aufl. in 2 Bänden.

Bd. II. **Getränkegesetze** und **Getränkesteuergesetze** (Wein, Bier, Branntwein, Mineralwasser). Unter Mitwirkung von Dr. Kniebe. Rm 10,—

Nr. 55. **Beschlagnahme von Lohn- und Gehaltsforderungen.** Von G. Meyer. 5. Auflage. — 1914. Durch Nachträge ergänzt 1925. (Nachträge allein Rm 0,70) Rm 2,30

Nr. 56. **Bekämpfung gemeingefährlicher Krankheiten.** Von B. Burkhardt. — 1900. Rm 1,20

Nr. 57. **See-Unfallversicherungsgesetz** siehe Nr. 108.

Nr. 58. **Recht der unehelichen Kinder.** Von H. Jastrow. — 1901. Mit Nachtrag 1925. Rm 1,60

Nr. 59. **Beurkundung des Personenstandes und die Eheschließung.** Von F. Fidler. 2. Auflage. — 1912. Rm 2,30

Nr. 60. **Das Urheberrecht an Werken der Literatur und der Tonkunst.** Von O. Lindemann. 4. Auflage. — 1921. Rm 1,80

Nr. 61. **Verlagsrecht.** Von B. Marwitz. 3. Auflage. — 1922. Rm 1,60

Nr. 62. **Private Versicherungsunternehmungen.** Von H. Könige. 3. Auflage. In Bearbeitung.

Nr. 63. **Gesetzestafel des deutschen Reichsrechts.** Von H. Bruhns. 2. Auflage. — 1913. Rm 3,—

Nr. 64. Gesetzsammlung, betr. den **Handel mit Drogen und Giften.** Von H. Sonnenfeld. 2. Auflage. — 1912. Rm 3,—

Nr. 65. **Weingesetz.** Von G. Lebbin. 2. Aufl. — 1909. Rm 2,—

Nr. 66. **Die Eisenbahn-Gesetzgebung.** Von W. Pietsch. 2. Auflage. — 1913. (Siehe auch Nr. 91.) Vergriffen.

Nr. 67. **Militär-Strafgesetzbuch.** Von A. Romen und C. Rissom. 3. Auflage. — 1918. Rm 5,—

Nr. 68. **Fleischbeschaugesetz.** Von G. Lebbin und G. Baum. — 1903. Rm 2,80

Nr. 69. Reichsgesetz über die **Naturalleistungen der bewaffneten Macht im Frieden.** Von W. v. Hippel. — 1903. Rm 1,—

Nr. 70. **Das Reichs-Haftpflichtgesetz.** Von G. Eger. — 1903. Vergr. — (Als Ersatz Komment. von Seligsohn. — 1920. Rm 6,50)

Nr. 71. **Kinderarbeit in gewerblichen Betrieben.** Von O. Spangenberg. 2. Auflage. — 1904. Rm 1,20

Nr. 72. **Unfallversicherungsgesetz** siehe Nr. 108.

Nr. 73. **Entschädigung für unschuldig erlittene Verhaftung und Bestrafung.** Von A. Romen. — 1904. Rm 1,70

Nr. 74. **Die Kaufmannsgerichte.** Von M. Apt. 3. Auflage. — 1904. (Siehe auch Nr. 112.) Vergriffen.

Nr. 75. **Konsulargerichtsbarkeit.** Von A. F. Vorwerk. 2. Ausgabe, mit den Schutzgebietsgesetzen. — 1908. Rm 1,60

Nr. 76. **Die Rechtshilfe im Verkehr mit den ordentlichen Gerichten.** Von A. Friedländer. — 1906. Rm 1,50

Nr. 77. **Das Erbschafts-StG.** Von B. Henckel. 1920. Rm 5,— — Neue Fass. v. H. Schachian. 3. Aufl. — 1925. Rm 2,50

Nr. 78. **Zigarettensteuergesetz.** Von Cuno. In Vorbereitung.

Nr. 79. **Die Militärpensionsgesetze.** Von A. Romen.
a) I. Teil: **Offizierpensionsgesetz.** — **1907.** Rm 2,—
b) II. Teil: **Mannschaftsversorgungsgesetz.** Mit **Kapitalabfindungsgesetz.** — 1908. Rm 2,—

Militärversorgungsgesetze siehe auch Nr. **136, 152** u. **152a.**

Nr. 80. **Gerichtliche Registerführung.** Von O. Lindemann. — 1906. Rm 2,40

Nr. 81. **Urheberrecht an Werken der bildenden Künste und der Photographie.** Von L. Fuld. 2. Auflage. Im Druck.

Nr. 82. **Reichsbeamtengesetz.** Von A. Arndt. 3. Auflage. —1923. Mit Nachtrag, enth. die Änderungen bis 1924. Rm 3,50

Nr. 83. **Versicherungsvertrag.** Von P. Hager und E. Bruck. 5. Auflage. — 1925. Rm 14,—

Nr. 84. **Sammlung kleinerer privatrechtlicher Reichsgesetze.** Von G. Müller. — 1908. Rm 5,50

Nr. 85. **Scheckgesetz.** Neue Auflage im Druck.

Nr. 86. **Die Auslieferungsverträge des Deutschen Reiches.** Von A. Cohn. — 1908. Rm 4,—

Nr. 87a. **Das deutsche Warenzeichenrecht.** Von Freund und Magnus. 6., neubearb. Aufl. von Züngel und Magnus. Teil I: **Die internationalen Verträge.** — 1924. Rm 9,—

Nr. 88. **Vereinsgesetz.** Von A. Romen. 4. Aufl. — Vergriffen.

Nr. 89. **Vogelschutzgesetz.** Von L. v. Borberger. — 1909. Rm 1,—

Nr. 90. Die Haager Abkommen über das **Internationale Privatrecht.** Von G. Bogeng. — 1908. Rm 2,—

Nr. 91. **Eisenbahn-Verkehrsordnung.** Von E. Blume. 2. Auflage von Weirauch. — 1922. Mit Nachtrag, enth. alle Neuerungen bis Ende 1924. Rm 5,—. (Nachtrag einzeln Rm 1,50)

Nr. 92. **Verkehr mit Kraftfahrzeugen.** Von R. Kirchner. 3. Auflage. — 1915. Mit Nachtrag, enth. alle Neuerungen bis Ende 1925. Rm 5,—. (Nachtrag einzeln Rm 1,50)

Nr. 93. **Sicherung der Bauforderungen.** Von E. Harnier. 3. Auflage. — 1912. Rm 1,50

Nr. 94. **Die Beamtenhaftpflichtgesetze des Reiches und der Länder.** Von H. Delius. 3. Auflage. — 1921. Rm 3,20

Nr. 95. Die Berner Übereinkunft über **Internationales Urheberrecht.** Von H. Dungs. — 1910. Rm 1,—

Nr. 96. **Branntweinsteuergesetz.** — **Branntweinmonopolgesetz** siehe Nr. **54** Bd. II.

Nr. 97. **Schutzgebietsgesetz.** Von J. Gerstmeyer. — 1910. Rm 2,50

Nr. 98. **Sechs Haager Abkommen über Internationales Privatrecht.** Von H. Dungs. — 1910. Rm 1,50

Nr. 99. **Die Abkommen d. Haager Friedenskonferenz.** Vergr. Jetzt: Wehberg, **Völkerbundakte.** Rm 4,— (Außerh. d. Samml.)

Nr. 100. **Kaligesetz.** Von B. Voelkel. — 1910. Rm 2,40

Nr. 101. **Zuwachssteuergesetz.** Von W. Cuno. — 1911. Rm 3,50

Nr. 102. **Urheberrecht an Mustern und Modellen** und **Schutz von Gebrauchsmustern.** Von J. Neuberg. — 1911. Rm 2,40

Nr. 103. **Reichs-Viehseuchengesetz.** Von W. v. Hippel. 2. Auflage. — 1912. Rm 4,—

Nr. 104. **Versicherungsgesetz für Angestellte** siehe Nr. 144.

Nr. 105. **Das Geldwesen in den deutschen Schutzgebieten.** Von W. Hintze. — 1912. Rm 1,80

Nr. 106—109. **Reichs-Versicherungsordnung.** Von F. Caspar und A. Spielhagen. 4 Bände. Kplt. Rm 18,—

Nr. 106. I., V. und VI. Buch. **Gemeinsame Vorschriften. — Beziehungen der Versicherungsträger zu einander und zu anderen Verpflichteten. — Verfahren.** Von K. Lippmann, L. Laß und H. Siefart. — 1913. Mit Nachtrag. Von K. Lippmann. — 1920. (Nachtrag einzeln Rm 0,40.) Rm 5,—

Nr. 107. II. Buch. **Krankenversicherung.** Von H. Siefart und F. Sitzler. — 1916. Mit Nachtrag. Von K. Lippmann. — 1920. (Nachtrag einzeln Rm 1,20.) Rm 5,50

Nr. 108. III. Buch. **Unfallversicherung.** Von A. Radtke. — 1913. Mit Nachtrag. Von A. Radtke. — 1921. (Nachtrag einzeln Rm 1,60.) Rm 6,50

Nr. 109. IV. Buch. **Invaliden- und Hinterbliebenenversicherung.** Von B. Jaup und H. Follmann. — Neudruck 1922. Mit Nachtrag, enthaltend die Ergänzungen 1914—1921. (Nachtrag einzeln Rm 1,—.) Rm 3,50

Reichsversicherungsordnung in neuester Fassung von K. Lippmann s. Nr. 161.

Nr. 110. **Wehrbeitragsgesetz.** Von A. Fernow. 2. Auflage. — 1913. Rm 1,60

Nr. 111. **Reichs- und Staatsangehörigkeitsgesetz.** Von A. Romen. — 1913. Vergriffen.

Nr. 112. **Kaufmannsgerichtsgesetz.** Von H. Depène. — 1914. Rm 2,60

Nr. 112a. **Kaufmanns- u. Gewerbegerichtsgesetz nebst Schlichtungsordnung.** (Ergbd. z. Nr. 112.) V. H. Depène. 1924. Rm 3,50

Die Nr. 112 u. 112a enthalten zusammen den vollständigen Text des Gewerbegerichtsgesetzes.

Nr. 113. **Postscheckgesetz.** Von J. Weiland. — 1914. Mit Nachtrag 1918. Rm 1,50

Nr. 113 a. **Postscheckordnung.** Von J. Weiland. — 1914. Mit Nachtrag 1918. Rm 1,50

Nr. 140. **Die Siedelungsgesetzgebung im Reich und in Preußen.** Von W. Holzapfel. — 1920. Rm 3,—

Nr. 141. **Sozialisierungsgesetze.** Von Reier. — 1920. Rm 2,20

Nr. 142. **Wirtschaftliche Demobilmachung.** Von Gg. Fischbach. — 1920. Rm 1,—

Nr. 143. **Reichsabgabenordnung.** Von Nieberl. — 1922. Mit Nachtrag, enth. die Änderungen von 1924. Rm 4,—

Nr. 144. **Versicherungsgesetz für Angestellte.** Von Lippmann. — 1920. Neue Fassung siehe S. 12.

Nr. 145. **Steuer- und Kapitalflucht.** Von E. H. Meyer. 2. Auflage. — 1921. Rm 1,60

Nr. 146. **Tabaksteuergesetz.** Von Wündisch. — 1920. Rm 3,—

Nr. 147. **Filmzensur.** Von Szczesny. — 1920. Rm 1,50

Nr. 148. **Reichsausgleichsgesetz.** Von Decke. — 1920. Rm 1,50

Nr. 149. **Reichsnotopfergesetz.** Von Friedmann und Wrzeszinsky. — 1921. Rm 4,—

Nr. 150. **Reichsschädengesetze.** Von Adolf Hohenstein und Wenzel Goldbaum. — 1922. Rm 4,—

Nr. 151. **Einkommensteuer und Körperschaftsteuer.** Von Hollaender. — 1926. Im Druck.

Nr. 152. **Wohlfahrtsgesetze.** Von Behrend und Stranz-Hurwitz. Teil I. 1923. Rm 5,—

Nr. 152 a. Desgl. Teil II. 1925. Rm 9,—

Nr. 152 und 152 a zusammen bezogen Rm 12,—

Nr. 153. **Zwangsanleihegesetz.** Von Simon und Beutner. 1923. Rm 8,—

Nr. 154. **Jugendwohlfahrtsgesetz und Jugendgerichtsgesetz.** Von Drewes und Sandré. — 1923. Mit Nachtrag, enth. die Ergänzungen bis April 1924. Rm 6,—

Nr. 155. **Reichsknappschaftsgesetz.** Von Max Reuß und Fritz Hense. 2. Auflage. — 1926. In Bearbeitung.

Nr. 156. **Mietrecht und Wohnungsmangelgesetz.** Von Krieg. 3. Auflage. — 1925. Rm 7,—

Nr. 157. **Dritte Steuernotverordnung v. 14. 2. 1924** mit den Vorschriften über **Aufwertung.** 2. Auflage unter dem Titel: **Aufwertungsgesetze.** Von Michaelis. Rm 16,—

Nr. 158. **Strafprozeßordnung.** Alte und neue Fassung synoptisch gegenübergestellt. Von Reichsanwalt Feisenberger. — 1924. Rm 4,50

Nr. 159. **Industriebelastungsgesetz.** Von Höpker. Rm 4,—

Nr. 160. **Fürsorgepflicht.** Von Sandré. Rm 6,—

Nr. 161. **Reichsversich.-Ordn.** Von K. Lippmann. Rm 11,—

Nr. 162. **Handelsrechtl. Nebengeſ** Von Schreiber. — 1926.

Nr. 163. **Notariatsrecht.** Von Szkolny. — 1925. Rm 8,50

B. Preußische Gesetze.

Nr. 1. **Die Verfassung des Freistaats Preußen.** Von A. Arndt. — 1921. Rm 2,—
Ausführlicher Kommentar von Stier-Somlo.— 1921. Rm 5,—

Nr. 2. **Preußische Beamten-Gesetzgebung.** Von K. Pfafferoth. 5. Auflage. — 1916. Rm 2,40

Nr. 3. **Notteſtamente.** Von E. Kurtz. — 1904. Rm 1,50

Nr. 4. **Gebührenordnung für Notare.** Vom 28. Oktober 1922. Von Rausnitz. 6. Auflage. — 1925. Rm 7,—

Nr. 5—9 vergriffen.

Nr. 10. **Einkommensteuergesetz** siehe Reichsgesetze Nr. 151.

Nr. 11. **Gewerbesteuergesetz.** Von A. Fernow. Vergriffen.

Nr. 12. **Allgemeines Berggesetz.** Von Schlüter und Hense. 4. Auflage. — In Vorbereitung.

Nr. 13. **Ergänzungssteuergesetz.** Von A. Fernow. 5. Aufl. Rm 3,—

Nr. 14. **Kommunalabgabengesetz.** Von F. Adickes. 6. Auflage von Falk. — 1922. Rm 3,50

Nr. 15. **Die Kreisordnungen.** Von O. Kolisch. — 1894. Vergriffen.

Nr. 16. **Konzessionierung gewerblicher Anlagen.** Von W. v. Rüdiger. 2. Auflage. — 1901. Vergriffen.

Nr. 17. **Preußisches Gerichtskostengesetz.** Von P. Siméon. 7. Auflage. — 1913. Mit Nachtrag von 1919 und 1920. Rm 4,—

Nr. 18. **Preußisches Stempelsteuergesetz.** Von P. Loeck und W. Seyffarth. 10. Auflage von Eiffler. — In Bearbeitung.

Nr. 19. **Jagdscheingesetz.** Von F. Kunze. 2. Aufl. — 1899. Rm 2,—

Nr. 20. **Die preußischen Erbschaftssteuergesetze.** Von U. Hoffmann. — 1905. Rm 3,—
(**Reichs**-Erbschaftssteuergesetz siehe Seite 12.)

Nr. 21. **Handelskammern.** Von F. Lusensky. 2. Auflage. — 1909. Rm 3,—

Nr. 22. **Anstellung und Versorgung der Kommunalbeamten.** Von W. Ledermann. 2. Auflage von L. Brühl. — 1914. Rm 2,—

Nr. 23. **Ausführungsgesetze zum Bürgerlichen Gesetzbuche.** Von P. Siméon. 3. Auflage. — 1914. Rm 2,20

Nr. 24. **Die Hinterlegungsordnung (1879).** Von G. Bartels. 2. Auflage. — 1908. Rm 2,—
Abänderungsgesetz vom 21. April 1913 siehe Nr. 53.

Nr. 25. **Preußische Kommunalbeamtengesetzgebung.** Von F. Kremski. — 1901. Rm 3,—

Nr. 26. **Diensteinkommen der Lehrer und Lehrerinnen.** Von E. Cremer. — 1900. Rm 2,20

Nr. 27. **Warenhaussteuer.** Von G. Strutz. — 1900. Rm 1,20

Nr. 28. **Die Fürsorgeerziehung Minderjähriger.** Von P. F. Aschrott. 3. Auflage. — 1917. Rm 2,80

Nr. 29. **Ärztliche Ehrengerichte, das Umlagerecht und die Kassen der Ärztekammern.** Von F. Fibler. — 1901. Rm 1,50

Nr. 30. **Preußisches Staatsschuldbuch** und **Reichsschuldbuch.** Von J. Mücke. — 1902. Rm 2,—

Nr. 31. **Die preußischen Gesindeordnungen.** Zwei Bände. Von St. Gerhard.

31 a. Altpreußische Provinzen und Rheinland. 2. Auflage. — 1914. Rm 3,—

31 b. Hannover, Schleswig-Holstein, Hessen-Nassau und Hohenzollern. — 1902. Rm 2,50

Nr. 32. **Städteordnung.** Von W. Ledermann und L. Brühl. 2. Auflage. — 1913. Rm 6,—

Nr. 33. **Rentenguts- und Anerbenrechts-Gesetzgebung.** Von M. Peltasohn und B. Peltasohn. — 1903. Vergriffen.

Nr. 34. Sammlung der wichtigsten **preußischen Strafgesetze.** Von Lindemann. 2. Auflage. — 1912. Rm 3,50

Nr. 35. **Geschäftsordnung für Gerichtsvollzieher** Von E. Exner. — 1904. Rm 3,—

Nr. 36. **Polizeiverordnungen in Preußen.** Von O. Lindemann. — 2. Auflage. 1912. Rm 2,50

Nr. 37. **Enteignung von Grundeigentum.** Von O. Meyer. 2. Auflage. — 1911. Vergriffen.

Nr. 38. **Kreis- und Provinzial-Abgabengesetz.** Von F. Schmidt. — 1906. Rm 1,20

Nr. 39. **Unterhaltung der öffentlichen Volksschulen.** Von A. Marcks. — 1906. Rm 1,80

Nr. 40. **Verwaltungsstrafverfahren.** Von R. Katzenstein. — 1907. Rm 3,50

Nr. 41. **Die preußischen Jagdpolizeigesetze.** Von F. Kunze und R. Kühnemann. 2. Auflage. — 1907. Vergriffen.

Nr. 42. **Allgemeine Landesverwaltung** und **Zuständigkeit der Verwaltungs- und Verwaltungsgerichtsbehörden.** Von K. Friedrichs. 2. Auflage. — 1921. Rm 3,—

Nr. 43. **Verschuldungsgrenze** für land- und forstwirtschaftlich benutzte Grundstücke. Von R. Leweck. — 1908. Rm 2,40

Nr. 44. **Quellenschutzgesetz.** Von E. Voelkel. — 1909. Rm 1,—

Nr. 45. **Rechtsverhältnisse der Juden in Preußen.** Von M. Kollenscher. — 1910. Rm 2,40

Nr. 46. **Austritt aus der Landeskirche.** Von H. Caro. — 1911. Rm 2,40

Nr. 47. **Feuerbestattung.** Von W. Lohmann. — 1912. Rm 1,50

Nr. 48. **Zweckverbandsgesetz für Groß-Berlin.** Von L. Brühl, K. Gordan und W. Ledermann. — 1912. Rm 4,—

Nr. 49. **Gesetze gegen die Verunstaltung landschaftlich hervorragender Gegenden.** Von O. Goldschmidt. — 1912. Rm 2,40

Nr. 50. **Gesetz, betr. die Anlegung und Veränderung von Straßen und Plätzen in Städten und ländlichen Ortschaften.** Von O. Meyer. — 1913. Rm 3,—

Nr. 51. **Das preußische Disziplinargesetz für die nichtrichterlichen Beamten.** Von E. v. Dultzig. — 1914. Rm 4,20

Nr. 52. **Preußisches Wassergesetz.** Von G. Wulff und F. Herold. — 1913. Rm 4,50

Nr. 53. **Hinterlegungsordnung** von 1913. Von Hagemann. — 1914. Rm 2,20

Nr. 54. **Anlegung von Sparkassenbeständen in Inhaberpapieren.** Von H. Döhring. — 1914. Rm 2,80

Nr. 55. **Preußisches Wohnungsgesetz.** Von B. Schmittmann. — 1918. Rm 2,60

Nr. 56. **Das preußische Tumultschadengesetz.** Von Bruno Friedländer. — 1919. Rm 0,80

Nr. 57. Gesetz über **Landeskulturbehörden.** Von W. Holzapfel. — 1919. Rm 2,—

Nr. 58. **Arbeitsnachweis.** Von P. Wölbling. — 1920. Rm 1,—

Nr. 59. **Bildung der neuen Stadtgemeinde Berlin.** Von P. Wölbling. 2. Auflage. — 1920. Rm 1,40

Nr. 60. **Umlegungsordnung.** Von W. Holzapfel. — 1921. Rm 1,80

Nr. 61. **Preußische Verwaltungsgebührenordnung.** Von K. Eiffler. Mit Nachtrag. — 1925. Rm 6,—

C. Textausgaben

ohne Anmerkungen mit Sachregister.

Aufwertungsgesetze mit Einleitung. Von Michaelis. Rm 1,50
Betriebsrätegesetz. Vergriffen.
Bürgerliches Gesetzbuch. 14. Auflage. Rm 5,—
Erbschaftssteuergesetz. Neue Fassung von H. Schachian. 3. Auflage. Rm 2,50
Freiwillige Gerichtsbarkeit. — 1920. Rm 1,—
Handelsgesetzbuch mit **Seerecht.** 11. Auflage. — 1924. Rm 2,60
Konkursordnung. 2. Auflage. — 1915. Mit Nachtr. 1925. Rm 1,—
Militärstrafgerichtsordnung m. **Einführungsgez.** — 1901. Rm 1,30
Militär-Strafgesetzbuch. 2. Auflage. — 1916. Rm 0,50
Reichsfinanzgesetze von 1909. — 1909. Rm 2,60
Reichsmietengesetz. — 1922. Rm 0,50
Reichsnotopfergesetz. Vergriffen.
Reichssteuergesetze 1925 (Steuerüberleitungsgesetz mit Durchführungsbestimmungen — Einkommensteuer, Körperschaftsteuer, Reichsbewertungsgesetz, Vermögensteuer, Erbschaftssteuer). Rm 4,—
Reichsversicherungsordnung. Vergriffen.
Strafgesetzbuch. — 1925. Rm 3,—
Strafprozeßordnung. 5. Auflage. — 1924. Rm 2,50
Umsatzsteuergesetz. — 1920. Rm 0,60
Verkehrs- u. Kohlensteuer u. Kriegssteuerzuschlag. 1917. Rm 0,60
Verfassung des Deutschen Reiches v. 11. 8. 1919. 2. Aufl. Rm 0,60
Verfassung des Freistaates Preußen. Rm 0,60
Versicherungsgesetz für Angestellte. — 1924/25. Rm 2,—
Wechselordnung. — 1908. Rm 0,50
Wehrbeitrag und **Besitzsteuer.** — 1913. Rm 0,50
Zivilprozeßordnung mit **Gerichtsverfassungsgesetz** und **Einführungsgesetzen.** — 1924. Rm 3,50
Zuwachssteuergesetz. — 1911. Rm 0,50
— **Ausführungsbestimmungen.** — 1911. Rm 0,40
Preuß. Ausf.-Anweis. zur **Gewerbeordnung.** — 1904. Rm 1,—

Schlagwort-Register

R. = Nummer der Sammlung Deutscher Reichsgesetze.
P. = Nummer der Sammlung Preußischer Gesetze.
S. = Seite.

Schlagwort-Register. (R. — Reichsgesetz. P. — preuß. Gesetz.)

Schlagwort-Register. (R. = Reichsgesetz, P. = preuß. Gesetz)

Schlagwort-Register. (R. = Reichsgesetz, P. = preuß. Gesetz.)

Kolibri 360 GmbH
Ferdinand-Jühlke-Straße 7
99095 Erfurt, Deutschland
produktsicherheit@kolibri360.de